edition suhrkamp

Redaktion: Günther Busch

Helmut Brackert, geboren 1932, ist Professor am Deutschen Seminar der Universität Frankfurt/M.

Die deutsche Bauernrevolution, deren Epochenjahr sich 1975 zum 450. Male jährt, gehört zu den folgenschwersten Ereignissen unserer Geschichte. Ihre Zerschlagung durch die Fürstenheere, die Ausschaltung bzw. Schwächung des wohl machtvollsten Protestpotentials für lange Zeit, schuf eine der Voraussetzungen für die territoriale Zersplitterung Deutschlands, für die landesfürstliche Machtsteigerung, für die allgemeine politische Entmündigung, besonders der Unter- und Mittelschichten. Im Verlauf dieser Auseinandersetzungen hat das Medium Literatur, zumal mit seinen durch den gerade entwickelten Buchdruck bereitgestellten Möglichkeiten der massenhaften Verbreitung, bei der Organisation wie bei der Agitation eine entscheidende Rolle gespielt. Der Band sucht das politisch-soziale Konfliktfeld der Aufstände und zugleich die dialektischen Beziehungen zwischen dem literarischen Produktions- und historischen Ereigniszusammenhang zu verdeutlichen. Die abschließenden Untersuchungen zur Geschichte der Rezeption, d. h. besonders der literarischen Rezeption von Goethes *Götz* bis zu Karsunkes *Bauernoper*, stellen die Relation zu unserem gegenwärtigen Fragen- und Interessenhorizont her.

Helmut Brackert
Bauernkrieg und Literatur

Suhrkamp Verlag

edition suhrkamp 782
Erste Auflage 1975

Satz, in Linotype Garamond, Druck und Bindung bei Georg Wagner, Nördlingen. Gesamtausstattung Willy Fleckhaus.

Inhalt

Einleitung

Aus der Zeit des Spätmittelalters ist uns ein Bildtypus bekannt, den man überschreiben kann: Bauern vor ihrem Herrn. Demütige, meist barhäuptige Männer, die durch ihren kurzen Kittel, das umgeschnallte Kurzmesser und die Arbeitsschuhe als Vertreter des Nährstandes ausgewiesen sind, bringen ihrem Herrn, der ihnen im langen adligen Gewand, einen meist prächtigen Hut auf dem Kopf, entgegentritt, die Abgaben ihrer ländlichen Produktion. Durch eine klare Zweiteilung des Bildaufbaus sind die hierarchischen Sphären unterschieden: auf der einen Seite steht der Herr, auf der anderen der Knecht, der Hörige, der Abhängige.[1]

Der Bildtypus stellt figürlich-anschaulich dar, was auf der Ebene der Abstraktion mit dem Begriff »Feudalismus« bezeichnet werden kann und konstitutiv war für das Herrschaftsgefüge des Mittelalters.[2] Der Feudalherr hat seine grundsätzlich anerkannte, auf Macht und Gewalt gegründete Verfügung über das Produktionsmittel der Agrargesellschaft, über Grund und Boden, delegiert, indem er seinen Bauern gegen Arbeitsrenten, d. h. Frondienste, oder Produktenrenten, d. h. Abgaben von wirtschaftlichen Erträgen, oder seit

Holzschnitt (1479)

Holzschnitt (1497)

Holzschnitt aus Rodericus Zamorensis ›Spiegel des menschlichen Lebens‹ (Augsburg 1479)

dem 13. Jahrhundert zunehmend auch Geldrenten, d. h. festgelegte pekuniäre Leistungen, die Nutzung des Bodens auf eine vereinbarte Zeit überläßt.

Solche Abbildung von Herrschafts- und Gewaltverhältnissen ist für eine jahrhundertelang bestehende hierarchische Rechts- und Ständeordnung repräsentativ, die sich über das Mittelalter hinaus bis weit in die Neuzeit hinein erhalten hat und trotz gelegentlicher kleinerer Gefährdungen, eigentlich nur ein einziges Mal bedrohlich ins Wanken geriet, zu Beginn des 16. Jahrhunderts, genauer: im Bauernkrieg.[3]

Diese geschichtliche Konstellation, bedeutsam durch die Neuartigkeit der Konfiguration von Herr und Knecht, Herrschenden und Beherrschten, hat der sogenannte Petrarca-Meister im Bild festgehalten, als er, wohl kurze Zeit vor dem Bauernkrieg, Illustrationen zur Übersetzung des Petrarca-Textes *De remediis utriusque fortunae* schuf.[4] Auf einem dieser vorzüglichen Holzschnitte sieht man einen ritterlichen Herrn, umringt von einem Haufen Bauern. Obwohl die unterschiedlichen Sphären hier nicht voneinander abgehoben sind und Ritter wie Bauern eine gemischte Gruppe bilden, ist der Kontrast zwischen ihnen doch scharf herausgearbeitet: schon durch die Kleidung, denn die Bauern sind in Bundhosen und Bundschuhen, der Herr in Schnallenschuhen und Rock dargestellt; die Bauern tragen einfache Stoffmützen, hier und da verziert mit einfachen Bändern; der Herr dagegen trägt einen üppig wuchernden Federhut. Hochmütig steht er da, die Bauern versperren ihm mit ihren Heugabeln den Weg, einer trägt ein blankes Beil über der Schulter, ein anderer zieht sein Schwert, die Bundesfahne flattert im Wind. Offenbar stellen die Bauern ihrem Herrn Bedingungen, und zweifellos handelt es sich um Forderungen, die sich auf konkrete Verbesserungen ihrer Lage beziehen; und ganz offensichtlich ist der Herr, wiewohl er eine gleichmütige Miene behält, in der Defensive. Fern und unerreichbar liegt auf einem Berg seine Burg.

Wenn dieses Bild eine sinnbildliche Bedeutung besitzt, dann nur für einen kurzen historischen Moment. Schon wenige Zeit später entwirft ein anderer Künstler ein zukunftsträchtigeres Sinnbild: Albrecht Dürer. In seinem Buch *Underweysung der Messung*, das 1525 in Nürnberg herauskam, erscheint innerhalb eines Abschnittes, in dem Dürer besondere Arten von

Holzschnitt des Petrarca-Meisters (um 1520)

Zier- und Bildsäulen zum »gedechtnus« behandelt, der Aufriß eines Siegesdenkmals aus Anlaß der Überwindung der Bauern.[5] Dürer führt den Entwurf ein mit den Worten: »welicher ein victoria aufrichten wollt darumb das er die aufrürerischen bauren überwunden hätt der möcht sich ein solichen gezeugs darzu gebrauchen, wie ich hernach lehren will.«[6]

In natürlicher Ordnung baut sich die Säule von unten her auf; ihr Sockel ist von Ochsen, Schafen und Schweinen umgeben; ihr schlanker Schaft wird von den Symbolen der bäuerlichen Arbeit gebildet, von Milchkrug, Früchtekorb und Garbe. Den Abschluß bildet ein Käfig, in dem man Geflügel zum Markt bringt. Auf ihm endlich sitzt in gebeugter Haltung ein Mann, den man unschwer an seiner Kleidung als Bauern identifiziert; trauervoll sitzt er da, in der Haltung des Schmerzensmannes, wie wir sie von unzähligen bildlichen Darstellungen des Mittelalters und der frühen Neuzeit her kennen.[7] Er ist als Toter dargestellt, meuchlings ermordet, aus seinem Rücken ragt ein riesiges Schwert, das in seiner vollen Länge durch ihn hindurch gestochen worden ist: »und setz ein traureten bauren darauf, der mit einem schwert durchstochen sei.«[8]

Mit Recht haben Interpreten dieses Monuments darauf hingewiesen, daß Dürer es ja auch anders hätte machen können,

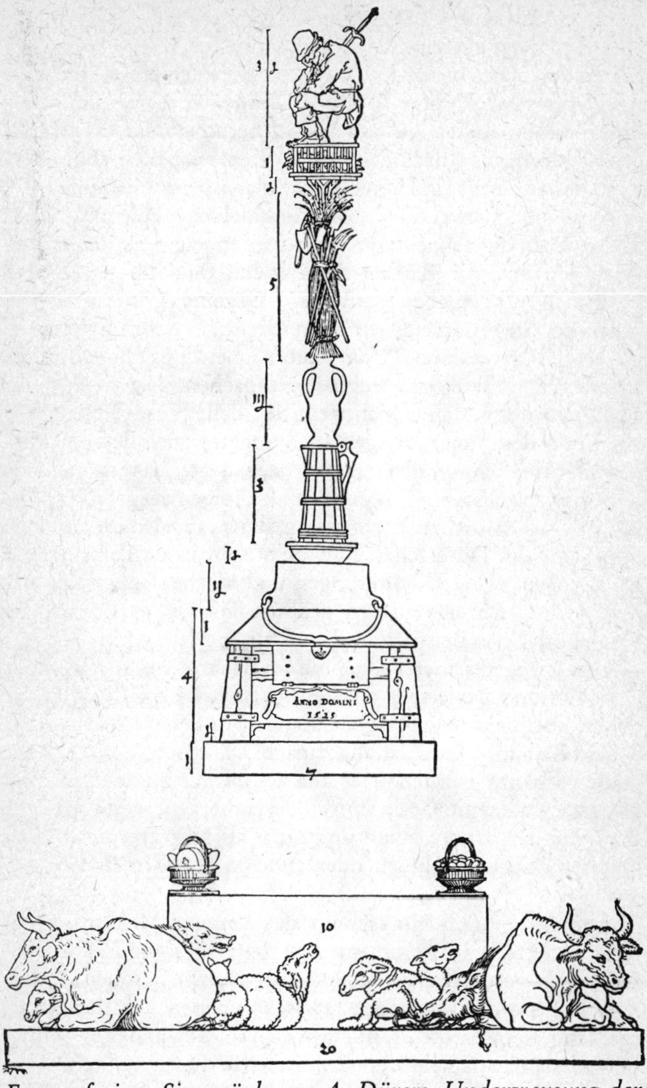

Entwurf einer Siegessäule aus A. Dürers ›Underweysung der Messung‹ (1525)

wenn es ihm darauf angekommen wäre, einen begeisternden Sieg durch eine triumphale Siegessäule zu feiern. Statt des erdolchten Bauern hätte sich zum Beispiel ein siegreicher Ritter oder Heerführer abbilden lassen, der Gefangene wegführt, die im Relief um den Sockel herumlaufen. Wenn nun das »gedechtnus« nach Dürers Worten festhalten soll, »was denn das für Leut sind gewesen die man überwunden hat«[9], so spricht, auch wenn Dürer selbst dies nicht sagt, die melancholische Form der Präsentation entschieden dagegen, daß Dürer den Sieg über die Bauern begrüßt hat und ihn durch sein Denkmal verherrlichen wollte. Im Gegenteil; Dürer hat die Form der Siegessäule als ein unverdächtiges Schema gewählt, um seine Parteinahme für die Bauern, allerdings mit verhüllter Ironie gegen die Sieger, sichtbar zu machen. Wer wollte ihm auch vorwerfen, daß er sich nicht deutlicher ausdrückte? Wer am Ende des Bauernkrieges als Sympathisant oder gar Mitkämpfer der Bauern genannt wurde, sah sich, gerade auch als Künstler, Nachstellungen und Gefährdungen ausgesetzt.[10] Das Beispiel Tilman Riemenschneiders, der 1525, also im Erscheinungsjahr des Dürerschen Buches, wegen seiner Parteinahme für die Bauern nach Folterungen und wochenlanger Kerkerhaft Ämter, Ehren und den größten Teil seines Vermögens verlor, oder das Beispiel des Frankfurter Malers Jörg Ratgeb, der 1525 wegen seiner Teilnahme am Bauernkrieg gefangengenommen und gevierteilt wurde, oder das Beispiel der Nürnberger sogenannten gottlosen Maler Jörg Pencz, Barthel und Sebald Beham, die, jedenfalls zunächst, auf Lebenszeit aus der Stadt verbannt wurden – sie alle zeigen nur zu deutlich, wie nötig es war, seine Gesinnungen zu verbergen, wenn man auf der Seite der Bauern stand und nicht als Märtyrer der Wahrheit sein Leben verlieren oder anderen Schaden hinnehmen wollte.

Nehmen wir den Holzschnitt des Petrarca-Meisters einerseits und Dürers Monument anderseits als signifikante Darstellungen geschichtlich bedeutsamer Konstellationen, so bezeichnen sie die Positionen, zwischen denen sich der Argumentationsbogen dieses Buches spannt. Gewandeltes Selbstbewußtsein, eine von der traditionellen Form völlig abweichende bäuerliche Selbstrepräsentation, neues und relativ selbständiges Handeln einerseits, totaler Zusammenbruch, fast völliger Verlust der Handlungsfähigkeit, Versinken in Resignation und Trauer anderseits – diese geschichtliche Opposition wirft die Fragen auf, wie aus dem unterdrückten, mehr oder weniger bewußt-losen Bauern im Zusammenhang der reformatorischen Bewegung ein politischer Akteur, wie einem verheißungsvollen Beginn politischer Emanzipation so schnell die fast totale Entmündigung folgen konnte.

Den damit aufgeworfenen Fragen soll im folgenden nachgegangen werden, freilich unter dem – jedenfalls gegenüber einem universell geschichtswissenschaftlichen – vergleichsweise begrenzten Anspruch, jene Rolle zu verdeutlichen, die die Literatur in diesem Zusammenhang gewinnt, wobei unter »Literatur«, worauf später ausführlicher eingegangen wird, alle Formen sprachlicher Darstellung der Zeit verstanden werden sollen: Flugschrift und Flugblatt, Traktat und polemische Streitschrift, Satire und Pasquill, Volkslied und Drama, aber auch Chronik, Brief, politisches Manifest, Predigt, Fabel, Lehrdialog.

Es geht mithin in diesem Buch um das spezifische Wechselverhältnis von literarischen und realhistorischen Ereignissen, um die literarischen Wirkungszusammenhänge, die sich im Konfliktfeld des Bauernkrieges abzeichnen. Um sie zu konturieren, scheint es nötig, die politisch-soziale Situation der Bauern diachron wie synchron schärfer nachzuzeichnen, wobei als Teil dieser Situationsbestimmung und ihrer genetischen Aspekte notwendigerweise auf die Geschichte des bäuerlichen Selbstverständnisses rekurriert werden muß, eines Selbstverständnisses im übrigen, das, wie das aller unterdrückten Gruppen, seine Geschichte als die eines erzwungenen Selbstverständnisses konstituiert. Mit anderen Worten: es wird nötig sein, die Bewertungsschemata bäuerlicher Arbeit und bäuerlichen Standes als klischierte Rollenzuweisungen und fixierte Muster, Muster auch von Herrschaftspraxis, deutlich zu machen, um von ihnen her den Umschwung zu begreifen, der zu Beginn des 16. Jahrhunderts sich anzubahnen begann. Nach einer knappen Skizze des Bauernkrieges – seiner Anfänge, seiner Höhepunkte und seines Niederganges – soll das eigentliche Thema des Buches entfaltet werden, und dies unter zwei Aspekten: Literatur im Konfliktfeld des historischen Bauernkrieges einerseits, Literatur als Rezeption des historischen

Ereignisses andererseits.

Freilich, dem Verfasser bleibt bewußt, daß die Erkundung der ins Auge gefaßten Zusammenhänge nicht mehr sein kann als ein erster Versuch, der mehr Fragen offenläßt als beantwortet und sich aufgrund der notwendigen materialen Beschränkung, der Unvollständigkeit der Perspektiven sowie der Unzulänglichkeit des theoretischen Instrumentariums seinem Gegenstand nur anzunähern, nicht jedoch ihn zu erreichen vermag. Gerade das letztgenannte Defizit legt den Finger auf eine Wunde gegenwärtiger Literaturwissenschaft, die, in den 60er Jahren gewaltsam aufgerissen und lange Zeit offengehalten, seit kurzem oberflächlich zu vernarben beginnt. Ich meine das immer noch, trotz gewichtiger Ansätze, ungeklärte Verhältnis von Literatur und Gesellschaft, das durch eine zunehmende Partikularisierung der Literatursoziologie als Spezialdisziplin und durch eine beschleunigte Einebnung der Problematik zugunsten einer erneuten Betonung von literarischer Immanenz eher verdrängt als bewältigt worden ist.

I. »Als Adam grub und Eva spann . . .«[1]
Zur Situation der Bauern am Beginn des 16. Jahrhunderts

1. Die »Gravamina« deutscher Nation

Eyn newer dialogus oder gesprech/ zwischen ainem verprenten/ vertribnem/ Edelman und ainem Münch welichen am unrechtesten geschech wann die selben baid vertriben/ und die Münch Clöster auch verbrannt würden[2]: so lautet der Titel eines fiktiven Gespräches, in dem sich ein Mönch und ein Edelmann über ihre prekäre Situation zur Zeit des Bauernkrieges unterhalten. Der Mönch, aus einem niedergebrannten Kloster vertrieben, führt laut Klage über die Bauern, die infolge der Lutherschen Lehre den Mönchen und Geistlichen so feind geworden seien, »wenn sy uns in aym löffel köndten ertrenken/ sy thättens gern«. Die Frage des Edelmannes, ob die Mönche solche Feindschaft nicht auch verdient und die Bauern nicht das Recht des Gotteswortes auf ihrer Seite hätten, bejaht der Mönch, beruft sich aber demgegenüber listigerweise auf den Papst und die von ihm bestätigte Regel seines Ordens, was den Edelmann veranlaßt, die allgemeine Gewissenlosigkeit und Lasterhaftigkeit des geistlichen Standes scharf zu geißeln. In diesem Augenblick tritt ein Curtisan, ein Hofmann, ein Günstling des päpstlichen Hofes hinzu, der sich darüber beschwert, nicht mehr recht auf seine Kosten zu kommen, seit die »Teutschen der Römischen büberey [sc. des Papstes] innen worden«. Schnell gewinnt das Gespräch jetzt an Heftigkeit, indem sich alle drei gegenseitig Vorwürfe machen, in besonderer Weise an der allgemeinen Misere schuld zu sein: der Mönch wegen seiner betrügerischen kirchlichen Praktiken, der Edelmann wegen der Ausbeutung seiner Bauern und seiner Wegelagerei, der Curtisan wegen anderer nicht im einzelnen genannter höfischer Machenschaften. Gegen Ende der Schrift faßt der Edelmann deren intentionale Quintessenz zusammen: »Wolan wir seind doch alle drey groß bößwicht. [. . .] Ich bin ain grosser bößwicht/ der Curtisan noch ain grösserer/ und du Münch der allergröst. Nun so wist ir/ daß der gemain man unser schalckhait aller innen worden ist.«

Die Thematik des frischen, sprachlich oft sehr drastischen Gespräches, das mit den drei genannten Figuren typische Vertreter der Stände und deren typische Verfehlungen herausstellen will, verknüpft das Bauernkriegs-Geschehen mit einem Zusammenhang, der im Deutschland des 16. Jahrhunderts bereits eine lange Tradition besitzt: der Klage über die »Gravamina Germanicae nationis«, über die »Beschwernisse der deutschen Nation«.[3]

Diese »Gravamina« und die Klagen über sie sind Indizien der schweren Krise, in der sich Kirche, Reich, ja das gesamte mittelalterliche Feudalsystem um 1500 befinden. Die Krise findet ihren sichtbaren Ausdruck in einer zunehmenden Pervertierung der Kirche zur rein politischen, kaum mehr reformfähigen Machtorganisation; in der durch die zunehmende Territorialisierung Deutschlands immer stärker beeinträchtigten Funktionsfähigkeit des Reiches; in den heftigen Auseinandersetzungen zwischen verschiedenen sozialen Gruppen in den Städten; in den Massenbewegungen und Aufstandsversuchen, in denen sich die Konflikte zwischen Bauern und Herren verschärfen und entladen. So stehen Fürsten, Ritter, Bürger, Bauern und Geistliche in dieser Zeit zueinander in vielfältig sich überlagernden und verhärteten Gegensätzen – Gegensätzen, deren Konfliktpotential sich in einem auffallend starken Krisenbewußtsein der Zeit spiegelt, das wiederum in sektiererischer Frömmigkeit und Endzeitprophetien seinen auch literarischen Ausdruck findet.

Seit die »Gravamina« auf dem Konstanzer (1414 bis 1418) und Basler Konzil (1431 bis 1449) sowie im Wiener Konkordat von 1443 formuliert wurden, sind die Reformforderungen auf allen Reichstagen und Ständeversammlungen wiederholt und erweitert worden, Reformforderungen, die sich zunächst einmal und vor allem auf kirchliche Mißstände bezogen: auf allzu starke Vermehrung der Verwaltungsstellen bei der Kurie; auf Käuflichkeit der Ämter; auf Profitgier, wie sie gerade den höheren Geistlichen vorgeworfen wurde; auf Übergriffe bei der Vergabe kleinerer und größerer Pfründen; auf Zurücksetzung deutscher Anwärter gegenüber römischen Günstlingen; auf Verschleppung kirchlicher Prozesse; auf übermäßige Besteuerung des deutschen Klerus sowie auf eine immer unerträglicher werdende finanzielle Aussaugung Deutschlands durch den päpstlichen Fiskus. Von allen Ständen und Gesellschaftsgruppen wurden solche Klagen über die Mißstände der Kirche laut und »mit einer an Verachtung grenzenden Verbitterung«[4] in öffentlicher Rede wie öffentlicher Schrift vorgetragen. »Die Kirche erscheint in diesen Klagen als eine riesige fiskalische Anstalt, die bis in die letzten Verzweigungen die zum Heil der Menschen erforderlichen Gnadengüter mit übergroßem Gewinn verwaltet und bei der Eintreibung ihrer Forderungen vor schwersten Kirchenstrafen aus nichtigem Anlaß nicht zurückschreckt.«[5]

Die Klagen gründeten sich auf objektive Bedingungen: zum einen war der Grundbesitz der Kirche immens, stellenweise besaß sie bis zu einem Drittel des Bodens; zum andern führten zahllose Pfründenhäufungen zu einer geradezu aufreizenden weltlichen Lebensweise höherer Geistlicher; weiter war die Kirche zum Versorgungsinstitut für die nicht erbberechtigten Söhne und Töchter des Adels geworden, und schließlich wurde die Befreiung der geistlichen und kirchlichen Einrichtungen von Abgaben, gerade im Hinblick auf den schärfer werdenden wirtschaftlichen Wettbewerb, als ungerecht empfunden, ganz zu schweigen davon, daß die Teilnahme der Kirche am Wirtschaftsleben und wirtschaftlichen Gewinn im Widerspruch stand zur traditionellen Lehre, die im Rekurs auf Thomas von Aquin den gerechten Preis forderte und jeglichen Wucher verurteilte. Jetzt aber griff die Kirche selbst zu ihrer eigenen Bereicherung zu diesen Mitteln.

Zu den kirchlichen »Gravamina« traten die politischen. Am Ende des 15. und Beginn des 16. Jahrhunderts waren die Machtverhältnisse so verteilt, daß die Gewalt in den Händen von etwa 2500 regionalen und örtlichen Obrigkeiten lag, wobei die zahlenmäßig kleinere Gruppe von Landesfürsten und Gebietsherren größerer Territorien die quantitativ stärkere Gruppe der Ritter und niederen Adligen, deren ökonomische und rechtliche Basis infolge erheblicher Einkommensverluste immer schmaler wurde, mehr und mehr zurückdrängte.[6] Der Kaiser, dem diese Ritter und Herren sich unmittelbar zugeordnet fühlten, vermochte gegenüber den Partikularmächten den alten universalen Anspruch nicht durchzusetzen, mußte Privileg um Privileg abgeben, um überhaupt begrenzte politische Ziele mit Hilfe der mächtigen Fürsten realisieren zu können. Die politische Dezentralisierung und daraus resultierende Desorganisation und Dysfunktionalität, von den Partikulargewalten zur eigenen Machtsteigerung ausgenutzt, trieb Reformvorschläge hervor, die indessen, eben aus Gründen der politischen Machtverteilung, nicht zu Erfolgen gelangen konnten. Reformschriften wie die *Reformatio Sigismundi*, in denen eine organisatorische Reichsreform gefordert wurde und die, wie ihre zahlreichen Wiederabdrucke zeigen, einen breiten Rückhalt fanden[7], oder die Schrift des oberrheinischen Revolutionärs, die sich leidenschaftlich für ein Volkskaisertum und für die Interessen des gemeinem Mannes einsetzte[8], fanden zwar Gehör, bewirkten aber keine Veränderung; Reformversuche wie die Beschlüsse der Reichstage (Worms 1495) oder Institutionen wie das zentrale Reichsregiment von 1500 hatten entweder gar keine oder nur geringe – und dann meist im Sinne landesfürstlicher Machtausübung umfunktionalisierte – Bedeutung.

Städtische Krisen kommen hinzu, wobei es sich in der Regel um Zunftkämpfe gegen die patrizische Stadtherrschaft handelte.[9] Dabei trat gegenüber den Aufständen und Unruhen des 14. und 15. Jahrhunderts, bei denen vorwiegend städtische Ober- und Mittelschichten gegen die herrschenden Geschlechter kämpften, immer mehr das mittlere und niedere Zunftbürgertum hervor, seit der Reformation offensichtlich auch verstärkt durch die mehr oder weniger besitzlosen Unterschichten, vor allem Handwerksgesellen und Knechte. Im wesentlichen wurden diese städtischen Aufstände, deren Krisenverlauf dem Landesherren oftmals Gelegenheit gab, die eigene Machtposition auf Kosten der beiden Parteien auszubauen[10], von den in den meisten Fällen rückorientierten Zünften bestimmt, das heißt einer im ganzen retrospektiven reaktionär-zünftlerischen Gesinnung. Gegenüber neueren Entwicklungen will man am Alten festhalten bzw. alte Zustände wiederherstellen, allenfalls im Rahmen alter institutioneller Ordnungen Verbesserungen durchsetzen.

2. Zur Realsituation der Bauern

Gebhardts *Handbuch der deutschen Geschichte* faßt die Situation der Landwirtschaft im 16. Jahrhundert folgendermaßen zusammen: »Der langfristige Bevölkerungsrückgang im Spätmittelalter schlug seit etwa 1450/70 in ein neues Bevölkerungswachstum um – im Westen früher als im Osten. Seit etwa 1520 nahm die Bevölkerung jährlich um etwa 0,6% zu (wobei die wirtschaftlich-soziale Mittelschicht vielfach im Vordergrund stand und das Sozialprodukt je Kopf der Bevölkerung sank). Das führte [...] allgemein zur Steigerung der landwirtschaftlichen Aktivität, zu starken Preissteigerungen bei Getreide und Vieh, während die Löhne zurückblieben, sowie bei den Konsumenten zur Bevorzugung der billigeren Produkte (Getreide, Bier) gegenüber den teureren (Fleisch, Wein). In den Gebieten der Hauptkämpfe des Bauernkrieges war die Landwirtschaft am weitesten entwickelt, die Bevölkerung dicht, die Teilung des Bodens weit vorangetrieben, der Durchschnittsbesitz also bescheiden, der Lebensstandard der Ritter mit meist wenigen zugehörigen Bauerndörfern im Verhältnis zu Klöstern und Stadtbürgern niedrig, bei zunehmender Geldwirtschaft mit inflationistischen Tendenzen nur durch wachsende Belastung der Bauern vor weiterem Sinken zu bewahren.«[11]

Die wachsende Belastung der Bauern, von der der Text spricht, bedarf allerdings der ausführlicheren Darstellung, da sie hier, wie mir scheint: unzulässigerweise, auf einen einzigen Faktor reduziert wird. Sie bezog sich erstens auf die mangelnde Flexibilität des Systems, das es nicht zuließ, schlechte Ernten oder gar Mißernten durch Zinsreduktionen für die landwirtschaftlichen Erzeuger erträglich zu machen[12]; sie bezog sich zweitens auf die Dienste und Fronen im Rahmen der Bewirtschaftung und Versorgung des grundherrlichen Herrenhofes sowie des Baues und Unterhalts von Straßen, die von den Bauern als unzulässig und willkürlich angesehen wurden, wenn sie ungemessen waren und als solche, wie es gegen Ende des 15. Jahrhunderts mehr und mehr der Fall war, zum Rechtsanspruch einer zur Obrigkeit avancierenden Grundherrschaft erklärt wurden[13]; die Belastung bezog sich weiter auf die Abwälzung und Umverteilung von Steuern, die gebietsweise recht hoch war[14]; sie bezog sich dann vor allem auf die Kompetenzverlagerung im administrativen und jurisdiktionellen Bereich: gegen Ende des 15. Jahrhunderts nimmt die Obrigkeit die Gemeindeverwaltung und Rechtsprechung durch die Ausübung ihrer Gebots- und Verbotsgewalt unter stärkere herrschaftliche Kontrolle[15], was Peter Blickle, jedenfalls für die oberschwäbischen Verhältnisse, also für das Zentrum des Bauernkrieges, auf ein gewandeltes bzw. sich wandelndes Herrschaftsverständnis zurückführt: »Die Amtmänner, Hofmeister oder Vögte, die meist Reichsstädtischen Familien entstammten, nahmen sich energischer und erfolgreicher der Verwaltungs-, Polizei- und Gerichtsaufgaben an: sie sorgten für die Eintreibung der Strafgelder, kontrollierten die Maße, inspizierten die Mühlen, führten Grenzbegehungen durch, beaufsichtigten den Zehnteinzug und überprüften die Rechnungen; ihnen unterstanden nun gelegentlich eigene Polizeitruppen, die den herrschaftlichen Maßnahmen den nötigen Nachdruck geben konnten, die aufrührerische Bauern einschüchtern und renitente Untertanen festnehmen konnten, die dann in den nun auch nachweisbaren Gefängnissen verschwanden. Wenn diese Administrationsmaßnahmen aus der Optik des frühmodernen Staates auch einen dürftigen Zuschnitt haben, wird hier doch ein neues Selbstverständnis der oberschwäbischen Herren offenkundig, das eingebunden ist in weiterreichende Zielsetzungen – den Territorialstaat.«[16] Damit hängen auch die Klagen über die Zunahme der Leibeigenschaft zusammen, die, wie unten am Beispiel der Kemptener Bauern gezeigt werden soll, als eines der wirkungsvollsten Instrumente im Rahmen der Territorialisierungspolitik eingesetzt wurde: »Für den Bauern bedeutete dies verschärften herrschaftlichen Druck gegenüber den älteren lockeren Abhängigkeitsverhältnissen: Grundherrschaft, Leibherrschaft – und zum Teil die Gerichtsherrschaft – fielen zusammen, wo zuvor die Rivalität der Ansprüche dem Bauern einen herrschaftlichen Leerraum gelassen hatte. Der Bauer saß näher bei seinem Herrn, war administrativ leichter zu erfassen und wurde damit wirksamer beherrscht. Der Grundholde, der Muntmann, der Gotteshausmann, der Zinser war zum Untertanen geworden, die Herrschaft zur Obrigkeit.«[17]

Selbst wenn man die landschaftlichen Unterschiede der Belastungen einberechnet, wird man feststellen müssen, daß sich die wirtschaftlich-rechtlich-soziale Gesamtsituation der Bauern, zumindest tendenziell, verschlechterte. Der Bauer sah sich, bei oft miserabler Ertragslage[18], mit Veränderungen der herrschaftlichen Grundordnung und deren Konsequenzen konfrontiert: Nutzungsbeschränkungen, Erhöhung der angemessenen Lasten und Dienste, Ausbildung von Untertanenverhältnissen durch fortschreitende Unterminierung der bäuerlichen Selbstverwaltung, Ersatz der ländlichen Gerichte durch herrschaftliche.[19]

Infolge dieser tendenziellen Verschlechterung der bäuerlichen Gesamtsituation kommt es im Laufe des 15. und beginnenden 16. Jahrhunderts immer wieder zu Aufständen und Erhebungen, in der Regel örtlichen Bündnissen von Bauern gegen feudale Übergriffe und Einschränkungen von Rechten, gegen gewaltsames Vorgehen und Durchsetzen von Forderungen.[20] Ein exemplarischer Vorgang vermag konkret zu zeigen, wie im Rahmen einer konsequenten Territorialisierungspolitik mit den Bauern umgesprungen wurde. Wie Günther Franz in seinem Bauernkriegs-Buch gezeigt hat, versuchten die Fürstäbte von Kempten im Allgäu bereits seit dem beginnenden 15. Jahrhundert mit allergrößter Entschiedenheit ihr Land zu einem festen, geschlossenen, mit voller Staatshoheit ausgestatteten Territorium auszubilden.[21] Ihr Ziel mußte es sein, die Freizügigkeit der Untertanen zu beschränken und die Standesunterschiede so weit wie möglich zu beseitigen, indem sie die freien, auf freiem Eigentum sitzenden Bauern zinspflichtig zu machen suchten, die Zinspflichtigen wiederum zu Leibeigenen, wobei die Freizinser, wenn sie auch gegenüber der großen Masse der Leibeigenen unabhängiger blieben, gegenüber den Freien stärkere Einbußen ihrer Rechte in Kauf nehmen mußten: sie konnten verkauft, vertauscht, zu Lehen gegeben werden.

Um sich von der bedrückenden Herrschaft zu befreien, kündigten die Bauern dem Abt ihren Dienst auf und wählten den Grafen von Montfort zu ihrem Schirmherrn, der indessen schon bald durch kaiserliche Mandate und päpstliche Bannandrohungen gezwungen wurde, diese Schirmherrschaft wieder aufzugeben. Die Bauern mußten sich einem Schiedsgericht unterwerfen, das 1423 in Ulm tagte. Der Abt legte dabei einen gefälschten Stiftungsbrief Karls des Großen vor, in dem die Zinser, ebenso wie die Eigenleute, mit allen Rechten der Abtei zugeeignet wurden, und beschwor mit zwei der angesehensten Konventsherren, daß er und seine Vorgänger diese Rechte seit alters geübt hätten. Daraufhin wurden seine Rechte bestätigt und die Bauern, die der Beweiskraft des angeblich alten Pergaments gegenüber wehrlos waren, somit um ihre Rechte gebracht.

In der Folgezeit setzen die Fürstäbte die Konfliktpolitik mit Erfolg fort. Immer wieder geht es um die Forderungen von Diensten, Abgaben, Steuern. Durch Verweigerung des Abendmahls und des Kirchgangs werden Freie, die eine Zinserin heirateten, gezwungen, selbst Zinser zu werden; Zinser, die eine Leibeigene heirateten, wurden Leibeigene. Kirchliche Machtmittel werden in rücksichtsloser Weise zu obrigkeitlichen Zwecken mißbraucht. Die geistlichen Gerichte sprechen hohe Geldstrafen aus, durch die die Betroffenen ihres Besitzes beraubt werden. Selbst vater- und mutterlose Waisen werden von den Äbten gezwungen, sich »freiwillig« in die Leibeigenschaft zu begeben.

1462 kommt es zu neuen Erhebungen, und wieder werden die Bauern schnell zur Raison gebracht. 1491, als der Abt in der Zeit einer furchtbaren Hungersnot ad hoc eine Steuer ausschreibt, führt dies erneut zum Aufstand. Die Bauern suchen Hilfe beim Schwäbischen Bund, aber ohne Erfolg. Sie suchen ihre Zuflucht beim Kaiser: ihr erster Gesandter verschwindet spurlos, der zweite erreicht sein Ziel, der Fürstabt wird vor das kaiserliche Hofgericht geladen. Bevor es jedoch zum rechtlichen Austrag kommt, wirft der Schwäbische Bund den Aufstand nieder. Die Dörfer werden geplündert und niedergebrannt. Die Bauern leisten keinen Widerstand und verpflichten sich, ihre bisherigen Dienste so lange zu erfüllen, bis deren Rechtswidrigkeit nachgewiesen sei, eine Forderung, der die Bauern nicht nachzukommen vermögen. So endet der Kampf mit der völligen Niederlage der Bauern. Allein in den folgenden dreißig Jahren, also in den drei Jahrzehnten vor dem Bauernkrieg, werden 1200 ehemalige Freizinser in die Leibeigenschaft gezwungen.

In dem Vorgehen der Kemptener Fürstäbte, dessen Brutalität und taktische Konsequenz sicherlich nicht im Hinblick auf alle anderen Herrschaftsgebiete verallgemeinert werden kann, kommen gleichwohl tendenziell die bestimmenden geschichtlichen Bewegungen zum Ausdruck: die folgerichtige Transformation der mittelalterlichen Feudalordnung in den territorialen Untertanenverband.

Dem Vorgehen der territorialen Landesfürsten entspricht das der kleineren Feudalherren, das heißt der ritterlich-adligen Burgherren, die nur ein Dorf oder mehrere Dörfer in ihrem grundherrlichen Bereich besitzen. Hier geht es nicht um Landesherrschaft und den Ausbau von Hoheitsrechten, sondern vornehmlich um die Sicherung bzw. mit der zunehmenden Verarmung dieser kleineren Gebietsherren infolge von Preisentwicklung und Bedürfniserweiterung vor allem um Steigerung der finanziellen Erträge. Mit großer Rücksichtslosigkeit setzen diese kleineren Gebietsherren, seien sie nun weltliche oder geistliche, ihre Ziele durch: es werden Ansprüche geltend gemacht auf die Hinterlassenschaft von Eigenleuten oder die dörflichen Allmenden werden zugunsten der Eigenwirtschaft von Klöstern oder Grundherren eingeschränkt.

Zahllose örtliche Empörungen sind uns bekannt, durch die sich die Bauern im Namen des alten Herkommens solchen Zwängen zu widersetzen suchten, meist ohne viel Erfolg. Aber es kommt im 15. Jahrhundert doch auch schon zu Aufständen, die Neues antizipieren, wie die Erhebung, die durch die Predigt des Pfeifers von Niklashausen ausgelöst wird[22]: Sonntag Laetare 1476 wird im Taubertal vor der Wallfahrtskirche Niklashausen der Winter ausgetrieben. Wie jedes Jahr strömt viel Volk zusammen, wie jedes Jahr treten auch Laien vor das Volk hin, um ihnen von Heilungen oder Visionen zu berichten. In diesem Jahr erscheint ein junger Hirte und Musikant, Hans Böheim, das Pfeiferhänslein genannt, und predigt Aufruhr, predigt vom Zorn Gottes gegen die Priester. Im Namen Gottes und Marias fordert er den rücksichtslosen Kampf gegen die Kirche, deren Machtanspruch er leugnet. Auch andere Obrigkeiten, selbst den Kaiser, solle es nicht mehr geben. Es werde noch dazu kommen, so erklärt er prophetisch, daß »die fürsten und herren noch umb einen taglon musen arbeiten«. Und wenn die Güter geistlicher und weltlicher Herren unverteilt würden, da hätte das gemeine Volk auch noch genug. Auch sollten Zinsen und Zehnte,

Steuern und Zölle völlig abgeschafft werden, die bäuerliche Allmende frei sein zu jedermanns Nutzung.

Die Predigt lockt Unmassen von Menschen in das Taubertal, zu Zeiten sollen es 40 000 gewesen sein.[23] Aus ganz Mitteldeutschland, ja von der Mark und aus Schwaben zogen Bauern herbei und sangen als Wallfahrtslied:

> Wir wollen Gott im Himmel klagen,
> Kyrie eleison,
> Daß wir die Pfaffen nit sollen zu Tode schlagen:
> Kyrie eleison.[24]

Die drei zuständigen feudalen Herrschaften sehen sich, um dem drohenden Aufruhr zu begegnen, zum Einschreiten gezwungen. Der Bischof von Würzburg läßt den Pfeifer ergreifen, eine riesige Menge zieht vor den bischhöflichen Palast, fordert seine Freilassung, läßt sich aber nach längeren Verhandlungen zerstreuen. Und Böheim selbst, dessen Gedanken in nuce schon viele der später im Bauernkrieg aufgestellten Forderungen enthalten und in ihrer Radikalität sogar weit über die in der Anfangsphase des Bauernkriegs erhobenen Postulate hinausgehen, wird Mitte Juli 1476 verbrannt.

Neues antizipieren auch die Bundschuh-Verschwörungen von 1493, 1502, 1513 und 1517, so genannt nach der Fußbekleidung des armen Mannes, dem groben Schuh aus Rindsleder, dessen Schaft bis an die Wade reichte und mit langen Riemen kreuzweise gebunden war.[25] Den Verschwörern, deren Bundesfahne 1513 den Gekreuzigten und vor ihm knieende Bauern abbildete und deren Losung 1502 »nichts denn die Gerechtigkeit Gottes«, 1513 »Herr, steh deiner göttlichen Gerechtigkeit bei« lautete, ging es um die Wiederherstellung der ursprünglichen, von Gott selbst eingesetzten Rechtsordnung, in deren Namen sie die Freiheit von aller Obrigkeit, die Aufhebung der Leibeigenschaft, die Auflösung der Stifte und Klöster, die Beseitigung von Steuern und Lasten forderten. Ihre zweiteilige Parole setzte das literarische Mittel des Reimes als Erkennungszeichen ein: »was ist euer wesen?« so war die Frage 1502, und die Antwort hatte zu lauten: »wir mögen vor den pfaffen nit genesen.« 1513 hieß die entsprechende Sequenz: »was ist nun für ein wesen?« – »der arme man kann nit mer genesen.«[26] Wie der Aufstand des armen Konrad von 1514, der sich gegen die herzögliche Mißwirtschaft in Württemberg richtete, wurden aber die Bundschuh-Verschwörungen noch vor ihrem Ausbruch aufgedeckt, meist durch Verrat.

Zusammenfassend läßt sich sagen: Der tendenziellen Verschlechterung der bäuerlichen Situation um 1500 korrespondiert eine große Zahl von Bauernaufständen, die, meist örtlich gebunden, in der Regel auf eine Reform von Herrschaft im Sinne der Wiederherstellung alter Rechts- und Sozialzustände abzielen. In einzelnen Fällen werden auch schon Forderungen erhoben, die die Beseitigung feudaler Herrschaftsformen und Herrschaftspraktiken im Auge haben und damit vorbereiten, was später im Bauernkrieg ausführlicher und programmatischer formuliert wird. Daß diese radikaleren Forderungen nicht zuletzt Resultate geschichtlicher Erfahrungen waren, gewonnen aus der Ergebnislosigkeit jahrzehntelanger Klagen über die »Gravamina der Nation« und aus der frustrierenden Erkenntnis der Vergeblichkeit aller Reform-Forderungen, hat wohl keiner früher und klarer erkannt als der sogenannte oberrheinische Revolutionär, der über das gewalttätige, rechtlose Verhalten des Herren gegenüber dem Bauern, »der uns die fruht buwet da von wir leben sollen«, Klage führt und für den Fall, daß die Reformen nicht stattfinden, prophetisch den allgemeinen Aufstand des gemeinen Mannes vorhersagt: »der gemeine man in dem swarzwalt wirt den pflegel oder howen hinlegen und die isen ruten in die hent nemmen.«[27]

3. Zur ideologischen Situation der Bauern

Durch das ganze Mittelalter hindurch und bis weit in die frühe Neuzeit hinein hat es feste Darstellungsschemata gegeben, mit denen die Träger der Literatur, des Hauptbildungs- und Erziehungsmittels der Zeit, also Adlige und Geistliche und später auch Bürger, den Bauern auf ein ganz bestimmtes Erscheinungsbild und bestimmte Bewußtseinsformen festzulegen suchten im Sinne einer endgültig und ein für allemal fixierten ständischen Ordnung, deren hierarchische Statik den einzelnen Ständen wenig Mobilität erlaubte.[28]

Das älteste, noch ganz vom Funktionszusammenhang einer

ursprünglich rein agrarischen Gesellschaft geprägte Schema ist das ständische Dreiteilungssystem: Bauern, Ritter, Pfaffen.[29] Die Bauern arbeiten und schaffen durch ihrer Hände Arbeit die materiellen Lebensvoraussetzungen der anderen beiden Stände; die Krieger-Ritter verteidigen sie, bieten ihnen Schutz; die Geistlichen beten für sie und geben ihnen geistlichen Beistand. Voraussetzung dieses Schemas dürfte die ursprüngliche Gleichstellung freier Bauern mit den Vertretern der anderen Stände gewesen sein, die aber spätestens seit der frühen Feudalzeit nicht mehr gegeben war. Dennoch bleibt das Schema weiterhin verfügbar und dient bis weit ins Spätmittelalter hinein der Aufgabe, sowohl den Bauern auf seine durch die Dreiteilung festgelegte Funktion, auf seine ständische Lebensordnung, seinen *ordo,* zu verpflichten als auch den Vertretern anderer Stände Interpretationsmuster für ihre eigene ständische Identifikation zu geben.[30] Der französische Historiker Le Goff hat die in diesem Einteilungsschema zum Ausdruck kommende Intention wohl richtig bezeichnet, wenn er schreibt: »Die Übernahme des Begriffs ordo in das dreiteilige Schema, die Bezeichnung der drei Klassen als ordines im Mittelalter verrät die Absicht, diesen Gesellschaftsaufbau zu heiligen, zu einer von Gott geschaffenen und gewollten objektiven und ewigen Wirklichkeit zu machen; kurz: jede soziale Revolution schon im Keim zu ersticken.«[31]

Noch weniger neutral ist das wohl verbreitetste Schema des Mittelalters, durch das die Subordination der Bauern auf eine Stelle aus dem *Alten Testament* zurückgeführt wird.[32] Nach dem Bericht der Bibel findet Cham, der Sohn Noahs, eines Tages seinen Vater, der vor Trunkenheit in Schlaf gefallen war und dessen Gewand sich ein wenig verschoben hatte. Cham hatte nichts Eiligeres zu tun, als den Brüdern Sem und Japhet die entblößten Geschlechtsteile des Vaters zu zeigen. Die beiden anderen Söhne hatten abgewandten Gesichtes ihr Gewand über den Vater gebreitet und ihn so allen zudringlichen Blicken entzogen. Als Noah kurze Zeit darauf erwachte und erfuhr, was vorgefallen war, verfluchte er Cham und sein ganzes Geschlecht.[33]

Auf diese Textstelle gründet sich die mittelalterliche Lehre von den ungleichen Kindern Evas[34]: Die Nachfahren Chams, auf denen die Schuld der frühen Verfehlung und der Fluch

Noahs ruhen, bleiben als Bauern den Nachfahren der Brüder Sem und Japhet, den Edelleuten, für immer untergeordnet.

Die in dem Dreiteilungsschema, jedenfalls ursprünglich, gegebene Gleichordnung der drei Funktionseinheiten[35] erhält durch die Geschichte der Noah-Söhne eine Wertung, und zwar dadurch, daß die Entstehung des Bauernstandes als eines dienenden Standes, eines *servitium*, mit der Geschichte einer Verfehlung in Verbindung gebracht wird. Die Unfreiheit der Bauern und Knechte, der Nachkommen Chams, erweist sich als eine notwendige Folge der Sünde, die der Noah-Sohn auf sich geladen hatte. Auf jeden Fall ist, wie Burckhard von Worms schon im ersten Jahrzehnt des 11. Jahrhunderts schrieb – eine Erklärung, die später in ihren Grundzügen immer wieder bemüht worden ist –, »dem Menschengeschlecht durch göttliche Fügung die Strafe der Knechtschaft auferlegt worden, so daß Gott denen, für die, wie er sieht, die Freiheit nicht paßt, in großer Barmherzigkeit die Knechtschaft auferlegt. Und obgleich die Erbsünde durch die Gnade Gottes in der Taufe allen Gläubigen genommen ist, hat der gerechte Gott das Leben der Menschen so unterschieden, indem er die einen zu Knechten, die anderen zu Herren einsetzte, damit die Möglichkeit zu Frevel für die Knechte durch die Macht der Herren eingeschränkt würde.«[36] Wobei die stillschweigende, aber durch die Geschichte keineswegs bestätigte Voraussetzung gemacht ist, daß die Herren nicht selber freveln.

Folge dieses durch das ganze Mittelalter hindurch gültigen Herleitungsschemas war es, daß die ständische Ordnung eine klare hierarchische Gliederung, zugleich aber auch, als eine von Gott verordnete Strafordnung, ihre besondere Legitimation erhielt und für alle Zeiten festgeschrieben wurde, wobei die Unlogik der Herrschaftslegitimation darin lag, daß nur wenige herrschten, wo doch alle sündig waren.

Eine dritte Auffassung, die im späten Mittelalter immer wieder formuliert wurde, geht davon aus, daß der Bauernstand als Nährstand schlechthin der wichtigste Stand sei, zieht daraus allerdings nicht die logische Konsequenz, daß diesem Stand dann auch die höchste Achtung und Anerkennung zukäme, sondern verwendet selbst das positive Argument noch repressiv: der Bauer soll, im Bewußtsein seines Wertes, bei seiner angestammten Lebensordnung, und das heißt konkret: in seiner wenig respektierten Position, verbleiben.[37]

Die Vertröstung auf himmlischen Ausgleich stellt ein letztes, immer wiederholtes Argument vor: Hier auf Erden unterdrückt und schwer leidend, werden die Bauern dereinst am Jüngsten Tage zu freien, geehrten und auf immer freudigen Menschen erhöht. Einige Autoren gehen sogar so weit, den Bauern zu versprechen, daß sie als Könige und Adlige auferstehen und ihre jetzigen Unterdrücker ihnen im Jenseits als Knechte zu dienen hätten.[38]

Freilich, betrachtet man die vorgestellten Schemata und Argumentationsmuster im Hinblick auf ihre Verwendung, so ist deutlich erkennbar, daß sie nur da beigebracht werden, wo überhaupt Ansätze zu einer Argumentation gemacht werden. Wo dagegen der Bauer in der erzählend-unterhaltenden Literatur auftaucht, da wird er, als Vertreter einer ungebildeten, an höherem gesellschaftlichen Leben nicht teilhabenden Unterschicht, zumeist vorgeführt als lächerliche, derbe, tölpelhaftrohe, ungeschlachte, unkultivierte Erscheinung, über die man lachen kann und soll.[39] Jahrhundertelang institutionalisierte Verachtung und Verunglimpfung eines durch die Verhältnisse selbst bereits entrechteten und verunglimpften Standes sowie eine jahrhundertelange Festlegung auf Subordination – das ist die Basis, auf der der Bauer ein Bild seiner selbst entwerfen konnte; das ist aber auch die Basis für ein aus jahrhundertelangem Erbe stammendes Unterlegenheitsbewußtsein und eine daraus notwendig resultierende, geradezu historisch »eingefleischte« Haltung von Unterwürfigkeit.[40]

Allerdings, so wie sich im Rahmen des Feudalismus ein Widerstandspotential sammelte, weil er niemals das harmonische System war, als das er in vielen Lehrbüchern präsentiert wird, so ließ sich auch auf literarischer Ebene das gesellschaftliche Idealbild nicht durchhalten, ohne daß Gegenbilder, Gegenmuster und Gegengedanken entwickelt wurden. Dieselbe Institution, die, da sie ihre Macht wesentlich auch auf das Feudalsystem gründete, die Beschwichtigungs- und Ordnungsschemata entwickeln half, die Kirche, gab durch die Lehre, auf die sie sich gründete, Anlaß zu Fragen, durch die das sorgsam durchkonstruierte System des Feudalismus innerlich gefährdet wurde. In der realen Auseinandersetzung zwischen Bauern und Grundherren stellte sich immer wieder die

Frage, worin denn die ständische Ungleichheit der Menschen begründet sei, wo doch alle Menschen, jedenfalls nach der christlichen Lehre, von Adam und Eva abstammten, zu deren Zeiten es noch keine Edelleute gegeben habe. Und so erhob sich, aufrüttelnd und pochend, seit dem 14. Jahrhundert die Frage: »Als Adam grub und Eva spann, wo war da wohl der Edelmann?«[41]

Freilich, solche aufrührerischen Fragen wurden meist im Zusammenhang literarischer Manifestationen formuliert, die andere Absichten hatten, als das Volk, die breite Masse, aufzuwiegeln. Im Gegenteil; in den Dominikaner- und Franziskaner-Predigten, den Moralsatiren oder den Ständelehren blieb die Kritik an den krassen Auswüchsen der Feudalgesellschaft in der Regel verbunden mit Ermahnungen zum geduldigen Ertragen der Leiden in der Hoffnung auf höhere Gerechtigkeit. Hier liegt sicherlich einer der Gründe für die Stabilität des mittelalterlichen Gesellschaftssystems: der Rahmen, der geschaffen wurde durch die gegebenen feudalen Herrschafts- und Abhängigkeitsverhältnisse einerseits und die darauf bezogenen und sie geistig fundierenden ideologischen literarischen Schemata andererseits, war höchst ungeeignet, den feudalabhängigen Bauern die Einsicht in die tatsächlichen Ursachen ihrer Situation zu erleichtern.

Noch die Bauern der *Zwölf Artikel,* so werden wir sehen[42], fordern im Bauernkrieg keineswegs den Umsturz der gegebenen Ordnung, sondern verlangen Reformen, sogar relativ geringfügige Reformen, das heißt, sie verhalten sich letztlich angepaßt, können die Ansprüche, durch die ihre eigene Situation ganz neu fundiert werden könnte, und damit ihre spezifische Parteilichkeit noch nicht formulieren. Die Denkbahnen bleiben ihnen vorgezeichnet durch das Wenige, was sie gelernt haben, das heißt: nicht zuletzt durch die Stereotypie der Darstellungs- und Deutungsschemata, mit deren Hilfe theologisch-literarische Argumentation, auf dem Boden der christlichen Lehre, des Problems Herr zu werden suchte, der faktischen Ungleichheit und Subordination des größeren Teils der Menschen wenigstens den Schein einer Begründung zu geben.

4. Der Bauer in der Publizistik am Vorabend des Bauernkrieges

Die Kontinuität der jahrhundertelangen Verunsicherung, Verunglimpfung und Erniedrigung des Bauernstandes wird von einer anderen, weniger gradlinigen und weniger dominanten Linie begleitet: Seit der Mystik, jener geistlichen Erneuerungsbewegung gegen die kirchliche und theologische Institutionalisierung von Religion, in der das Recht auf die religiöse Schau, die Vision, das innere Erlebnis des Einzelnen gegen das nur durch den Priester vermittelte und vermittelbare geistliche Verhältnis von Mensch und Gott proklamiert wurde, gibt es auch eine besondere Wertschätzung des Bauern.[43] Ganz im Geiste dieser neuen, stark von Laien und von Bettelmönchen getragenen Frömmigkeitsbewegung wird der arme, ehrlich suchende Mann gegen den Priester ausgespielt, ja im Namen einer neuen Verinnerlichung gerade der Bauer als der Erzeuger des Brotes, des in der Eucharistie sich wandelnden Leibes Christi, als derjenige angesehen, dem die biblische Seligpreisung der Bergpredigt vor allem gilt. Unter dem Einfluß der Mystik haben sich durch das ganze Mittelalter hindurch Bewegungen, die sich gegen die Kirche als Institution richteten, im besonderen Maße des Bauern angenommen, haben ihn, den Vertreter des verachteten Standes, im Rahmen einer immer wieder aufgenommenen Zeitkritik als Gegenbild, als Gott wohlgefälligen und noch unverdorbenen Vertreter der Menschheit den reichen, vornehmen, mächtigen Vertretern der höheren Stände entgegengestellt. An diese Tradition konnte man anknüpfen, wenn es darum ging, dem Bauern ein neues, positiveres Selbstverständnis zu vermitteln.

Hinzu kommt ein Zweites: Luthers Lehre vom allgemeinen Priestertum, deren Wurzeln in solche mystischen Traditionen zurückgreift und die von dem Leitsatz ausgeht: »Vor got sein wir alle priester durch den glauben.«[44] Wer Glauben und Liebe übt und sich als ein wahrer Christ verhält, den sieht Gott nach Luther gnädig an, »er sey eußerlich eyn man oder weyb, furst oder baur, münch oder laye.«[45] Luther wird nicht müde, dies zu wiederholen, was freilich, wie er immer wieder betont, nur im Hinblick auf die Gleichheit der Menschen vor Gott gelte, nicht aber der Menschen untereinander. Dennoch ist Luthers

Sympathie für den gemeinen Mann deutlich spürbar, wenn er gegen die Gelehrten, vor allem die Geistlichen, das Recht des einfachen gläubigen Gemütes verteidigt, die unverbrauchte Glaubenskraft des gemeinen Mannes herausstellt und gerade am Beispiel des Bauern seine *Theologia pauperum* exemplifiziert.

Diese luthersche Lehre, der, wenn man sie säkularisierte, ein auf »Demokratisierung« gerichteter Impuls eigen war und der sich mittelbar auch humanistische, die neue Würde des menschlichen Individuums gegenüber den traditionellen kirchlichen Beicht- und Bußzwängen verteidigende Auffassungen verbanden – sie war das Signum einer auf Breitenwirkung zielenden und schnell auch Breitenwirkung gewinnenden, an den »gemeinen Mann« appellierenden und zum ersten Mal dessen Bedeutung markierenden Volksbewegung, die sich als solche konstituierte, indem sich die Träger dieser Bewegung, wenigstens anfänglich, vornehmlich an die mittleren und niederen Schichten wendeten, diese sowohl über die reformatorische Wahrheit aufzuklären als auch für die neue Lehre zu gewinnen suchten und dadurch innerhalb dieser Schichten eine ebenso erregte wie erregende Diskussion weitesten Ausmaßes und äußerster Intensität entfachten.[46] Literarischer Ausdruck dieser Diskussion ist eine umfangreiche, in den frühen zwanziger Jahren des 16. Jahrhunderts immer stärker anschwellende Produktion von Flugschriften[47], zumeist in Dialogform, in denen der »gemeine Mann«, zumeist der Bauer, als Gesprächspartner eine zentrale Rolle gewinnt.[48] Ob er als der mit natürlichem Menschenverstand begabte und aus tiefer Lebenserfahrung sprechende, gegenüber gelehrter wie privilegierter Autorität unempfindliche, selbständig urteilende, zur überlegten und gezielten Gewaltanwendung gegen die Praktiken der Kirche durchaus bereite »Karsthans«, d. h. als der einfache, mit der mehrzinkigen Hacke, dem »Karst«, arbeitende Bauer abgebildet wird[49]; ob er im *Neuw Karsthans*[50] als Wortführer einer heftigen Kritik an der kirchlichen Hierarchie seinen Gesprächspartner Sickingen für einen Kampf gegen diese Kirche zu gewinnen sucht; ob er im *Gesprächsbüchlein von einem Bauern, Belial, Erasmo Rotterodam und Doctor Johann Fabri* auftritt[51]; ob sich im schönen *Dialogus von Cunz und Fritz* zwei Bauern über ihren Glauben unterhalten[52] oder ob er gar mit Petrus einen Disput führt[53] – immer wird bestätigt, was Eberlin von Günzburg am Schluß des 6. *Bundsgenoß* sagt: »der bawr wirt witzig«[54], was heißen soll: der Bauer wird klug, gewinnt Einsichten, kann zum ersten Mal seit Jahrhunderten mitreden und wird als Mitredender akzeptiert.

So begegnet der des Lesens kundige Bauer – wohl mehr eine Leitvorstellung als eine alltägliche Realität – in mehreren Schriften der Zeit[55], z. B. als Bauer, der mit seinem studierten Sohn über Glaubensfragen diskutiert und zu dessen Verwunderung sich als äußerst beschlagen erweist, so daß der Sohn schließlich erstaunt ausruft: »lieber Vater, ich sihe wol das du auch das evangelium gemerkt hast«, darauf der Vater: »sihe, da hab ich ein alte postillen, die etwan ein münch gemacht hat, da lese und studier ich zu zeytten inne.«[56] Und im Gespräch mit einem Schwärmer bekennt der Bauer auf die Frage des Gesprächspartners: »von wem hast du doch solche ler gelernt, die du mir itz für gesagt hast?« »ich kan ein wenig deutsch lesen, drum bin ich zu Erfurt zur predigen gegangen und hab mein buch allezeyt bei mir, das new testament.«[57]

Uhrig hat in seiner Untersuchung *Der Bauer in der Publizistik der Reformation bis zum Ausgang des Bauernkrieges* mehrere Typen unterschieden, die in diesen Dialogen auftreten[58]: der lesende Bauer, der gelehrte Bauer, der disputierende Bauer, der Bauer als Theologe, der Bauer als Prediger, der Bauer als Volksschriftsteller, der obrigkeitstreue Bauer, der aufgeklärte Bauer. Auf diese Typologie kann hier nicht weiter eingegangen werden, sie belegt aber auf eindrucksvolle Weise, daß sich das Bild des Bauern – man darf sagen: entscheidend – gewandelt hat. Aus einer literarischen Spottfigur ist eine für die neue reformatorische Bewegung repräsentative Figur geworden, die ernstgenommen wird und sich voller Selbstbewußtsein präsentiert.

Vor allem der zuletzt aufgeführte, der aufgeklärte Bauer stellt eine der Krisensituation angemessene Verkörperung des reformatorischen Bauern dar. Er durchschaut die Betrügereien der Geistlichen: »die bauern seyndt schamper geworden, sy verstondt sich jetzt auch etwas auf eurer lügen«, so sagt ein Weber im Gespräch mit einem Pfaffen[59], und in dem Dialog, von dem wir am Kapiteleingang ausgingen, sagt der Edelmann über sich selbst, den Mönch und den Curtisan: »nun so wist ir/das der gemayn man unser schalckhait aller innen worden ist ...«[60] Die Zeiten, so sagt eine andere Schrift, sind vorbei, da die Priester dem Bauern ihre Anweisungen gaben und ihn belehrten, was er zu tun habe: »also hat man zum bauern gesagt, Tu labora. Wir wollen die würffel, das bretspiel, die karten in die handt nemen, nym du den karst, du mußt die geystlichen wol erneren«; die Bibel, so wird von bäuerlicher Seite jetzt eingewendet, sagt in *Genesis III* klar und deutlich, daß der Mensch arbeiten solle, und zwar jeder, nicht nur der Landmann.[61]

Die Bauern, so stellen es diese Schriften dar, sind nicht mehr bereit zu stellvertretender Arbeitsleistung, die ihnen selbst am wenigsten zugute kommt. Sie fragen nach den Gründen für ihre eigene Misere, sie erörtern die Frage, ob die bestehenden Zustände im geistlichen wie weltlichen Bereich verändert und wie sie verändert werden können, sie erörtern, ob solche Veränderungen mit Gewalt herbeigeführt werden dürfen, und kommen dabei zu unterschiedlichen Auskünften, die sich auf einer breiten Skala zwischen gemäßigten Reformforderungen bis hin zu radikalen Lösungen bewegen.

Freilich, nichts wäre verfehlter, als zu glauben, solche angeblichen Äußerungen von Bauern und über Bauern seien tatsächlich aus der Feder des gemeinen Mannes geflossen. Selbst von jenem Zeitgenossen, der sich als »bawer zu werdt«, als »Bauer von Wöhrd« bezeichnet und von sich behauptet, weder lesen noch schreiben zu können, weiß man inzwischen, daß diese Angabe in den Zusammenhang der bäuerlichen Selbststilisierung eines Mannes von Bildung gehört.[62] Darauf ist in der Forschung wiederholt hingewiesen, sicherlich mit Recht.[63] Wichtiger scheint mir, demgegenüber herauszustellen, daß solche bäuerliche Selbststilisierung wie auch die Tatsache, daß der Bauer in den Flugschriften der Zeit die beschriebene zentrale Bedeutung gewinnt, auf eine veränderte Einschätzung der politisch-sozial-kulturellen Bedeutung des »gemeinen Mannes« hinzuweisen scheinen und sich hier offenbar Prozesse anbahnten, die man bei aller Vorsicht doch wohl unter das Stichwort »Demokratisierung« rücken darf bzw. zu einer frühen »Demokratisierung« hätten führen können, wenn sie nicht durch den Bauernkrieg jäh unterbrochen worden wären.[64]

Niemann hat in seiner Schrift über *die Dialogliteratur der Reformationszeit* Materialien vorgelegt, durch die die These untermauert wird, daß sich im Zeitraum zwischen 1521 und 1524 die reiche literarische Produktion an Dialogen in deutscher Sprache mehr und mehr steigert, daß sie 1524 ihre vollste Blüte erlebt, dann aber fast plötzlich versiegt.[65] Der Bauernkrieg setzt hier eine scharfe Zäsur. Wenn nun Ingeborg Spriewald schreibt, daß die Dialoge »Prozesse der Meinungsbildung widerspiegeln, wie sie sich in der Wirklichkeit vollzog«[66], oder Entner/Lenk davon ausgehen, daß die Dialoge den »gemeinen Mann« dazu befähigten, »in Sachen Reformierung der Gesellschaft, der Kirche, der Moral usw. mitzusprechen und seine Auffassungen zu formulieren«[67], so dürften solche Äußerungen, die in ihrer Apodiktik freilich kaum zu halten sind, tendenziell Richtiges enthalten.

Unterstützt werden sie in dieser ihrer Argumentation durch die Tatsache, daß auch die Prediger im Zusammenhang reformatorischer Lehren stärker soziale Themen der Zeit, d. h. die Belange des gemeinen Mannes aufgreifen.[68] Christoph Schappeler in Memmingen predigt nicht nur gegen den Lebenswandel der Priester, die Stellung des Papstes und das Kirchenrecht, sondern auch gegen die biblische Begründung der Abgabe des Zehnten[69], gegen die unterschiedliche Bestrafung von Reichen und Armen durch die Gerichte[70], gegen die Interessenpolitik des städtischen Rates. In Nürnberg erhebt der Prediger Georg Kreuzer im Namen der Armen Forderungen gegen den hohen Klerus[71], in Schwäbisch Gmünd stellt sich Andreas Althamer an der Spitze einer ergebenen Schar von 50-60 Männern gegen die Ehrbarkeit der Stadt.[72] Die Beispiele ließen sich vermehren. Sie sind Indizien für die auch stark sozialkritisch konturierten, auf Reform drängenden Aufbruchsbewegungen der Zeit, deren bürgerlich-gemäßigte Entsprechung jene vielen und vielfältigen Warnungen vor falschen, Aufruhr schürenden Propheten bilden, wie sie in den Flugschriften der Zeit immer wieder erhoben worden sind[73]: so wenn Heinricus Satrapitanus Pictor die Junker vom Adel ermahnt, auf ihre Prediger acht zu haben, »wann es nit mit dem geschrey und maul auß gericht ist / damit nit eure underthon und armen verfüret und verwirret / sonder gebessert werden«[74], oder Otto Brunfels rät, die falschen »verkünder des worts / on all verhöre über die cantzel abstürzen [. . .] welche vermeynen daz evangelium mit dem swert ufzurichten / mit büntnis machen / buntschuch uffwerfen / und dergleichen«[75], oder wenn Prediger wie Andreas Frowin sich öffentlich gegenüber solchen Angriffen durch Beteuerungen ihrer Rechtgläubigkeit meinen wehren zu müssen[76]; oder wenn aus der 1523 veröffentlichten Geschichte der Hussiten[77] die Lehre gezogen wird, daß alle, die diese Historie lesen, »sollen ermant sein das sie us dieser vergangenen geschicht gewarnt [sc. sein sollen; d. Verf.], so in gegenwertigen oder zukünftigen zyten sich solch oder der gleichen yrrung und ketzereien erhüben / daz als dan die obern in dem anfang der sach widerstand tuen / damit nit us kleinem fünklein ein groß und schedlich feuer werd. [. . .] darzu sol der gemein man nit leichtlich an solche nüwe ler glauben / sonder allezeit in gehorsam seiner oberkeit leben und nichts nüwes anfahen / dan es alle weyl gross leid / jamer und not gebirt / dadurch land und lüte verderben.«

Prophetische Worte – so möchte man sagen –, wenn man sieht, wie es dem gemeinen Mann unter den Bedingungen, unter denen er die Herrschaftsordnung seiner Zeit in die Schranken rief, in seinem Krieg dann tatsächlich ergangen ist.

5. Stichworte zur Geschichte des Bauernkrieges[78]

Bereits im Frühsommer 1524 kommt es zu bäuerlichen Empörungen in der Nordschweiz, im Schwarzwald und im Bistum Bamberg. Doch als eigentlicher Beginn des Bauernkrieges gilt im allgemeinen die Erhebung der Stühlinger Bauern im Juni 1524 unter Hans Müller von Bulgenbach, einem ehemaligen Landsknecht, gegen den Grafen von Lupfen. Dieser Aufstand bleibt nicht lokal begrenzt, sondern tritt bald über die Grafschaftsgrenzen hinaus, denn die Stühlinger Bauern ziehen nach Waldshut und verbinden sich mit den städtischen Anhängern des evangelischen Predigers Hubmaier.

Im Oktober desselben Jahres empören sich die Bauern im Hegau und im Klettgau. Hans Müller zieht mit seinen Bauern nordwärts zum Hochschwarzwald. Die Stadt Überlingen vermittelt einen Vergleich zwischen Bauern und Adel; die Beschwerden sollen vor einem aus Bauern und Bürgern bestehenden Schiedsgericht verhandelt werden. Solche Vergleiche, wie sie im Verlauf des Bauernkrieges noch öfter zustande kommen, erklären sich aus der Tatsache, daß sich der Adel, bisher nur mit sehr lokalen Aufständen konfrontiert, einer neuen Situation gegenübersieht, nämlich der Situation einer breiten, sich immer mehr verbreiternden allgemeinen Erhebung. Weder der Schwäbische Bund noch der durch andere militärische Aktionen gebundene Kaiser sind zum Eingreifen bereit oder fähig. Um der akuten Schwierigkeit Herr zu werden, greift die Herrenpartei zu einer fast allgemein angewendeten Taktik, zum Hinhalten der Aufständischen durch Versprechen von Reformen.

Im Winter 1524 breitet sich der Aufstand im Breisgau weiter aus. Die Forderungen nach göttlicher Gerechtigkeit, die jetzt erhoben werden, gehen weit über die gemäßigten Forderungen des Anfangs hinaus. Ende 1524 ist das gesamte Gebiet zwischen Donau, Rhein, Lech in aufrührerischer Unruhe. Das führt Anfang 1525, zumal im Februar und März, zur allgemeinen Erhebung im südwestdeutschen Raum. Nacheinander bilden sich sechs große Bauernhaufen: der Baltringer, der Oberallgäuer, der Seehaufen, der Unterallgäuer, Schwarzwald-Hegauer, Leipheimer Haufen.

Der Baltringer Haufen, über 10 000 Mann, steht unter dem gemäßigten Führer Ulrich Schmidt aus Sulmingen. In diesem Aufstandsgebiet entstehen in dieser Zeit über 300 verschiedene Artikelbriefe. Als Folge der geringen Wirkung, die diese Artikel haben, ist eine zunehmende Radikalisierung der Baltringer zu konstatieren.

Der Oberallgäuer Haufe, etwa 7000 Mann, unter Jörg Schmidt und Jörg Täuber ist dagegen von Anfang an weit weniger gemäßigt, ein gut gerüsteter Haufe, der sowohl über eine größere Anzahl von Geschützen verfügt als auch über gut ausgebildete Berufssoldaten, z. T. Bauern, die als Landsknechte gedient hatten und nach der Schlacht von Pavia (24. Februar 1525) heimzogen.

Der Allgäuer Haufen schickt Botschaften in das Bodenseegebiet; daraufhin kommt es zum Zusammenschluß der Bodensee-Bauern, deren Führer gemäßigte Männer aus dem schwäbischen Patriziat sind. Das Zentrum dieser anfänglichen Phase ist die Reichsstadt Memmingen, die bereits Mitte März 1525 die freie Pfarrerwahl einführt, allen das Allmende-Nutzrecht gibt und die Leibeigenschaft aufhebt. Die reformatorischen Bestrebungen, die hier schon früh zu politischen Erfolgen führen, erhalten ihre entscheidenden Impulse durch den Prediger Christoph Schappeler und den Kürschnergesellen Sebastian Lotzer, auf die auch die *Zwölf Artikel* zurückgehen.

Anfang März 1525 vereinigen sich die drei Haufen (Baltringer, Allgäuer, Seebauern) zur »Christlichen Vereinigung«, die im Memminger Bauernparlament ihr Zentrum hat. Lotzer entwirft dafür eine Bundesordnung, die von einer grundsätzlichen Anerkennung der Obrigkeit ausgeht, zur Wahrung des Landfriedens aufruft, an den Adel appelliert, Reformen durchzuführen, und Luther, Zwingli und andere Theologen zu Fürsprechern anruft. Aber auch in dieser Vereinigung gibt es kein einheitliches militärisches Kommando. Die Obersten sind lediglich verpflichtet, miteinander in Kontakt zu bleiben.

Inzwischen ist auf der Seite des Adels die Aufrüstung fortgeschritten, der Schwäbische Bund mobilisiert die Gegenwehr; der Kaiser hat nach seinem Sieg bei Pavia den Rücken wieder frei; vornehmlich von Fugger finanziert, organisiert sich der Widerstand. Die an den Schwäbischen Bund nach Ulm gesandten Bauernvertreter werden daher mit immer härter werdenden und bald unannehmbaren Bedingungen konfrontiert. Schließlich wird die Forderung erhoben, die Bauern müßten erst die Waffen niederlegen, dann könne über die Forderungen entschieden werden.

Als die Bauernvertreter diese Bedingungen dem Bauernparlament in Memmingen melden, verlieren die gemäßigten Führer sehr schnell den Rückhalt, radikalere Führer setzen sich durch, und jetzt erst bricht der Bauernkrieg im eigentlichen Sinne aus: Klöster und Schlösser werden gestürmt; der *Artikelbrief* kennt keinen Kompromiß mehr, fordert vom Adel Unterwerfung und proklamiert die Schaffung einer Gesellschaft ohne Obrigkeit.

Die Bauernbewegung greift Mitte März 1525 auch nach Franken über, wo sich wiederum verschiedene Zentren ausbilden: bei Nördlingen, im Ansbachischen, bei Rothenburg, Würzburg, Bamberg, im nördlichen Franken. Von diesen unterschiedlichen fränkischen Haufen ist der Taubertaler

Haufen bei weitem der konsequenteste und auch gefürchtetste: feudale Leistungen und Abgaben, so fordert man, sollen ausgesetzt werden bis zu endgültigen Absprachen, adlige und geistliche Privilegien abgeschafft, Herrensitze präventiv zerstört werden.

Ende März desselben Jahres erheben sich auch die Odenwälder Bauern, die sich mit den Neckarbauern zum sogenannten Hellen Haufen zusammenschließen und ein Kontingent von etwa 8000 gut ausgerüsteten Männern stellen. Sie stehen unter dem Kommando von Jäcklein Rohrbach, einem ehemaligen Leibeigenen aus Böckingen, von Wendel Hipler, dem ehemaligen Kanzler des Grafen Hohenlohe, dem »Repräsentanten des Durchschnitts aller progressiven Elemente der Nation«[79], von Florian Geyer, dem markantesten Vertreter der wenigen sympathisierenden Adligen, sowie von Götz von Berlichingen, der aus bloßem Opportunismus auf der Seite der Bauern kämpft.

Mitte April steht der Helle Haufe vor Weinsberg. Die Burg wird erstürmt, der verhaßte Landesherr gefangengenommen. Gegen den Rat der Gemäßigten wird der Graf von Helfenstein zum Spießrutenlaufen verurteilt. Nur wenig später fällt auch Heilbronn in die Hände der Aufständischen.

Inzwischen rüstet der Schwäbische Bund weiter auf. Am 4. April besiegt der Truchseß von Waldburg den Leipheimer Haufen, kurz darauf unterwirft sich der Baltringer Haufen von selbst. Mitte April trifft der Truchseß auf den zahlenmäßig überlegenen und gut ausgerüsteten Seehaufen. Die eigene Unterlegenheit fürchtend (12 000:7000), greift der Truchseß zur Verhandlungstaktik, und das Erstaunliche gelingt ihm: der so machtvolle Haufe löst sich auf bloße Versprechungen hin von selbst auf und gibt die Eroberungen freiwillig wieder heraus. Der Vertrag von Weingarten wird geschlossen, der neben den Ereignissen von Weinsberg den Wendepunkt des gesamten Krieges darstellt. Denn nun beginnt die breite Gegenoffensive des feudalen Lagers. Außer dem Truchseß treten auch der Landgraf Philipp von Hessen und Herzog Georg von Sachsen in den Kampf ein.

Um diese Zeit erst beginnt die Erhebung in Mitteldeutschland mit den Zentren Nordost-Thüringen (Mansfeldisches Bergrevier) und Mühlhausen, wo der alte Stadtrat gestürzt wird. Anfang Mai sind die meisten Schlösser, Adelssitze und Klöster im mitteldeutschen Raum in der Hand der Bauern. Mächtige thüringische Grafen treten, meist gezwungen, der bäuerlichen Bewegung bei, die sich auch durch besitzlose städtische Unterschichten verbreitert. Doch diese Disparatheit der Aufständischen erzeugt Uneinigkeit, eine radikalere Gruppe unter Müntzer löst sich schließlich von der Gruppe der kleinbürgerlichen Opposition. Aber günstige Zeit zum Handeln ist währenddessen verstrichen, und inzwischen hat der Landgraf von Hessen bereits die Aufstände in Fulda und Hersfeld niedergeschlagen, worauf in Erfurt die gemäßigte Partei wieder die Oberhand gewinnt. Mitte Mai treffen Bauern und Herrenpartei in der Schlacht bei Frankenhausen aufeinander. 6000 Bauern werden niedergehauen, 600 gefangengenommen, unter ihnen auch Müntzer, der am 27. des Monats hingerichtet wird.

Im Süden ist inzwischen, d. h. Ende April, Stuttgart in die Hand der Bauern gefallen. Zwischen Sindelfingen und Böblingen werden die Bauern vom Truchseß infolge Verrats vernichtend geschlagen. Im Neckargebiet tagt seit Anfang Mai das Bauernparlament zu Heilbronn. Basis ist das Heilbronner Reformprogramm von Hipler und Weigand, das schon eine Reihe von städtischen Forderungen enthält: Reform des städtischen Gerichtswesens, Beseitigung von Zöllen und allen direkten wie indirekten Abgaben (mit der Ausnahme der Reichssteuern), Münzeinheit, Straßensicherung, neue Rechtsordnung im Namen des Göttlichen Rechts.

Ab Ende Mai/Anfang Juni häufen sich die Niederlagen: der Bildhäuser Haufe, der letzte fränkische Haufe, wird bei Meinigen geschlagen, der elsässische Haufe bei Zabern. Auch der Hegauer Haufe und der Oberallgäuer Haufe unterliegen ihrem Gegner.

Erst spät, Mitte Mai, beginnt der Aufstand in Tirol, wo Gaismair den Widerstand organisiert und die Tiroler Landesordnung entwirft, die eine Reihe konsequenter Forderungen enthält: Staat ohne Klassen, die Brechung von Schlössern und Burgen, die Entprivilegierung des Adels, die staatliche Lenkung von Handwerk und Bergbau.

Ende 1525 wird Gaismair verhaftet, kann aber nach Zürich fliehen. April 1526 kommt es unter seiner Führung zu einem neuen Aufstand in Tirol, der allerdings, nach anfänglichen Erfolgen, Anfang Juli 1526 mit der endgültigen Niederlage der Empörer bei Radstadt endet. Gaismair kann nach Venedig fliehen, wo er wenige Jahre später von einem gedungenen Mörder erstochen wird. Mit ihm fällt der letzte Bauernführer und vielleicht der einzige, dessen Weitsicht, strategisches Talent und Unerschrockenheit die Gewähr hätte geben können für einen Erfolg.

Blicken wir zurück: die »Gravamina« der deutschen Nation zeigen uns die Krisensituation, in der sich Kirche, Reich und Land zu Beginn des 16. Jahrhunderts befinden. Die reale Situation der Bauern, bestimmt durch die entschiedene Territorialpolitik der Landesherren und die mehr oder weniger rücksichtslosen und willkürlichen Herrschaftspraktiken des Kleinadels; die ideologische Situation der Bauern, bestimmt durch jahrhundertelange Tradition der Verunglimpfung dieses in der Subordination lebenden Standes; die starke Aufwertung des Bauern am Vorabend des Bauernkrieges, wie sie in der Publizistik der Zeit zum Ausdruck kommt – diese drei Faktorenzusammenhänge, alle drei in der unentwirrbaren Einheit geschichtlicher Prozeßhaftigkeit, bilden den komplexen Grund, aus dem sich der Bauernkrieg herauslöst, selbst wieder neue Komplexitäten schaffend, und dies nicht zuletzt durch die spezifische Bedeutung, die Literatur in seinem Handlungs- und Konfliktfeld gewinnt.

II. ›Das Schwert aus der Schrift‹ Literatur im politischen Handlungszusammenhang des Bauernkrieges

1. ›das schwerdt auß der schrifft‹

Seit Ende März 1523, also noch im zeitlichen Vorfeld des Bauernkrieges, erregt Thomas Müntzer, Pfarrer an der Johanneskirche im Thüringischen Allstedt, durch Predigten, die er vor den zumeist armen Leuten seiner Gemeinde hält, bei den adligen Gebietsherren Anstoß.[1] Graf Ernst von Mansfeld untersagt seinen Untertanen bei strengster Strafe, den Gottesdienst des Predigers zu besuchen, und fordert schließlich den Landesfürsten, Friedrich den Weisen, auf, Müntzer zu verhaften. Dieser beschwert sich Anfang Oktober beim Kurfürsten: »Uber das alles hat mich keyn billichs[2] vortragen und protesteren wollen helfen, das der wolgeborner graf Ernst von Mansfelt den ganzen sommer durch und durch ummer mehr seynen unterthanen vorbotten hat [. . .] und dardurch dye unsern und dye seynen zur emporung vororsachet, das ichs dye lenge myt meynem uberreden nit habe mugen weren und habe am sontage nach nativitatis Marie auf offner canzeln ganz erbermlich vormant und emsiglichen geladen yhn zu meynen scheffleyn sagende: ich bitte graffen Ernst von Mansfelt, das er myt den ordinarien dess bystumbs hyr erscheyne und brenge nach[3], das meyne lere adder ampt ketzers[4] sey. Wye aber nicht (do Got vor sey), so wyl ich yhn vor eynen bosenwicht und schalk und buben, turken und heyden achten und das mit der warheit beweysen aus der scrift. [. . .] So solte er seyn gelert leuthe myt gebracht haben und mich gutig und bescheydelichen unterweyset haben. So ich uberwunnen wehr worden, solte er mich darnach vor E. C. F. G. vorklagt haben und danach seynen leuthen vorbotten haben, solche ämpter nicht zu horen. Wen es des gelten wyrt[7], das man myt menschlichen gepotten das evangelium wil aufhalten, [. . .] so wirt man das volk yrre machen, das dye forsten mehr lyben dan forchten sal, zu Romern am 13.: Die fursten seyn den frummen nicht erschrecklich. Und wen sich das wirt vorwenden[8], so wirt das swert yhn genommen werden und wirt dem ynbrunstigen volke gegeben werden.«[9]

Müntzers Predigten dieser Zeit sind nicht erhalten. Doch wenn er im Namen seines Predigtamtes und seiner christlichen Überzeugung wagte, selbst den Kurfürsten mit fast drohenden Worten an die Pflichten des christlichen Regenten zu mahnen und vor dem Widerstand, der Aufsässigkeit, der Empörung zu warnen, die die Verweigerung des elementaren Rechtes auf Kirchgang beim Volk auslösen würde, wird er in seinen Predigten mit dem Grafen nicht eben zimperlicher verfahren sein. Aber Müntzer forderte noch keineswegs, wie später, den offenen Widerstand; das geht aus seinem Brief deutlich hervor. Dennoch hielt Graf Mansfeld ihn für gefährlich und, urteilt man aus seiner Position heraus, sicherlich nicht zu Unrecht; denn Müntzer war schon damals radikal, allerdings anders als in den späteren Jahren: zwar hatte er bereits den Gedanken einer totalen »Verchristlichung« der Welt gefaßt, suchte die Fürsten und Herren zu verpflichten auf die Schrift, auf ein durch die Bibel gefordertes christliches Verhalten, und rief die Gemeinde, das Volk auf, die Obrigkeit an dem Maßstab einer rigorosen christlichen Moral zu messen, dies jedoch immer noch in der festen Erwartung, daß die Obrigkeit – Fürsten, Adel, städtische Ratsherren – in seinem radikalen Sinn als Verteidiger und Vorkämpfer des irdischen Gottesreiches ihre eigentliche Aufgabe in der Gemeinschaft der Gottesfürchtigen übernehmen würden.[10]

Über ein Jahr später, Ende Juli 1524 – inzwischen hat sich der Widerstand gegen Müntzer verfestigt, aber auch die Empörung eines nicht geringen Teils der städtischen und ländlichen Bevölkerung über diesen Widerstand ist gewachsen – berichtet Hans Zeiß, Steuereintreiber zu Allstedt, seinem kurfürstlichen Herrn über Müntzers Predigt: »[Ich] gibe unterdenig zu erkennen, das das frembde Volk, wie vielleicht am nechsten E. f. G. selber vernomen, gein Alstedt leuft und die umbligende Nachparschaft verbeut es iren Untersassen, hieher zur Predigt zu gehen, so wils das Volk nicht lassen, und werden mit Haufen in die Türme und Stock geworfen und die, so entlaufen, komen hihere. So hat Herr Fridrich von Witzleben [. . .] etliche gefangen hinweg gefurt, aber der Mererteil darvon komen. Er hat etlich gross Geschutz gehabt, vil reisigs und Fussvolks. [. . .] Solichs alles kombt hieher fur den Prediger. Derselb ist ganz und gar uf soliche Herschaft erbittert, predigt und heist unverholen, das sich das Volk zusamen verbinten soll, sich vor solicher Gewalt und wider diejenigen, die wider das Evangelium toben, aufzuhalten und zu setzen, [. . .]. Auch heist er die Frauen, die Jungfrauen und was sich weren kan, mit Mistgabeln und dergleichen sich dowider zu setzen und zu weren, [. . .]. Und der Prediger hat am nechsten Sontag [*24. Juli*] ausgeschrien und gepredigt: Er wolle offentlicher Feind sein aller Tirannen, die sich wider das Evangelium setzen, und man sehe offentlich, das sich etliche Herrn wider das Evangelium und den cristlichen Glauben setzen, denselben geren wolten austilgen, und nochmals heftig das Volk vermant, sich zusamen zu verbinten und dogegen, wo die Gewalt ir Schwert zuge, das sie ir Schwert auch ruckt und weiset.«[11]

Zeiß schließt seinen Bericht mit der Aufforderung an den Fürsten zu prüfen, ob diese jüngste Entwicklung Müntzers mit seinem Predigtamt und mit der christlichen Lehre vereinbar sei: »Wo dem also were, konnt noch sollt man wider Gott nicht streben. Wo aber vermerkt, das es gottes wille nicht sei, dabei auch zu tun, soviel sichs gebührt, damit die Dinge nach göttlichem willen allein geordnet [werden].«[12]

Es war nicht das erste Mal, daß eine solche Untersuchung gegen Müntzer angeraten wurde. Schon einige Wochen vorher hatte ein wichtigerer Mann sich eingeschaltet, hatte in einem langen Schreiben *An die Fürsten zu Sachsen von dem aufrührerischen Geist* auf die Vorgänge in Allstedt aufmerksam gemacht und energisches Einschreiten gefordert – Martin Luther: »Ich hab disen brieff an E. F. G.[13] alleyn aus der ursach geschrieben, das ich vernomen habe, alls wollt der selb geyst die sache nicht ym wort lassen bleyben, sondern gedencke, sich mit der faust dreyn zu begeben, und wölle sich mit gewallt setzen widder die oberkeyt und stracks daher eyne leypliche auffruhr anrichten. Hie lesst der Satan den schalck kicken, das ist zu viel an tag geben. Was sollt der geyst wol anfahen, wenn er des pöfels anhang gewünne? [. . .] Wie wol ich mich nu versehe, E. F. G. werden sich hyerynnen baß wissen zu hallten, denn ich radten kan, So gepürt myr doch untherteniges vleys, auch das meyne da zu zuthun und

E. F. G. unterteniglich zu bitten und ermanen, hyrynnen eyn ernstlich eynsehen zu haben und aus schuld und pflicht ordenlicher gewallt solchen unfug zu weren und den auffruhr zuverkomen[13a]. Denn E. F. G. haben des gut wissen, das yhr gewallt und welltliche herschafft von Gott darumb gegeben und befolhen ist, das sie den fride handhaben sollen und die unrügigen straffen, wie S. Paulus leret Ro. 13. Darumb E. F. G. hie nicht zu schlaffen noch zu seumen ist. Denn Gott wirds foddern und antwort haben wöllen umb solch hynlessigen brauch und ernst des befolhen schwerds. So würde es auch fur den leutten und der wellt nicht zu entschuldigen seyn, das E. F. G. auffrürissche und frevele feuste dulden und leyden sollten.«[14]

Angesichts des breiten Anhangs, den Müntzer in und um Allstedt bereits gewonnen hatte, war man allerdings vorsichtig zu Werk gegangen und hatte ihn vorerst einmal aufgefordert, durch eine Predigt in der Kapelle des Schlosses zu Allstedt vor den sächsischen Fürsten, dem Kurfürst Friedrich und Herzog Johann, die Rechtmäßigkeit seiner Lehre unter Beweis zu stellen. Müntzer hatte durch eine Auslegung einer wichtigen Textstelle aus dem Propheten *Daniel* versucht, die beiden Fürsten für einen »getreulichen Bund mit dem Volk« zu gewinnen, und war dabei noch einmal ausführlich auf das Verhältnis von Schrift und Schwert eingegangen: »Also nötlich ist auch das schwerdt, die gottlosen zu vertilgen, Röm. am 13. Das aber dasselbige nu redlicher weyse und fuglich geschee, so sollen das unser theuren veter, die fursten, thun, die Christum mit uns bekennen. Wo sie aber das nicht thun, so wirt Yhn das schwerdt genommen werden, Danielis am 7. capitel, dann sie bekennen yhn also mit den worten und leugknen sein mit der that, Titum 1.«[15]

Wenige Monate später, Ende 1524, hat Müntzer in seiner letzten größeren Schrift, der *Hochverursachten Schutzrede*, diesen wichtigen Zusammenhang wiederaufgegriffen und daran erinnert, »wie ichs vorn fürsten zu Sachsen habe gepredigt, one alle hynterlist, inen das schwerdt auß der schrifft gezaigt, daß sie es solten brauchen, auff daß nit empörung erwüchsse, [. . .] wie ich klärlich vor den fürsten außpraytete, daß ein gantze gemayn[16] gewalt des schwerdts hab wie auch den schlüssel der auflösung, und sagte vom text Danielis 7;

Apocalip. 6 und Romano 13; 1. Regum 8., daß die fürsten keine herren, sondern diener des schwerts sein, sye sollens nicht machen, wie es yenen wol gefellet, Deutro. 17., Sye sollen recht thun. Darumb muß auch auß altem gutem brauch das volck darneben sein, wenn einer recht verrichtet[17] wirdt nach dem gesetz Gottes, Num. 15. Ey warumb? Ob[18] die oberkait das urteyl wölte verkeren, Esaie 10., so söllen dye umbsteenden christen das verneynen und nit leyden, dann Got wil rechenschafft haben vom unschuldigen blut, Psalm. 78. Es ist der allergröst Greüel auff erden, das nyemant der dürfftigen not sich wil annemen, dye grossen machens, wie sye wöllen, wie Job. am 41. beschreibt.«[19]

Das Volk als eigentlicher Rechtsträger, die Fürsten als bloße Diener des Schwertes[20] – diese Auffassung will sich des Rechtes der Armen, der Bedürftigkeit gegen die Großen annehmen, freilich in einem spezifisch geistlich geprägten und nicht rein säkular mißzuverstehenden Sinn, den Müntzer zusammenfaßt in die plastische Formulierung: »Das Schwert aus der Schrift.«

Schrift und Schwert – diese eigentümliche, das heißt: historisch spezifische Verbindung zweier divergenter Prinzipien ließe sich als Leitthema über den gesamten Bauernkrieg stellen. Schrift, das meint dabei die Berufung auf das Geschriebene überhaupt, auf das in alter Tradition Kodifizierte, durch den Buchstaben Festgehaltene, meint gegenüber dem bloß Zufälligen und Vergänglichen das Bleibende, Gültige, Richtige, Wahre; mit einem Wort: meint Legitimation, zumal Legitimation durch das Wort Gottes, wie es im *Alten* und *Neuen Testament* vorlag, in der Bibel, dem Buch der Bücher, kurz: der Schrift – eine Form der Legitimation mithin, die zusammenhängt mit der auratischen Bedeutung alles schriftlich Fixierten in der noch weitgehend schriftlosen Gesellschaft des Mittelalters und der frühen Neuzeit, darüber hinaus und vor allem aber zusammenhängt mit einem Traditionsbegriff, der sich noch wesentlich auf die Stabilität von Herrschaftsformen gründete, deren entscheidende Basis die feudal gebundene landwirtschaftliche Produktion einer zumeist unfreien Bauernschaft und die korporativ-zünftlerisch gebundene Kleinwarenproduktion des städtischen Handwerks blieb.

Schwert aber meint Gewalt, reale Gewalt, wie sie von den »oberkeiten«, den weltlichen und geistlichen Herrschaften also von Kaiser und Fürsten, Bischöfen und Äbten, adligen Herren, geistlichen Prälaten und Räten der Städte ausgeübt wurde; aber eben nicht von dem »gemeinen Mann«, den Bauern auf dem Lande, den Handwerkern und plebejischen Unterschichten in den Städten.

Schrift und Schwert – diese Verbindung bedeutet demnach Anspruch auf legitime Ausübung der Gewalt und umfaßt im Zusammenhang des Bauernkrieges die ganze Dimension der Legitimierbarkeit des bäuerlichen Aufstandes einerseits, der radikalen Niederschlagung dieses Aufstandes durch die Fürsten anderseits; sie läßt fragen nach den Formen, in denen solche Legitimation erfolgte, seien sie nun solche der Argumentation oder der Agitation, der sachlichen Darstellung des eigenen oder der Diffamierung des gegnerischen Standpunktes, der aggressiven Polemik, der bewußten oder unbewußten Verfälschung der Tatsachen, der eifernden Predigt oder der zielgerichteten Rechtfertigung: sie wirft weiter die Frage auf nach den Gründen, Bedingungen und Konsequenzen einer ganz spezifischen Konfliktlage, für die – im Unterschied zu sonstigen Kriegssituationen – charakteristisch ist, daß sich das Handeln der einen, der bäuerlichen Seite oder genauer: der Seite des »gemeinen mannes«, von Anfang an und bis zuletzt unter einem unerbittlichen, selbstdiktierten Legitimationszwang gestellt sieht[21]. Mit anderen Worten: gefragt werden muß im Kontext der Thematik von Schrift und Schwert nach der historischen Situation »Bauernkrieg«, wie und soweit sie sich aus einem bezeichnenden und historisch einmaligen Wechselwirkungszusammenhang von politisch-sozialer Konfliktlage und – im weitesten Sinne – literarischen Konstellationen ergab.

Nimmt man die Bezeichnung »literarisch« nicht als Wertbegriff, als Bezeichnung für eine bestimmte Höhenlage der Literatur, sondern versteht man sie in einer weitgefaßten Bedeutung als Kennzeichnung von Texten überhaupt, d. h. von regelhaft-festen situationsbestimmten Formen von Sprachhandlungen, so wird man vom Bauernkrieg sagen dürfen, daß kein Krieg vorher und kaum ein Krieg nachher so stark auch »literarisch« bestimmt war, kein Krieg so sehr auf einer auch literarischen Ebene geführt wurde, in keinem Krieg Literatur als Motivationshilfe, als Agitationsimpuls, als Argumentationsinstrument und eben auch und vor allem als Transportmittel der Selbst- und Fremddarstellung sowie der Interessenvertretung eine vergleichbare Rolle spielte.

2. »Frösche im Frühling« oder die Konstituierung des Baltringer Haufens

Im Unterschied zu anderen erklärten Kriegen stehen im Bauernkrieg am Anfang nicht zwei vergleichbare Fronten gegeneinander, organisiert durch die Stabilität fester Herrschaftspotentiale mit ihren disponiblen militärischen Formationen; auf der einen Seite sieht sich die Herrenpartei, d. h. insbesondere der Schwäbische Bund, mit schwierigen, freilich nur akuten Problemen konfrontiert[22]: zur Zeit einer gespannten politisch-militärischen Lage der kaiserlichen Truppen in Italien und dem daraus resultierenden Söldnermangel erweist es sich als nicht möglich, sehr schnell ein schlagkräftiges Heer zusammenzubringen und aufzustellen, mit dem der Bauernaufstand wirkungsvoll bekämpft oder gar niedergeschlagen werden könnte; so wird die Überraschung, die das unerwartete Aufflackern und schnelle Anwachsen der Bauernerhebung bei den Herren hervorruft, zunächst durch die Taktik des Zeitgewinns kompensiert, und erst nach dem Sieg Karls V. über Franz I. bei Pavia am 24. Februar 1525, als die Landsknechte über die Alpen zurückkehren und Fugger dem Bund riesige Geldsummen zu deren Anwerbung vorschießt, läßt sich die militärische Macht so konsolidieren, daß ein Eingreifen möglich und sinnvoll wird. Auf der anderen Seite, jener der Partei der Bauern, sind die Probleme ungleich schwieriger; denn einem politisch-militärischen Verband wie dem Schwäbischen Bund, der noch dazu über beträchtliche Finanzmittel verfügte, haben sie nichts Gleichwertiges entgegenzustellen. Hier muß, aus sehr lokalen Bedürfnis-, Beschwerde- und Notsituationen heraus, erst einmal eine gemeinsame Basis geschaffen, müssen gemeinsame Interessen und Ziele formuliert werden, von denen her sich militärische Aktivitäten und dem zufolge die Aufstellungen von Truppenkontingenten überhaupt als notwendig erweisen.

Nehmen wir als Beispiel die Formierung eines der großen

Bauernkontingente, des Baltringer Haufens, wie sie in der Chronik Johann Keßlers nach der Darstellung von Augenzeugen und Hauptakteuren geschildert wird: »Als die Stund verhanden, so diß Für solt anzündt werden, hat sich begeben in der Fasnacht (wie man es nennet), do man zusamenwandlens pfligt, sind iren bi sechs oder siben Buren in ain Dorf bi Ulm, Baltringen genannt, zusamen komen und sich viler Dingen [. . .] halb underredt und, wie dann zu der Zit der Buren Bruch[23], von ainem Dorf zum andren als zu iren Nachburen umbzogen, gesellender Wis mit anandren geessen und trunken; sind dann die selbigen Buren im Dorf och mit inen fürbas zogen. Welcher dann sie fragt: wohin si weltend, was si tetend? Antwurtend si: »Wir holend bi anandren das Fasnachtkuchli«. Und in solicher Gesellschaft sind si alle Dondstag herumb geraiset und teglich an der Zal zugenommen, bis an die vierhundert Man.«[24]

Am Anfang steht also das Gespräch einiger weniger, die sich untereinander verständigen und Mitverschwörer suchen. Die Verschwörung ist geheim und muß geheim sein, braucht daher auch Deckauskünfte und Decktermine. Man versammelt sich zur Fastnacht, weil eine Zusammenkunft zu dieser Zeit unauffällig ist; man gibt harmlose Gründe an, weswegen man unterwegs ist. Und man weiß, warum: Die vielen bäuerlichen Verschwörungen seit der Mitte des 15. Jahrhunderts sind immer wieder aufgedeckt oder verraten, immer wieder blutig niedergeschlagen worden. Verständlich daher das Erschrecken der Bauern, als sie sich am achten Tag vor der eigentlichen Fastnacht in Baltringen versammeln: »Und wie si vor Ogen sahend die Vilen, wie si so vilfaltig zugenommen hettend, sprachend si under anandrern: »Unser sind vil worden, und solt dis unser Versamlung den Herren fürkommen, si möchtend es uns zu Argem ermessen und nit der Manung[25], in welcher es von uns geschicht, ufnemmen. Darumb so trachtend, wie wir uns halten wellend«.[26]

Am Anfang steht also auch die Furcht, die Furcht vor Aufdeckung der Verschwörung, bevor die Bauern noch Gelegenheit hatten, ihre Beschwerden den Herren vorzutragen[27]; reale Furcht von Unterschichten, die seit Väter und Urväter Zeiten in Unterwürfigkeit und Knechtschaft, in Unmündigkeit und Unfreiheit gelebt haben, leben mußten, und die nun nicht einmal wissen, wie sie mit ihren Herren reden, wie sie vor sie hintreten sollen, um ihre Forderungen darzulegen. »Wie sie nun bi anandren versamlet sassend, wurden si aber ainmal irens Anliggends ingedenk, clagt je ainer dem anderen, wo in am maisten der Schu truckte, zum letsten beratschlagend, durch was Mittel *[sie]* je zu Milterung irer Beschwerden komen möchtend, und vermeintend, angends[28] sich gegen iren Herren und Oberen irer Beschwerung ufs höchst zu erclagen und demnach umb Gnad und Milterung werben. Wie si aber umbsahen, fundend si kainen under inen, der si Redens vor der Herrschaft je gebrucht, der da wiste, die Sach nach Notdurft fürzetragen.«[29]

Man muß die hier formulierten Frustrationen ganz ernst nehmen, darf sie nicht nur aus der konkret-einmaligen Lage der Baltringer, sondern muß sie aus einer grundsätzlichen Defizit-Situation der Bauern begreifen[30]; Frustrationen, die sich aus einer unterprivilegierten Bildungslage ergaben, Hilflosigkeiten, die aus geschichtlichen Erfahrungen bis dahin sprachloser Schichten resultieren, die nun zum ersten Mal sich anschicken, selbst zu Akteuren zu werden, ohne eigentlich dazu ausgerüstet zu sein. Sie brauchen sprachkundige, redefähige Mittelspersonen, die ihre Beschwerden in einer Weise vor den Herren zur Sprache bringen, die von jenen verstanden wird und die passenden, richtigen, der Situation entsprechenden Sprach- und Redemuster verwendet.[31] Die Baltringer finden einen solchen Mann in dem Handwerker Huldreich Schmidt aus Sulmingen, einem redekundigen, weisen Mann, der indessen ihre Beschwerden keineswegs teilt und sich daher auch nur als Mittler, als Unterträger, als Verhandlungsführer zwischen Bauern und Herren versteht: »In dem als si ernstlich darumb befragtend, ist gemeldet worden, wie ain fromer, guthertiger, redricher wiser Man sitz im Dorf Sulmingen, von Namen und Handtwerk Huldrich Schmid genannt. Disen wellend si bitten, das er als Oberster sich iren underwind und den Handel furen well. Do sind si gen Sulmingen zogen zu dem eegenannten Huldrichen Schmid, ir Fürnemen im erzellend. Demnach mit höchstem Ernst gebetten, er welle ir Oberster sin; dann under inen kainer sije, der sich mit Herren zu handeln in ainicherlai Wis je gebrucht hab.

Als Huldrich ir Manung verstanden, hat er sich nit bald

undergeben nach inen bewilligen wellen[32], bis er nach vil und mannigfaltigem Bitt überwunden, angesechen zum Tail ir Fürnemen nit gar unbillich sin. Ee dann aber er zu Bewilligung ergeben, hat er im mit usgetruckten[33] Worten wellen vorbehalten haben, das menigklich wissen söll, siner Person und Beschwerung halben in kainem Weg Clag wider sine Herren fürzenemen. Diewil er ain gut Handtwerk könne und mit sinem Wib und Kinder an zimlich Notturft hab, frag er nit witer, clag sich och ganzlich nit ab kainem sinem Herren. Was er aber jetzund zumal tun understand, gescheche von im als ainem Mittler, Undertrager irer und der Herren Sachen, und sol nit anderst von im verstanden werden.«[34]

Wie notwendig es ist, einen rhetorisch versierten Mann an die Spitze des Bauernhaufens zu stellen, zeigt sich schon bald. Der Schwäbische Bund, die Vereinigung der Fürsten, Städte und Ritter Schwabens, schickt Abgesandte in das Aufstandsgebiet, um die Ursachen der Zusammenrottung auszukundschaften. Sehr scharf und hochnäsig wendet sich der Delegationsführer an die versammelten Bauern: »Üch Buren ist jetzund wie den Fröschen im Früling. Dann komend si zusamen, schriend und gerbsend[35]: gwagk, gwagk; so kompt der Stork und verschlindt si. Ir also schrijend: wo, wo; so komend die Herren und schlachend üch ze Tod.«[36]

Huldreich Schmidt expliziert demgegenüber den Standpunkt der Bauern, nimmt sich selbst aber expressis verbis davon aus.[37] Es gehe ihnen um Verbesserungen und Erleichterungen ihrer unerträglichen Lage, keineswegs jedoch um Aufruhr und Gewalt. Zwar seien sie in Waffen erschienen, verbänden damit jedoch keinerlei aggressive, sondern rein defensive Absichten: Wenn die Herren ihnen ihre Zusammenkunft verargen und versuchen sollten, sie ohne Anhörung ihrer eigentlichen Klagen einfach abzuwürgen, wollten sie wenigstens ihr Leben behalten.

Die Bauern, so zeigt sich, sind mißtrauisch gegenüber den Herren, mißtrauisch aus Erfahrung und, denkt man etwa an die blutigen Ereignisse, die harten Knebelungen und unerbittlichen Unterjochungen der Bauern in zahlreichen oberdeutschen Herrschaftsgebieten während des ausgehenden 15. und beginnenden 16. Jahrhunderts, durchaus mit Recht. Immerhin, angesichts der bäuerlichen Phalanx zeigen sich die Abgesandten beeindruckt und vereinbaren, um Zeit zu gewinnen, einen neuen Termin über acht Tage. »Nach verschinen acht Tagen, als die Zit, Antwurt zu empfachen, verloffen *[16. Febr.]*, versamleten sich die Buren widerumb uf dem vorgedachten Riet[38], vermaintend, es wurdend die allain komen, so vor bi dem Abschaid gewesen. Aber do man die zugeloffnen Hufen[39] in ain Ordnung stellet, achtzig Man alweg in ain Glid, erfunden sich trißig tusend Man; des man sich nit versechen. Also war das Geschrai[40] an allen Enden in Schwaben usbrochen.

Do nun des Bundts Bottschaft herus reit, Antwort ze bringen, aber den großen, unversechnen[41] Burenhufen ersachend, zoch ain jeder den Zügel an sich, wolt sich kainer frefenlich[42] in den Hufen wagen. Dann es ja an Ansechen hat[43], als weltend die Fröschen den Storchen fressen, [. . .].«[44]

Nun, die Zahl des Chronisten wird aus Gründen der Darstellung etwas zu hoch gegriffen sein. Andere Quellen berichten von 7000-10 000[45], und dieses Kontingent wird, zumal wenn man die Bauernhaufen anderer Landschaften zum Vergleich heranzieht, der realen Sachlage sicherlich näher kommen. Gleichviel. Wichtiger dürfte das sein, was durch die vermutlich zu hoch angesetzte Zahl signalisiert werden soll: daß die Aussicht auf Verhandlungen und dadurch auf Regelung der bäuerlichen Belange einen ungeheuren Mobilisierungseffekt besitzt, zum anderen, daß die Abgesandten des Bundes einen sinnfälligen Eindruck von der Größe der Gefahr erhalten.

Freilich, ihre Abwehr ist nicht sehr überzeugend, denn sie verweisen die Bauern auf das geltende Recht, und Huldreich Schmidt wendet ein, daß, wenn dieses Recht tatsächlich intakt wäre und die Bauern das Recht auch gegen die Übergriffe und Gewaltanmaßungen der Herren einklagen könnten, ihre Beschwerden hinfällig wären; leider zwängen sie jedoch Armut, Not und Elend, von den Herren gerechtere Verhältnisse zu erbitten, ja einzufordern. Doch der Bauern-Oberst hat mit seiner Rede keinen Erfolg. Nach kurzer Beratung bleiben die Gesandten bei ihrer Stellungnahme und verweisen die Bauern noch einmal an das geltende Recht: »Uf sollichs fragt Huldrich Schmid: welcherlai Recht si doch inen habend fürgeschlagen? Antwurtend si: ›Das Camergricht.‹ Und daruf bald gefragt: Welches Recht er begere? Antwurt Huldrich: ›Das Gottlich Recht, das jedem Stand usspricht, was im gebürt, ze tun oder ze lassen.‹ Sprachend die Herren mit spottlichen Worten: ›Lieber Huldrich, du fragest nach gottlichem Recht. Sag an, wer wirt sollich Recht ussprechen? Gott wirt ja langsam von Himel komen herab und uns ainen Rechtstag anstellen.‹[46] Antwurt Huldrich: ›Lieben Herren, es ist mir schwer nach miner Anfaltigkait, in Il Richter oder Ussprecher zu anziegen[47]; aber das will ich tun: dri Wochen ongefarlich wil ich Zil nemmen, in welchen ich alle Priester aller Kilchhörinen[48] vermanen wil, gemain Bett[49] zu Gott halten, das er uns gelerte, frome Männer, die diesen Span nach Lut gottlicher Gschrift wissen urtailen und ze entschaiden, anzaigen und verordnen welle.‹«[50]

Soweit die Schilderung der Chronik. In ihren Details mag sie gelegentlich die Verhältnisse und Begebenheiten zu sehr ausschmücken, die Schilderung im ganzen zu weitschweifig sein.[51] Sie scheint aber darin sehr genau zu sein, daß sie dreierlei mit einer großen, letzten Endes auf reale Ereignisse sich gründenden Anschaulichkeit vor Augen führt: zum einen die spezifische historische Konfliktlage, zum anderen die Schwierigkeiten der Interessenformierung und Frontenbildung auf seiten der Bauern, schließlich das Legitimationsgefälle.

3. Der Konflikt

Die bäuerliche Seite geht aus von einer – jedenfalls subjektiv so empfundenen – unerträglichen Notlage, die behoben oder doch wenigstens gemildert werden soll, und zwar auf dem Wege der friedlichen Verhandlung, nicht durch kriegerische Auseinandersetzung.[52] Die realen Bedingungen und die Art dieser Beschwerden lassen sich konkreter fassen, wenn man über die Chronik hinaus noch anderes Quellenmaterial hinzuzieht. Dann ergibt sich, daß den Abgesandten des Bundes im ganzen mehr als dreihundert Beschwerdeschriften, sogenannte Artikel einzelner Orte und Gemeinden aus dem Aufstandsgebiet, übergeben worden sind, von denen etwa ein Zehntel sich erhalten hat, zum Teil ausführliche Schriftsätze, zum Teil nur ein paar flüchtige Zeilen auf einem abgerissenen Zettel mit eiliger Hand hingeworfen, »in denen man sich kurzum über alle Lasten beklagt und einfach verlangt, an allen Erleichterungen, die der Haufe durchsetzt, teilzuhaben«.[53] Faßt man alle Beschwerden zusammen, so lassen sich trotz aller Vielfältigkeit örtlich gegebener und begründeter Unterschiede gemeinsame Grundzüge erkennen: die meisten Artikel fordern vorrangig die Aufhebung der Leibeigenschaft (und der damit gegebenen Abhängigkeit und Immobilität), sodann die Verringerung bzw. Beseitigung oder Umwandlung der Frondienste; sie führen Beschwerde über unrechtmäßige Eingriffe der Herren in die genossenschaftlichen Weiderechte; sie verlangen eine Teilhabe an der Nutzung von Wald und Gewässern; sie führen schließlich Klage über unerträgliche, willkürliche Formen der Rechtspraxis.

Gerade der zuletzt aufgeführte Punkt fiel schwer ins Gewicht; ein Beispiel mag hier für viele stehen, die Beschwerden des Dorfes Öpfingen gegen Junker Ludwig von Freiberg, eine eindrucksvolle und fast resignative Klage über die konkrete Ausübung von Herrschaft, der zahlreiche andere gleichartige an die Seite gestellt werden könnten: »Item es sind ötlich Leut von dem Iieren gedrungen worden, das ier Aigen ist und recht und redlich und tir[54] erkofft haben, und das sü das nit kinden noch türen nießen noch bruchen[55] nach irem Nutz und Notturft, und sind um das Ier türnt un plekt[56] worden, das Got erbarm, und haben die Warha*[i]*t nit türen reden und des Rechten nit geren[57], damit und dardurch mier arm Leut worden sind. Und ist also die Mainung, dem Armen och recht sol gon und die Oberkait kain Gewalt bruchen. Item es ist aber gewen[58] und noch ist, wann ain arm Man Recht begert hat, so hat der Ödelman den armen bim Goller[59] genommen und gesackt: ich wül dier Recht ton und hat in in ain Turn geleckt[60], das hat der Arm miessen liden, so üm trüfältig Unrecht geschach.«[61]

Klagen, wie sie hier ausgesprochen werden, sind durch zahlreiche andere Darstellungen zu bestätigen, und zwar sowohl durch Darstellungen, die aus der Sicht der Bauern urteilen, wie auch durch solche, die sich zumindest neutral geben oder sogar gegen die Bauern Partei nehmen. Man braucht nur die aus der Sicht der Bauernpartei verfaßte *Ermahnung der brüderlichen Versammlung im Lande Franken* mit Luthers *Er-*

mahnung zum Frieden auf die 12 Artikel der Bauernschaft in Schwaben zu vergleichen, um zu erkennen, wie in Schriften unterschiedlicher Intention dieselben oder ähnliche Vorwürfe und Anklagen gegen die Herren und Fürsten erhoben werden: »Auch [wird] der gemeyn man vielfeltiglich mercklich beschedigt / hend und füeß abgehauen / oren abgeschnitten / erstochenn / und gefangen / gekerckert / gestockt und geblockt / daneben auch dem armen gemeynen man mit untreglichen und unbillichen beschwerden / Frondinsten / Atzungen / Auflagen / und auffsetzen und andern belestigt / undertruckt / und dermassen fürgenommen / geschunden und geschabt / das den merentheyl under ienen auch ire kind in armut an bettelstabe gewißen und zu verderblichen schaden komen.«[62] Klagen über Notlagen und Beschwernisse, die Luther nur bestätigt, wenn er sich gegen die Fürsten wendet und ihnen die Schuld an Aufruhr und Empörung vorrechnet: »Erstlich mügen wir niemand auff erden dancken solchs unradts und auffruhrs, denn euch Fürsten und herrn, sonderlich euch, blinden Bisschoffen und tollen Pfaffen und München, die yhr, noch heuttigs tages verstockt, nicht auff höret zu toben und wüten widder das heilige Euangelion, ob yhr gleich wisset, das es recht ist und auch nicht widderlegen kündet, Dazu ym welltlichen regiment nicht mehr thut, denn das yhr schindet und schatzt, ewern pracht und hohmut zu furen, bis der arme gemeine man nicht kan noch mag lenger ertragen.«[63]

Unter dem Druck ihrer Lasten und vor allem der zunehmenden Unsicherheit ihrer Rechtslage wollen die Bauern wieder zurücklenken auf die früheren Rechtsverhältnisse, wollen sie mit ihren Artikeln das alte Recht einklagen, gegen das die Herren durch ihre Rechtsbrüche und willkürlichen Rechtsauflegungen immer wieder verstoßen, zumal sie im Zuge der Territorialisierung ihrer Herrschaftsbereiche die Bauern systematisch in die Unfreiheit und Abhängigkeit zu treiben suchen. Günther Franz hat dies gerade im Hinblick auf die Baltringer Artikel nachdrücklich unterstrichen: »Die Forderungen zeigen deutlich, wie tief die Baltringer Artikel im alten Recht wurzelten. Sie wandten sich gegen die herrschaftliche Willkür, die ein bäuerliches Recht nach dem anderen beseitigte und auf kleinstem Kreise einen Absolutismus begründete, dem der Bauer hilflos preisgegeben war. Die Baltringer beabsichtigten, mit der Rückkehr zum alten Herkommen eine Rechtsgrundlage zu gewinnen, von der sie künftig solche Übergriffe abzuwehren vermochten. Sie wollten nicht so sehr die Aufhebung drückender Lasten als ihre Festlegung auf einen festen, vielleicht gar nicht sonderlich niedrigen Stand.«[64]

Die schriftliche Fixierung der Beschwerden erfüllt nun offenbar mehrere Funktionen. Zum einen werden dadurch, daß die Klagepunkte und daraus resultierenden Forderungen aufgeschrieben, d. h. in eine geordnete Reihenfolge gebracht und, jedenfalls in der Regel, mit einer ordentlichen, d. h. der literarischen Konvention entsprechenden Adresse versehen werden, die Beschwerdeführer ihrer eigenen Situation inne; sie suchen sich die eigenen Lebens- und Arbeitsbedingungen im Hinblick auf sich selbst, auf die anderen gleichfalls Betroffenen, auf die Herrschaftsträger und Herrschaftsstrukturen hin klarzumachen; mit anderen Worten: zum einen dient die schriftliche Fixierung der Selbstvergewisserung; zum anderen erfüllt sie den konkreten Zweck, der Verhandlungssituation durch einen realen Text eine Basis zu geben und auf diese Weise die Unterhändler vor der Zufälligkeit der rein mündlichen Präsentation zu schützen, was zumal für die redeungewandten Bauern ein entscheidender Gesichtspunkt gewesen sein mag. Schließlich dienen solche in schriftlicher Form niedergelegten Zusammenfassungen der Selbstdarstellung, das heißt im politischen Kontext zugleich: der werbenden Selbstmitteilung; so hören wir von den Hegauer Bauern, daß sie am 6. Oktober 1524 unter ihrem Führer Hans Müller von Stühlingen über Ebentringen, Bonndorf, Bachheim, Löffingen, Lenzkirch, Neustadt, Schollach, Furtwangen, Vöhrenbach durch das Bregtal bis nach Breuningen und Donaueschingen marschierten: »Und wo sie hinkomend, da ließen sie ir beschwerd lesen und horen und begertend, niemand nit zu tun und zalten, was sie trunkend und aßend, und hermanten alle Puren, ina zu Recht helfen«[65]; so hören wir von den Augsburgischen Bauern, daß sie Anfang 1525 zu Oberndorf bei Kaufbeuren mit 8000 Mann zusammengekommen sind, »und doselbs haben sy ain ring gemacht, etlich artikel, so viel ich erfarn konnen, vorgelesen«[66]; so hören wir, um aus der Vielzahl der möglichen Beispiele ein letztes zu erwähnen, daß Hans Müller beim zweiten Schwarzwälder Aufstand im Frühjahr 1525 durch die Lande zog und von einem bäuerlichen Herold die Artikel der »Christlichen Vereinigung« vorlesen ließ.[67]

Neben dieser Aufgabe der Literatur, die Konfliktlage schriftlich zu fixieren und sie auf diese Weise für die reale Auseinandersetzung, Verhandlung, Selbstdarstellung und Werbung verfügbar zu machen, steht eine zweite wesentliche Leistung, die Literatur im weitesten Sinne in der spezifischen historischen Konfliktsituation »Bauernkrieg« zu erbringen vermag: sie hat entscheidenden Anteil daran, daß sich die Interessen der Bauern überhaupt zu übergeordneten Gesichtspunkten, die einzelnen lokalen Beschwerdeträger zu überlokalen Haufen formieren und zwischen den Haufen eine Art, wenn auch lockerer, kommunikativer Zusammenhang entsteht.

4. Die Errichtung der bäuerlichen Front (am Beispiel der Baltringer)

Schon die Darstellung der Konfliktlage vermag trotz des Gewichtes der fast einhelligen Klagen und Beschwerden die Begründung dafür zu geben, weshalb es zunächst so schwer war, die Bauern zu einer einheitlichen, geschlossenen Front zusammenzubringen. Ihnen sitzt die Angst in den Knochen, sie halten ihre Zusammenkünfte, jedenfalls anfänglich, geheim; sie fürchten, ihre Zusammenkünfte könnten von den Herren als Vorbereitung eines gewaltsamen, bewaffneten Aufstandes mißdeutet werden; sie vermögen sich in ihrer Mehrheit nicht aus dem Bannkreis eines in langer geschichtlicher Leiderfahrung internalisierten Rollenverhaltens herauszulösen und können der Obrigkeit – wenigstens zu Anfang – kaum anders als demütig und unterwürfig gegenübertreten.[68]

Hinzu kommt, worauf schon hingewiesen wurde und wofür der Fall Huldreich Schmidts ein aufschlußreiches Indiz bildet, daß sie sich in der Regel nicht selbst vertreten können, daß diejenigen, die die Artikel schreiben und als Redeführer der Bauern die Verhandlungen führen, zumeist nicht der bäuerlichen Schicht entstammen, sondern ständischen Bereichen, deren Sozialisation reichere Bildungsmöglichkeiten eröffnete und deren Interessen daher nicht unbedingt mit denen der Bauern zu konvergieren brauchten. In beidem – in der dem historischen Rollenverhalten adäquaten Unterwürfigkeitshaltung und der daraus resultierenden Unfähigkeit zum ebenbürtigen sprachlichen Verkehr mit Höhergestellten einerseits, der dadurch wiederum notwendigen Vertretung spezifischer Eigeninteressen durch schichtenfremde, jedoch sprachlich, vor allem auch schriftlich versierte Männer anderseits – sind sicherlich die Hauptursachen dafür zu suchen, daß der Konflikt in seinem Anfang und in seinem weiteren Verlauf so lange zögernd, unentschieden, unsicher tastend bleibt, dann aber, als die auf gewaltlose Bereinigung des Konflikts zielenden Verhandlungen infolge mangelnder Kompromißbereitschaft der Herren keine Erfolge erbrachten, sehr schnell in offene Gewalt umschlägt.

Es stehen einander von Anfang an unterschiedliche Kräftegruppen gegenüber, unterschiedlich in ihrer materiellen Ausrüstung, unterschiedlich aber vor allem auch in der ständeideologischen Sicherheit und den daraus erwachsenden Kommunikationskompetenzen. Die Ansprüche und Forderungen, durch die die Bauern aus ihrem herkömmlichen, ihnen seit alters durch die Feudalherren zugewiesenen Sozialverhalten herauszutreten suchten, wurden formuliert, genauer: mußten formuliert werden unter Bedingungen, deren innere wie äußere Momente einer Interessenformierung die allergrößten Widerstände entgegensetzten.

War schon die Konstituierung eines lokalen Zusammenhangs ein Problem, so erst recht die Schaffung überlokaler Zusammenschlüsse. In der mittelalterlichen Adelshierarchie hatte, vom Herrscher absteigend, jede Vasallitätsstufe, ob Herzog, Graf, Baron, Freiherr, Ritter oder Herr, wieder eine untergeordnete und durch vielfache Pflichtleistungen zugeordnete Bezugsgruppe. Beschloß der Lehnsherr, ob Kaiser, König oder Fürst, einen Krieg, dann waren die Vasallen zu militärischen Hilfeleistungen verpflichtet; wenn der Herrscher sich »besendete«, das heißt die Aufforderung zum Kriegszug an seine nächsten Vasallen weitergab, so gaben diese ihrerseits die Aufforderung weiter, bis sie von der Spitze der Lehnshierarchie herab zur Basis gelangt war und sich so ein militärisches Aufgebot konstituierte. Im Spätmittelalter und in der frühen

Neuzeit wurden diese Aufgebotsheere schon weitgehend durch stehende, daher besser verfügbare Heere abgelöst, Heere von Söldnern und Landsknechten, bezahlbar nur durch eine reiche fürstliche Hausmacht und wiederum die Hausmacht eines Fürsten begründend.

Wie aber ließ sich aus lokal dissoziierten aufständischen Bauern eine einheitliche Front, ein disponibles kämpferisches Potential aufbauen, das wenigstens annäherungsweise gleich schlagkräftig und operationsfähig war?[69] Einen Fundus an Finanzkraft, um sich Proviant und Ausrüstung zu beschaffen, besaßen die Bauern nicht. Jeder hatte an Waffen, was er gerade mitbrachte: meist leichtere Spieße, Hellebarden, Morgensterne, Sicheln, Schwerter, seltener Handfeuerwaffen, kaum schwere Geschütze, wie sie das Bundesheer von vornherein besaß. Darüber hinaus mußte, da die Herrschaftssituation in den einzelnen Landschaften unterschiedlich war, überhaupt erst einmal eine Gleichartigkeit der Ziele erreicht und dadurch eine Operationsbasis hergestellt werden. Erschwerend wirkte sich weiter aus, daß die materielle Lage der Bauern in den einzelnen Gebieten differierte, so daß der Grad der Entschiedenheit, mit der die Bauern zum Aufstand und zur gesellschaftlichen Veränderung drängten, höchst ungleich war. Schließlich war ein gravierender Faktor, daß sich die zumeist unsicheren und unmündigen Bauern, wie wir sahen aus Mangel an eigenen Sachwaltern, auf Vertreter anderer Schichten verlassen mußten, die aus ihrer Mittlerstellung zwischen Bauern und Herren heraus eher zur Mäßigung rieten.

Man kann sich dies sehr gut verdeutlichen an der Geschichte der Entstehung wichtiger oberdeutscher Bauernprogramme. Erinnern wir uns, daß Huldreich Schmidt von den Gesandten des Schwäbischen Bundes geschieden war mit dem Versprechen, innerhalb von drei Wochen gelehrte Männer zu suchen, die über das Göttliche Recht entscheiden sollten.[70] Er begibt sich nach Memmingen, dem damaligen Mittelpunkt der reformatorischen Bewegung in Oberschwaben; dort hoffte er, solche Männer zu finden. Und in der Tat, er wird auf einen Kürschner aufmerksam gemacht, Sebastian Lotzer, einen Handwerker und zugleich Schriftgelehrten: »Do ist im antragt Sebastion Lotzer genannt, an Kürsiner,[71] als ain Geschriftglerter und sollicher Dingen halb als ain erfarner Gesell. Wie er aber darumb angelangt worden,[72] hat der dem Huldrichen sin Bitt bald abgeschlagen, wie mir der Sebastion selbst gesagt, als er hie zu Sant Gallen sampt andren ustrettnen Panthiten sich ain Zit lang ufenthielt,[73] und gesprochen: ›Lieber Huldrich, dir ist nit unwissend, wie [du] über ainem gwaltigem Her[74] Oberster bist; hierumb dir besunder geschickte, gelerte Männer Not sind. So bin ich ain ainfaltiger, gemainer Handtwerksgesell; hab mich an kainem Hof noch in kainer Kanzli je geübt, ja nie kaines Notarien Substitut gewesen; darumb nach der Schwere dines Handels mit mir nit versorget bist.‹«[75] Lotzer willigt schließlich doch ein, aber man sieht erneut, welche Schwierigkeiten es macht, selbst die, die weithin als Schriftgelehrte gelten, für eine solche wichtige Aufgabe, für die schriftliche Vertretung der Bauern, zu gewinnen.[76] Selbst er traut sich nicht zu, mit den Herren zu verhandeln, weil er, wie er mit präzisen Worten beschreibt, die literarischen Muster und Formen, die für eine Auseinandersetzung mit den Herren und mit deren Ratgebern nötig sind, nicht gelernt hat.

Dabei war Lotzer, wie wir wissen, ein schriftversierter Mann. Noch in den beiden Jahren zuvor hatte er fünf Flugschriften verfaßt, in denen er im Sinne der Reformatoren für das Recht des Laien eingetreten war, ohne priesterliche Vermittlung vom Wort Gottes zu reden und zu schreiben, Schriften von beträchtlicher Bibelkenntnis.[77] Er war daher für Huldreich Schmidt der richtige Mann, und zwar nicht nur als bibelkundiger Beurteiler des göttlichen Rechtes, sondern auch als Feldschreiber des Baltringer Haufens, und dies zumal, weil er das Schriftprinzip gerade auch auf die praktischen Seiten des Lebens anzuwenden bemüht war.

Aber auch er war kein Bauer, hatte im Grunde nicht ihre Probleme und übte von Anfang an einen eher mäßigenden Einfluß aus. Die Ungeduld der Bauern des Seehaufens und des Allgäuer Haufens, die ihre Boten nach Memmingen geschickt hatten und wesentlich radikalere Forderungen stellten als die Baltringer, paßte denn auch nicht in sein auf Verhandlungsbereitschaft tendierendes Konzept. Für ihn wie für den Memminger Prediger Christof Schappeler[78] waren Forderungen überhaupt nur vertretbar im Rahmen dessen, was durch die Bibel als göttlich und recht erweisbar, d. h. expressis verbis durch die Schrift sanktioniert war. Derart legitimierte Forderungen – daran scheinen beide keinen Augenblick gezweifelt zu haben – konnten der Evidenz ihrer Rechtmäßigkeit wegen von der Herrenpartei nicht abgelehnt werden. Kein Wunder also, daß sich alle drei, Lotzer, Schappeler und Schmidt, dem heftigen Drängen der Seebauern und Allgäuer Bauern widersetzten[79]: »Als man nue zu Memingen in der Cromerstuben nidergesessen und der oftgemelt Huldrich Schmid sin Manung angends fürhaltend, allain dahinraichen, was Gottes Wort erwise, des Sentenz welle er geleben, nachkommen und nit witer tringen[79a]; an welchem etliche, und besunder die See- und Alpgöer Buren, wenig Gefallens trugend, sunder vermeintend kain bessers, dann nun dapfer mit dem Schwert hindurch tringen. Ab sollicher ungestumer Hitz sind baid, der Oberster und Sebastion, der Feldschriber, hoch betrübt, und mit wainenden Ogen begert und gewüntsch, das si mit kainem andren in etwas Vertrag und Bündtnus gestanden, sunder als im Anfang ainig und besunder werend, so weltend si ire Ufrüreschen wol gemaisteren; darbi gesprochen: ob man nit welt nach dem Spruch gottlichen Rechtens, sunder mit Gewalt faren, wellen si sich nichts witers undernemmen, sunder abston und widerumb haim ziechen. Hie ist och gesin gegenwürtig (als ich verston) zu der Zit der Statt Memingen Predicant, unser Herr Doctor Christophor Schappaler von Sant Gallen, und mit vil und manigerlai Exemplen us Nüw und Alt Testament vermanet, nichts ufruresch mit dem Schwert, sunder mit Lieb und Fründtschaft an die Herren fürzenemmen, sunst werd die Sach zum letsten (wie man spricht) zu ihrem Hus usschlachen.«[80] Immerhin, gegen Abend einigt man sich schließlich auf der Basis eines wohl von Lotzer formulierten Entwurfs, der sogenannten Allgäuer Bundesordnung der Bauern. In ihr wird festgelegt, daß sich die drei Bauernhaufen, die allerdings weiterhin selbständig operieren, zu einer ›Christlichen Vereinigung‹ zusammenschließen und daß jeder der Haufen einen Teil seiner Handlungsvollmachten an die Christliche Vereinigung, repräsentiert von gewählten Räten der Haufen, überträgt. Was den Inhalt der Artikel betrifft, so spiegeln sie die reale Lage insofern sehr gut, als ihr Kompromißcharakter von Anfang an deutlich erkennbar ist. Bereits im Eingang wird die friedliche Tendenz erklärt, wenn es heißt: »Erstlich erpeut sich ein ersame lantschaft dieser christlichen

Vereinigung, was man geistlicher oder weltlicher Oberkeit von götlichem Rechten zu tun schuldig, demselben in keinen weg widerwertig zu sein, sonder gehorsamlich halten.«[81]

Freilich »von göttlichen Rechten«, so die bezeichnende Einschränkung. Tatsächlich enthalten die Artikel, wohl auf Anraten der radikaleren Seebauern und Allgäuer Bauern, auch einigen klug verpackten Zündstoff: So wird im dritten Artikel erklärt, daß der Zehnte, die Hauptabgabe der Bauern, bis zum Ausgang der Verhandlungen mit den Herren ausgesetzt werden soll, und im folgenden Artikel wird sogar gefordert, daß die Schlösser, die nicht der Christlichen Vereinigung beizutreten bereit wären, lediglich mit Proviant, aber weder mit Geschütz noch mit feindlicher Besatzung versehen werden dürften. Dienstleute der Fürsten und Herren sollten die Wahl haben, entweder der Christlichen Vereinigung beizutreten oder außer Landes zu gehen, Maßnahmen also, die eindeutig darauf abzielten, den Herren die materielle Basis zu entziehen und die Zwingburgen als militärische Stützpunkte auszuschalten.

Immerhin, durch die Bundes- und die Landesordnung, in der die Fragen der Militärverfassung – Regelung der Disziplin, gegenseitiger Beistand der Bauernhaufen, materielle Versorgung – behandelt wurden, lagen überregionale Programme vor, die für ein größeres Aufstandsgebiet entworfen waren und die Bauernkontingente in eine gemeinsame Front einbanden, ihnen damit die Möglichkeit zur Integration und Identifikation bot. Der anfängliche Zustand, daß jede einzelne Gemeinde, jeder kleine Ort die speziellen Beschwerden in eigenen Artikeln formulierte und individuell der jeweiligen Herrschaft vortrug, also der Zustand einer beträchtlichen Ziellosigkeit und regellosen Disparatheit, war damit, zumindest tendenziell, überwunden, wenngleich die dissoziativen Faktoren, die ein entschiedeneres, konsequentes und zielgerichtetes Vorgehen der Bauern behinderten, auch in der Folgezeit weiterwirkten.

In die Zeit dieser auf stärkere Einigung zielenden Tendenzen fällt die Entstehung des Nördlinger *Bündischen Liedes*, dessen zufällige Überlieferung ein Indiz dafür sein dürfte, daß es auch andere Lieder dieser Art gegeben hat, Lieder, in denen einerseits die Solidarität der Aufständischen zum Ausdruck kam, die anderseits auf die Herstellung solcher Solidarität zielten.[82]

Über die Entstehung des Liedes sind wir relativ gut informiert. Als sich Ende März die Riesbauern zwischen Nördlingen und Oettingen lagerten, fanden im Hause des Taschenmachers Balthasar Glaser Zusammenkünfte der Bauernhauptleute und Stadtverschworenen statt, die der Abstimmung der Kampfziele und Strategien dienten. Der Liedermacher Conz Annahans machte bei dieser Gelegenheit zum Spott des Schwäbischen Bundes und zum Lob der Bauernschaft[83] Lieder, die von anderen Anwesenden noch um »etliche beißende Verse« vermehrt wurden. So entstand das *Bündische Lied*, das nur deshalb tradiert ist, weil der Verfasser 1527 vom Bund zur Rechenschaft gezogen, vom Nördlinger Rat aber gegen die Angriffe verteidigt wurde, und zwar aufgrund der gütlichen Aussage, er habe es »niemand zu widerdries, es auch also dermaßen nicht gemacht, wie es hiernach gesungen sey worden; etliche andere hätten ungeschicktere reimen, wann wie er es gemacht, hinzu getan«, auch eine Abschrift von dem Liede habe er nicht weitergegeben.[84]

Nun, die Gerichtsaussagen des Liedermachers sind vermutlich Zweckbehauptungen, die den wahren Sachverhalt nicht genau wiedergeben. In Wahrheit wird es eher so gewesen sein, daß dieses Lied über den Kreis der im Hause Anwesenden bekannt geworden ist und auch gesungen wurde. Wie anders, wenn nicht aus der Tatsache, daß dieses Lied im Konfliktfeld des Bauernkrieges eine praktische Bedeutung gewonnen hat, sollte sich das besondere Interesse des Schwäbischen Bundes erklären, den Verfasser noch 1527 zur Rechenschaft zu ziehen? Die in dem Lied enthaltenen Angriffe gegen den Bund mußten ja erst einmal bekannt sein, bevor Maßnahmen gegen den Autor ergriffen werden konnten.

Das Lied selbst vermag, bei all seiner trotzigen Sicherheit und Festigkeit, Töne einer leichten Unentschiedenheit nicht zu unterdrücken. Schon die Eingangsstrophe, die in dem Bild des Hegauer Geiers und seiner Jungen ein wirkungsvolles poetisches Symbol für den freiheitlichen und machtvollen Aufbruch der Bauern findet, endet ein wenig zweifelnd[85]:

»Ain Geyr ist ausgeflogen
Im Högew am Schwarzwald.

Er hat vil Jungen ausszogen,
/: Die Bauern allenthalb.:/
Sie sind aufrürig worden
In teutscher Nation
Und hand ain bsunder Orden,
/:Vielleicht wirds in wol gon/«

In den folgenden Strophen werden die Beschwerden der Bauern benannt, wird den »Schindern und Schabern« ein baldiges Ende prophezeit, die allgemeine Sündhaftigkeit der Welt beklagt, im besonderen der auch durch den Bund nicht mehr aufzuhaltende Aufstand der Bauern gegen die Herrschaft beschworen. So einfach und direkt wie die Aussagen sind die sprachlichen Mittel: eingängige kurze Sätze, simple Bilder, das Ende der Strophe gelegentlich durch eine Frage markiert:

»Die Bauern sind einig geworden
Und kriegen mit Gewalt,
Sie haben einen großen Orden,
/:Sind aufständig mannigfalt:/
Und tun die Schlösser zerreißen
Und brennen Klöster aus:
So kann man uns nicht mehr bescheißen.
/:Was soll ein bös' Raubhaus?:/

Jetzt will ichs lassen bleiben.
Gott in der Ewigkeit
Er tut kein Mutwill treiben.
/:Fürwahr, es ist ihm leid,:/
Daß wir so übel leben
In diesem Jammertal.
Wer kann jetzt Frieden geben?
/:Nur seine göttliche Wahl!:/«[86]

Gewiß, schon der Wechsel von dritter und erster Person signalisiert das entschiedene Engagement des Verfassers, aber dennoch bleiben bis in die letzte Strophe hinein die Zweifel bestehen, die auch im Lied immer wieder aufklingen: Wie wird das alles enden? . . . »und weist noch nit das End . . . Was mag in werden ze Lon?«[87]

Beides, sowohl die entschiedene Tendenz zur stärkeren Formierung als auch das – aus der Wirksamkeit dissoziativer Momente resultierende – Zurückschrecken vor entschiedenem Handeln, wird schlagend offenbar an einem solchen Text; noch deutlicher aber wird diese Divergenz erkennbar an der Entstehung der wohl wichtigsten Programmschrift des Bauernkrieges überhaupt, der *Zwölf Artikel.*

5. Die »Zwölf Artikel« und die Medien der Verbreitung

In ihren Forderungen brachten die Artikel,[88] die vermutlich einige Tage vor der Bundesordnung von Lotzer redigiert, vielleicht verfaßt worden sind, eigentlich nichts Neues. Sie faßten vielmehr nur die 300 Einzelartikel der Baltringer kurz und knapp zusammen.[89] Aber das einschränkende Wörtchen »nur« verdeckt, daß gerade darin die eigentliche Leistung lag, die Vielzahl von zum Teil sehr individuell gefaßten und inhaltlich sehr differenzierten Forderungen und Beschwerden auf wenige prägnante und daher wirkungsvolle Grundansprüche reduziert und damit den programmatischen Willen der Bauern nicht nur konstituiert, sondern auch über ein weiteres Gebiet hin zitierbar gemacht zu haben.[90]

Jedenfalls nahmen die Forderungen – freie Pfarrerwahl, Milderung der Abgaben, Aufhebung der Leibeigenschaft, Freiheit der Jagd und Fischerei, Nutzung der Forsten durch die gesamte Gemeinde, Erleichterung der Frondienste und Steuern, Abschaffung willkürlicher Gerichtsausübung durch die Herren, Wiederherstellung der alten Weiderechte und Beseitigung des sogenannten Todfalls, das heißt der ganzen oder teilweisen Einziehung des Gutes durch den Herrn nach dem Tod des Nutzers – in den knappen, griffigen, auf das Wesentliche reduzierten Formulierungen Lotzers in kürzester Zeit ihren Lauf durch ganz Deutschland. Innerhalb weniger Wochen erschienen 24 Drucke: in Erfurt allein vier, je zwei in Konstanz, Nürnberg, Regensburg, Straßburg und Zwickau, je einer in Forchheim, Reutlingen, Speyer, Worms, Würzburg; zu Nachdrucken kam es in so abgelegenen Städten wie Breslau, Magdeburg und Zürich. Auch auf handschriftlichem

Wege wurden die *Zwölf Artikel* verbreitet. Allgäuer Bauern brachten sie nach Tirol, Kaufleute nach Fulda, so daß sie nach wenigen Wochen alle Aufstandsgebiete vom Elsaß bis zu den südlichen Alpengebieten und bis ins Ordensland Preußen erreicht hatten. Am 19. 3. 1525 wurden sie in Ulm vertrieben, fünf Tage später in München bereits verboten.[91] Eine Version der *Artikel* fand sogar in England Verbreitung. In zahlreichen lokal geprägten Artikeln des Bauernkrieges läßt sich unschwer ihr Vorbild erkennen.[92]

Gerade dieses zuletzt aufgeführte Moment bestätigt die formierende Bedeutung der Programmschrift, die, ohne daß es einen Buchhandel im heutigen Sinne des Wortes gab, schon sehr bald über das gesamte deutsche Gebiet, zumindest das gesamte aufständische Gebiet, verbreitet war. Wie war dies möglich? Welchen Medien und Mittelsmännern war die schnelle und weitläufige Verbreitung solcher Programmschriften zu verdanken?

Gutenbergs Erfindung, der Druck mit beweglichen Metalllettern und die daraus resultierende vermehrte Reproduzierbarkeit schriftlicher Produkte ermöglichten gegenüber der Verbreitungskapazität des Mittelalters, die auf handschriftliche Herstellung von Manuskripten beruhte, die wenigstens theoretisch unbeschränkte Vervielfältigung und dem zufolge kurzfristige Weitergabe von Druckerzeugnissen an eine breitere Öffentlichkeit.[93] Diese Potenzen werden zur Zeit der Reformation und des Bauernkrieges zum ersten Mal voll genutzt, zum ersten Mal erhalten damit literarische Erzeugnisse über ihre konkrete Gebrauchssituation hinaus einen weiten Wirkungsradius, werden Kommunikationszusammenhänge entwickelt, die bis dahin undenkbar waren. Statt der schweren, teuren Folianten der früheren Zeit mit ihren kostbaren Materialien werden jetzt neue Publikationsformen geschaffen[94], Flugblätter und Flugschriften, auf billigem Papier gedruckt, im handlichen Quart- und Oktavformat und meist nur eine Seite oder ein paar Seiten stark, die nach ihrem niedrigen Preis und ihrer relativ hohen Auflage von bis zu 1500 Stück auf ein breiteres Lesepublikum berechnet waren[95], sich nicht nur an Adel, Geistlichkeit und gehobenes Bürgertum wendeten, sondern potentiell durchaus auch schon an den Vertreter der Mittel- und Unterschichten, den sogenannten »gemeinen

Mann«, vornehmlich wohl in den Städten, dem auf diese Weise erstmals die Möglichkeit geboten wird, an den Auseinandersetzungen der Zeit teilzunehmen, wie anderseits sich durch eben die größere Verbreitung und Verbilligung der schriftlichen Erzeugnisse die Möglichkeit eröffnete, gezielt auf ein breiteres Publikum einzuwirken, es in einem spezifischen Sinne zu beeinflussen. Man hat in diesem Zusammenhang sogar von einem historisch beispiellosen Prozeß revolutionärer Bewußtseinsbildung gesprochen, »der den lesekundigen gemeinen Mann [. . .] befähigte, in Sachen Reformierung der Gesellschaft, der Kirche, der Moral usw. mitzusprechen«.[96]

Daß zu Beginn des 16. Jahrhunderts tatsächlich die deutschsprachige Leserschicht gewachsen ist, sogar in einem erstaunlichen Maße, dafür gibt es, wie Rolf Engelsing in seinem Buch *Analphabetentum und Lektüre* dargelegt hat, ein aufschlußreiches Indiz: »Zwischen 1518 und 1526 erschien fast dreimal soviel deutsche Literatur wie zwischen 1501 und 1517. Betrug das Verhältnis der lateinischen zu den deutschen Drucken im Jahre 1500 20 zu 1, so 1524 3 zu 1. Erasmus, der für ein internationales Publikum von Kennern lateinisch schrieb, entrüstete sich 1523 in einem Brief an einen römischen Prälaten über die neue Literatur in Deutschland: ›Die schreiben alles deutsch. Wir haben es mit der Masse zu tun . . .‹ Man schätzt die Zahl der Flug- und Streitschriften in der Zeit zwischen 1518 und 1525 auf über 3000.«[97] Diese Zusammenstellung wird ergänzt durch das statistische Material, das Kapp in seiner *Geschichte des deutschen Buchhandels* zusammengestellt hat: der von ihm genannten Summe von 3113 Schriften, die nach Luthers Auftreten, also zwischen 1518 und 1523, in Deutschland erschienen, steht für die fünf Jahre zuvor, also 1513 bis 1517, nur eine Summe von 527 gegenüber.[98]

Dennoch sollte man sich vor übertriebenen Vorstellungen über den bereits damals erreichten Grad der Alphabetisierung hüten. Hildegard Schnabel hat wohl eher recht, wenn sie einerseits konstatiert, daß das dringende Verlangen nach möglichst schneller Information über brennende Fragen der Zeit, wie es gerade durch die Ereignisse der Reformation und des Bauernkrieges geweckt wurde, zunehmend breitere Kreise erfaßte, anderseits jedoch zurückhaltend urteilt: »Dennoch haben wir allen Grund zu der Annahme, daß trotz der relativ niedrigen Flugschriftenpreise die untersten Schichten der Gesellschaft, also die Städteplebejer und vor allen Dingen die Landbevölkerung, durch ihre nach wie vor fehlenden [. . .] Lesekenntnisse von der Möglichkeit einer unmittelbaren Literaturaneignung durch eigene Lektüre weitgehend ausgeschlossen waren.«[99] Ein Urteil, das, was speziell den Bauernkrieg betrifft, durch die Tatsache bestätigt wird, daß die Beschwerden in den Dörfern vorgelesen wurden und daß offenbar auch die Werbung unter den Bauern durch das Vorlesen von Artikeln, Schriften und Flugblättern erfolgte.

Auf der anderen Seite, so muß man im Auge behalten, wurde die größere Verbreitung des Schrifttums als nicht ungefährlich angesehen. Schon vor dem Bauernkrieg führte Johann Cochläus, der rüdeste Gegner Luthers, scharfe Klage darüber, daß die Schriften, in denen die Obrigkeiten angegriffen wurden, weithin bekannt seien, wobei allerdings nicht gesagt wird, ob er sich nur auf städtische oder auch auf ländliche Verhältnisse bezieht: »Unzählig sind die Schmachbüchlein und Lästerreden, die unter das Volk ausgehen wider päpstliche und weltliche Autorität, wider alle, welche Macht und Reichtum haben und nicht abfallen wollen vom Glauben ihrer Väter.«[100]

Die städtischen Obrigkeiten, in deren Ordnungsbereich die Druckereien solcher Schriften meist lagen, versuchten, soweit sie nicht bereits auf der reformatorischen Seite standen, solche Produktionen einzudämmen, wenn nicht gar zu unterdrükken. Aber gegen wen sollten sie vorgehen? Sehr oft waren es gar nicht die eigenen städtischen Drucker, die ein Flugblatt oder eine Flugschrift, die verkauft wurde, hergestellt hatten; häufig waren sogenannte Buchführer die Verbreiter von Druckschriften, und diesen Leuten gegenüber, deren ambulante Gewerbeausübung so wenig kalkulierbare Zugriffsmöglichkeiten für die städtischen Aufsichtspersonen zuließ, war die Behörde meist machtlos.[101] Aber so, wie wir im Zusammenhang mit Schriften des Bauernkrieges davon hören, daß Druckereien geschlossen, daß Druckerzeugnisse durch den Städtischen Rat oder von anderen Obrigkeiten beschlagnahmt worden sind, so hören wir auch von Buchführern, die als Verkäufer von aufwieglerischen oder jedenfalls als aufwieglerisch bezeichneten Schriften in einen Konflikt mit der Ordnungsmacht gerieten[102], wobei nur in den seltensten Fällen eindeutig zu bestimmen ist, ob sie nun aus Überzeugung oder aus geschäftlichem Interesse die nicht genehmen Schriften feilhielten. In seiner *Geschichte des deutschen Buchhandels* hat Friedrich Kapp das Gros der Buchführer allerdings unter die potentiellen Aufrührer gerechnet: »Es waren darin wohl vielfach junge Männer tätig, die ihren Beruf verfehlt und nichts zu verlieren hatten, Menschen, die nicht viel arbeiten, aber doch ihr Leben genießen wollten, Abenteurer, die sich von den aufgeregten Wogen der Zeitströmung tragen ließen [. . .] und endlich catalinarische Existenzen. [. . .] Besonders gefährlich aber wurden solche von Haß gegen das Bestehende beseelte Buchführer durch die zielbewußte Auswahl der von ihnen vertriebenen Schriften. Unermeßlich war daher der von ihnen auf die Gemüter ausgeübte Einfluß. [. . .] Der Kampf und die Revolution waren das Element, in welchem sie sich am wohlsten fühlten.«[103] Gewiß, man wird diese Kategorisierung heute anzweifeln müssen; aber das leicht idealistische Bild, das Hildegard Schnabel entwirft, indem sie diese Buchführer »als zuverlässige und zu offenem Kampf entschlossene Anhänger« in das »System der konspirativen Vorbereitung der Revolution« integriert[104], dürfte kaum weniger anfechtbar sein. Nach allem, was wir hören, war das Sortiment der Buchführer vielfältiger und unterschiedlicher Art. Götz Lienhard etwa, der Anfang 1525 nach Rothenburg kommt und dort sogleich vom Rat »im gewelb gütlich befragt« wurde, hatte sowohl Schriften Karlstadts bei sich als auch solche von dessen Gegner Urbanus Regius.[105]

Aber gleichviel. Wichtig ist in unserem Zusammenhang, daß die Buchführer, ob an der politischen Arbeit oder nur an dem Verkauf ihrer Schriften oder womöglich auch an beidem interessiert, zweifellos entscheidenden Anteil daran hatten, daß sich Schriften wie die *Zwölf Artikel* über ganz Deutschland ausbreiten konnten und offenbar selbst beim »gemeinen Mann« bekannt wurden; denn die Buchführer, das wissen wir aus Berichten, verkauften die Schriften nicht nur, sie priesen sie auch an und lasen, um die Käufer zum Kauf zu animieren, aus den Schriften vor.

Eine ähnlich wichtige Vermittlungsfunktion besaßen die Geistlichen, besonders die Prädikanten, meist Wanderprediger, teils ehemalige Priester, teils Laien, die bei ihren Predigten und Gesprächen Flugschriften verteilten und erklärten. Kapp hat auch ihre Wirkung genauer zu beschreiben versucht: »Nach dem Zeugnisse der Zeitgenossen sind sie von unermeßlichem Einfluß auf das Volk gewesen, da sie, selbst aus ihm hervorgegangen, seine Bedürfnisse, Beschwerden und Lasten genau kannten und seine Leidenschaften anzustacheln wußten. Weil sie zudem nirgends lange blieben, zeigten sie sich überall in ihren glänzendsten Eigenschaften.«[106]

Diese Charakterisierung, welche die besondere Bedeutung dieser christlichen Lehrer hervorhebt, wird durch eine neuere Arbeit insofern bestätigt, als die Menge der Pfarrer und Prädikanten nicht zu der kleinen angesehenen und auch finanziell meist nicht übel gestellten Gruppe der *Sacerdotes litterati* gehörte, sondern im allgemeinen schlecht ausgebildet und arm war, vom reichen Adel mit äußerster Geringschätzung behandelt und daher näher an die mittleren und unteren städtischen wie ländlichen Schichten herangerückt wurde.[107] In den Flugschriften der Zeit wird von altgläubiger, später aber auch von reformatorischer Seite immer wieder vor ihren verderblichen, aufrührerischen, inkompetenten Berichten gewarnt. Und in der Tat, sie scheinen gerade auch soziale Unterschiede und die ungleiche Verteilung der Lasten nur allzu oft zum Gegenstand ihrer Lehre gemacht zu haben. Aber auch viele der *Sacerdotes litterati* wie Hubmaier, Schappler, Teuschlein, Ickelsamer oder Müntzer traten entschieden auf die Seite der Besitzlosen und fanden immensen Zulauf zu ihren Predigten, so daß sich der jeweilige Rat einer Stadt oder sonstige Obrigkeiten durch Ordnungsmaßnahmen gegen die Auswirkungen ihrer reformatorischen Appelle zur Wehr zu setzen suchten. Der Notar Andreas Lettsch geht in seiner Chronik sogar so weit, einem von ihnen, dem Waldshuter Prediger Balthasar Hubmaier, die Schuld am Ausbruch des gesamten Bauernkrieges zuzurechnen: »In denselbigen Tagen hetten die von Waltzhut ainen Pfarrher mit Namen Doctor Baltasser, derselbig war ein Lerer der göttlichen Schriften, welcher wider alle Obrigkait gaistlich und weltlich prediget, also das jemands nichts mer zu tun schuldig were und allain unser Her Gott zu eeren were, dadurch die Buren wider die Oberkaiten erhitziget, und wolten kain Heren haben denn Gott den Almechtigen. Und warlich, so man die Sach recht bedenkt, so ist derselbig

Doctor Baltasser ain Anfenger und Ufweger gewest des ganzen beurischen Kriegs.«[108]

Kein Zweifel, daß diese Einschätzung des altgläubigen Notars aus St. Blasien mehr als übertrieben ist, aber genausowenig ist daran zu zweifeln, daß die Prädikanten durch ihre Predigten und durch ihre Gespräche in den Tagen des Bauernkrieges – sei es durch ihr leidenschaftliches Engagement für die Sache des armen »gemeinen Mannes«, sei es durch genauso leidenschaftliche Ablehnung oder sei es durch ein abwiegelnd-mäßigendes Verhalten – eine beträchtliche Wirkung ausgeübt haben.

Diese Wirkung hat in einem historischen Gedicht ihren literarisch-poetischen Niederschlag gefunden: in dem *New christlich lied in Toller melodei, das einsteils verantwurtet der gotslesterer schmehung, so der bauren aufrur dem evangelio fälschlich zulegent* (Liliencron 393). In diesem Lied wird von den »vil predicanten frum« gehandelt, die in den Städten aufgestanden seien und in ihren Disputationen wie in ihren Predigten die armen, frommen Leute verführt hätten:

»In Steten sind aufgstanden
vil predicanten frum,
hand die warheit gnommen zehanden
und forchten in nit drum[108a],
erboten zu disputieren
menglichem in der welt; [. . .]

Am leben solt man si strafen
nach dem göttlichen gesatz.
Da schrei laut über wafen
des bapsts gsind, macht vil gschwatz
und sagt mit falschen lügen
von predicanten gmein,
daß sie das volk betriegen[108b],
die warheit ließen ligen,
suchten aufrur allein.« (Liliencron 393, 5-6)

Interessant ist nun, daß die Vorwürfe und Vergehen, die in den Klagen über die traditionellen »Gravamina« der alten

Priesterkirche zugeschrieben wurden, hier in diffamierender Absicht auf die neuen Prädikanten übertragen werden:

»mit solchem hand si irr gmachet
den armen gmeinen man,
daß er im auch nach trachtet,
des dann der teufel lachet,
ein spil wolt fahen an.

Mit solchem irem liegen[108c]
han si bracht ein mißverstand,
die warheit theten si biegen
mit irem falschen tand [. . .]« (393, 11-12)

Gerade die Heftigkeit, mit der sich dieses Lied gegen die Prädikanten zur Wehr setzt, gerade die Parteilichkeit, mit der es das Alte gegen die Neuerer verteidigt, ist ein Indiz dafür, daß die Wirkung der Prädikanten und Geistlichen besonders auch in altkirchlich-traditionellen Kreisen als äußerst gefährlich eingeschätzt wurde.

Die Möglichkeit des Buchdrucks, eine Schrift schnell und weiträumig zu verbreiten, die Aktivität der Buchführer sowie das Engagement der Geistlichen – alles dies zusammen, so läßt sich im Hinblick auf die *Zwölf Artikel* jetzt sagen, hat bewirkt, daß diese innerhalb weniger Wochen in ganz Deutschland verbreitet waren und dadurch zur Ausbildung und weiteren Stabilisierung der bäuerlichen Phalanx wesentlich beitrugen. Aber es waren nicht nur diese äußeren Instanzen, hinzu kam ganz wesentlich ein inhaltliches Moment: In den *Zwölf Artikeln* wurde zum ersten Mal einer breiteren Öffentlichkeit erkennbar, daß sich die Bauern nicht nur auf altes Recht und altes Herkommen beriefen, sondern ihre Ansprüche und Forderungen auf eine nicht nur dem weltlichen Bereich zugehörige Begründungsbasis zu stellen trachteten, indem sie die traditionsreiche Konzeption des »Göttlichen Rechtes« aufgriffen und ihren Artikeln durch die höchste beglaubigte Appellationsinstanz entschiedene Gewähr zu verleihen suchten. Damit fällt, nachdem die Konfliktlage und die Formierungsproblematik in ihrem Umriß skizziert ist, das dritte, oben bereits genannte Stichwort:

6. Legitimation

Erinnern wir uns noch einmal an den Zusammenhang der Szene, in der die Gesandten des Schwäbischen Bundes die aufsässigen Bauern mit der Anweisung abzuspeisen suchten, sie sollten sich gefälligst an das geltende Recht halten: Huldreich Schmidt hatte zurückgefragt, welches Recht sie denn wohl meinten. »Antworteten sie: das Kammergericht. Und darauf fragten sie, welches Recht er denn begehre. Antwortete Huldreich: das göttliche Recht, das jedem Stand ausspricht, was ihm zu tun oder zu lassen gebühre. Sprachen die Herren mit spottlichen Worten: du fragst nach dem göttlichen Recht? Sag an, wer soll solches Recht denn aussprechen? Gott wird sich ja wohl nicht beeilen, vom Himmel herabzusteigen um mit uns einen Gerichtstag zu halten.«[109]

Angesichts der bäuerlichen Situation sind beide Antworten der Gesandten von gleicher Arroganz und, sit venia verbo, Unverschämtheit. Die Appellation an das Kammergericht, und das wird den Gesandten nicht unbekannt gewesen sein, war von einer solchen Kompliziertheit, daß nur grenzenloser Zynismus den Bauern einen solchen Weg der Beschwerdeführung anraten konnte. Karl Kroeschell hat die Arbeits- und Verfahrensweise des Kammergerichts in seiner Rechtsgeschichte näher beschrieben: »Nicht das geringste Hemmnis der Tätigkeit des Reichskammergerichtes bestand jedoch in seinem eigenen Verfahren. Es war ein schriftliches Verfahren in der Form des artikulierten Prozesses. Von der Klage und der Replik des Beklagten an waren alle Schriftsätze, die Duplik, Triplik usw., in einzelne Artikel oder Positionen zu gliedern, zu denen die Gegenseite durch Bestreiten oder Zugeständnis Stellung zu nehmen hatte. Jeder bestrittene Punkt ließ neben dem Hauptverfahren ein besonderes Beweisverfahren entstehen, dessen Ergebnisse dann wieder in den Prozeß eingebracht werden mußten. Man sah schon früh, daß dieser Wildwuchs von Terminen und Nebenverfahren zurückgeschnitten werden müsse, der im Verein der schwerfälligen Referiermethode der Beisitzer zur unerträglichen Verschleppung mancher Prozesse führte. Freilich war diese Prozeßform schwierig genug.«[110] Wenn schon der Frankfurter Abgesandte, zweifellos ein rechts- und redekundiger Mann, 1521 auf dem

Reichstag zu Worms über das Kammergericht klagte: »das ist so ein wild tier, das jedermann irre macht, weiß niemant wo man es angreifen sol, einer ret hieher, der andere doher«[111], dann läßt sich mit einiger Sicherheit abschätzen, daß diese Art Gericht gerade angesichts der beschriebenen Artikulationsschwierigkeiten für die Bauern das denkbar ungeeignete Instrument gewesen wäre, die eigenen Rechtsansprüche wirkungsvoll zu vertreten. In die Taktik der Herrenpartei, die auf Zeitgewinn aus war, paßt sich der Vorschlag indessen als sinnvolles Mosaik ein.

Und die spöttische Bemerkung der Gesandten zum Göttlichen Recht? Nun, sie reden, um es mit der plastischen Redewendung zu sagen, von oben herab; so sprechen die Überlegenen, an Herrschaft Gewöhnten verächtlich mit ihren Untertanen. So sprechen die, die sicher in der Macht sitzen und sich nicht mehr legitimieren zu müssen meinen, weil der jahrhundertelange Besitz der Gewalt sie unempfindlich gemacht hat gegen jede Form von Argument, das auf Änderung des Status quo abzielen könnte.

Dennoch treffen sie eine wunde Stelle; denn in der Tat hing die Stringenz der bäuerlichen Argumentation an der Frage, mit welcher Sicherheit sich denn klären ließ, was denn unter »göttlichem Recht« jeweils zu verstehen sei und wem die Entscheidung darüber zukomme. Der Vorschlag Huldreich Schmidts, gelehrte fromme Männer darüber urteilen zu lassen, »die diesen Span nach lut gottlicher Gschrift wissen urteilen und zu entscheiden, anzeigen und verordnen welle«[112], das hieß konkret: die Klärung letzten Endes Geistlichen zu überlassen, hatte bei den politisch argumentierenden Vertretern des Bundes von vornherein keine Chance der Billigung, wenngleich jene klug genug waren, den Vorschlag aus taktischen Gründen zu akzeptieren. Hier stießen auf der Verhandlungsebene zwei divergente Legitimationsprinzipien zusammen, die nicht zu vermitteln waren: auf der einen Seite die auf jahrhundertelanger Schriftauslegung gegründete und schon ganz formal gewordene Legitimation derer, die faktisch im Besitz von Gewalt und Herrschaft waren, auf der anderen Seite der Anspruch, die faktischen Gewaltverhältnisse auf der Grundlage neuer religiöser Erfahrungen und Erkenntnisse zu revidieren und nach den Prinzipien der – wie auch immer inhaltlich zu fassenden – reformatorischen Bibelinterpretation neu einzurichten.

Tatsächlich fällt mit dem Begriff des »göttlichen Rechtes« eines der Schlüsselworte des Bauernkrieges, von dem her sich die gesamte Legitimationsproblematik entfalten läßt.[113]

Unter dem »gotlichen recht« hatte schon Wiclif, der englische Reformer des endenden 14. Jahrhunderts, die Summe der moralisch-rechtlichen Prinzipien verstanden, »die der ursprünglichen göttlichen Ordnung entsprechen sollen, wie sie in der Bibel niedergelegt sind«, also gleichsam ein christliches Naturrecht, »das über allem historischen menschlichen Recht steht, und das den Maßstab für die Beurteilung aller irdischen Einrichtungen abgeben soll«.[114] Die darin enthaltene Konsequenz, »bei nachgewiesener Pflichtwidrigkeit der Obrigkeit alle menschlichen Gesetze und Verträge aufzuheben«, zog Wiclif indessen nur für die damals schon sehr stark verweltlichte Kirche, noch nicht für die Obrigkeit allgemein. Das taten erst die Hussiten durch die Entwicklung einer revolutionären Lehre vom Recht der Unterdrückten, »im Namen der göttlichen Gerechtigkeit eine völlige Neuordnung der Gesellschaft zu fordern und notfalls zu erzwingen«.[115] Die Bundschuhverschwörungen und vor allem jene wirkkräftige Reformschrift des 15. Jahrhunderts, die unter dem Titel *Reformatio imperatoris Sigismundi* bekannt ist und unzählige Male nachgedruckt wurde, trugen die Idee vom »göttlichen Recht« in das 16. Jahrhundert.

Man könnte nun fragen, weshalb eine solche religiöse Legitimation der – jedenfalls nach unserer heutigen Auffassung durchaus auch rein weltlich zu begründenden – neuerlichen Ansprüche überhaupt nötig war.[116] Aber so zu fragen hieße, von einer uns heute selbstverständlich erscheinenden Scheidbarkeit des weltlichen und geistlichen Bereiches auszugehen, den es für diese Bauern noch nicht gab. Religion war ein solch selbstverständlicher und notwendiger Bestandteil des allgemeinen Lebens, daß eine Forderung nach Veränderung oder gar Aufhebung weltlich-irdischer Ordnungen ohne die Sanktion einer geistlich-theologischen Begründung überhaupt nicht denkbar gewesen wäre, zumal sich auch die alte Ordnung fundamental auf solche Legitimationsbasis gegründet wußte, deren Revision also notwendig die Frage nach der

Berechtigung einer Reform aufwarf. Nur wenn man die von den Bauern geforderte Rechts- und Sozialreform als Teil eines gerade auch religiös-theologisch zu begründenden Gesamtzusammenhanges begreift, wird man hier die richtige Perspektive gewinnen: Weder geht es an, die Theologie als letztlich überflüssige Verkleidung von *eigentlich* sozialen Interessen zu betrachten, noch – was in späteren Zusammenhängen noch einmal wichtig werden wird[117] – das Drängen auf soziale, rechtliche Erneuerung im Hinblick auf die angeblich »eigentlich« religiös-theologischen Interessen herunterzuspielen.

Das auf diese Weise begründete grundsätzliche Verlangen der Bauern, ihre Sache in die gültigen Vorstellungsformen einer immer noch theozentrischen Lebenswelt zu integrieren, erhielt nun durch aktuelle Erfahrungen einen entscheidenden Impuls: die Idee vom göttlichen Recht bekam deshalb eine solch durchschlagende Kraft und wurde mit solch entschiedener Verve aufgegriffen, weil die Bauern gegenüber den vielfältig interpretierbaren und in den unterschiedlichen Herrschaftsgebieten inhaltlich sehr verschieden gefüllten Vorstellungen vom alten Recht und Herkommen, auf die sie sich immer wieder beriefen[118], sowie gegenüber dem neuen römischen Satzungsrecht der Herren, in dem Rechtsgrößen wie »altes Herkommen« keinen Platz mehr fanden, nach einer gültigen, unanfechtbaren, eindeutigen, überall gültigen und absolut wahren Berufungs- und Legitimationsinstanz suchen mußten. Sie fanden sie im »göttlichen Recht«, fanden in ihm ihre Forderung nach dem alten Recht aufgehoben.

In ihrer Untersuchung über die Bedeutung des göttlichen Rechtes im Bauernkrieg hat Irmgard Schmitt versucht, diesen Zusammenhang zu verdeutlichen: »Was den gemeinen Mann so schnell zur Heiligen Schrift als Rechtsnorm greifen ließ, das war dasselbe, was ihn vom Ruf nach dem alten Recht zu dem göttlichen Recht brachte. Es war die Unsicherheit des Begriffs und die willkürliche Auslegung durch die Herren. Die Bauern vom Schwarzwald erklärten im Geiste aller: Wir begehren unseren herren keinen schaden zuzufügen, sondern bei dem bleiben zu lassen, was ein jeder seinen herren schuldig ist von gottlichen rechten; aber nicht so, wie sie bisher gesprochen: sie selbst seien das recht und dürften den armen leuten das Ihre mit gewalt abnehmen.«[119]

So erscheinen die beiden Motive »altes Recht« und »göttliches Recht« im Bauernkrieg eng miteinander verknüpft, und diese Verknüpfung nimmt die allgemeinen Tendenzen der Reformbewegung des frühen 16. Jahrhunderts auf, die alle »Reformation« als Wiederherstellung einer alten, den göttlichen Geboten entsprechenden Ordnung verstand. »Die Berufung auf sie ist das Kampfmittel eines Standes«,[120] der sich politische Anerkennung und eine angemessene Rechtsstellung erst noch erkämpfte, und dies, wie die Einleitung der *Zwölf Artikel* zu zeigen vermag, zunächst und sehr lange noch in einer fast demutvollen Haltung und mit dem aufrichtigen Wunsch nach gütlicher Einigung, wenngleich mit dem entschiedenen Anspruch, die formulierten Beschwerden durch das Evangelium zu legitimieren: »Dem christlichen Leeser Frid und Gnad Gottes durch Christum. Es sein vil Widerchristen, die jetzund von wegen der versammleten Baurschaft das Evangelion zu schmehn Ursach nemen, sagent, das sein die Frücht des neuen Evangelions: Niemant gehorsam sein, an allen Orten sich empor heben und aufpöumen, mit großem Gewalt zuhauf laufen und sich rotten, gaistlich und weltliche Oberkaiten zu reformieren, auszureuten, ja villeücht gar zu erschlagen? Allen disen gotlosen, frevenlichen Urtailern antwurten dise nachgeschribne Artikel. Am ersten, das sie dise Schmach des Wort Gottes aufheben. Zum andern die Ungehorsamikait, ja die Empörung aller Bauren christenlich entschuldigen: Zum ersten ist das Evangelion nit ain Ursach der Empörungen oder Aufruren, dieweil es ain Rede ist von Christo dem verhaißnen Messia, welchs Wort und Leben nichts dann Liebe, Fride, Geduld und Ainigkaiten lernet, also das alle, die in disen Christum glauben, lieplich, fridlich, gedultig und ainig werden; so dann der Grund aller Artikel der Bauren (wie dann klar gesehen wirt) das Evangelion zu hören und demgemeß zu leben, dahin gericht ist. Wie mügen dann die Widerchristen das Evangelion ain Ursach der Emböрung und des Ungehorsams nennen? Das aber etlich Widerchristen und Feind des Evangelii wider sölliche Anmuttung und Begerung sich lönen und aufböumen, ist das Evangelion nit Ursach, sonder der Teüfel, der schedlichst Feind des Evangelii, der solches durch den Unglauben in den Seinen erweckt, hiemitte das das Wort Gotes (Liebe, Frid und Ainigkait lernent) undergetruckt und weggenommen wurde. Zum andern dann klar lauter volget, das die Bauern in iren Artikeln solches Evangelion zur Leer und Leben begerend, nit mügen ungehorsam, aufrürisch genennt werden. Ob aber Got die Pauren (nach seinem Wort zu leben ängstlich rufent)[121] erhören will, wer will den Willen Gotes tadlen? Wer will in sein Gericht greifen? Ja wer will seiner Mayestet widerstreben? Hat er die Kinder Israhel zu im schreiend erhöret und aus der Hand Pharaonis erlediget, mag er nit noch heut die Seinen erretten? Ja er wirts erretten! Und in ainer Kürz! Derhalben christlicher Leser, solliche nachvolgend Artikel lise mit Fleiß, und nachmals urtail.«[122]

Der hier erhobene Rechtfertigungsanspruch mußte allerdings mit dem Rechtfertigungsanspruch der Obrigkeit und der durch sie gesetzten Herrenrechte notwendigerweise in Konflikt geraten. Denn auch die Obrigkeit berief sich darauf, daß sie von Gott verordnet, ihre Herrschaft letztlich biblisch legitimiert sei. Durch die Stellungnahme der *Zwölf Artikel*, nur Widerchristen vermöchten sich den göttlich legitimierten Ansprüchen der Bauern zu widersetzen, entstand nun eine Legitimationslücke, deren provokativer Sog den ungeheuren Erfolg dieser Schrift durchaus zu erklären vermag. Denn im Namen des »gemeinen Mannes« wurde hier die in dieser Zeit in der Tat ungeheuerliche Behauptung vertreten, daß sich die Obrigkeit, wenn sie diese Artikel nicht anerkennte, ihrer eigenen und eigentlichen Legitimation begäbe.

Freilich, die Bauern der *Zwölf Artikel* sind keine Herren, und ihr Bewußtsein behält, selbst im Geleitschutz der allerhöchsten Berufungsinstanz, noch etwas von der Gebrochenheit, die aus jahrhundertelanger Unterordnung resultiert. Sie stellen die Rechtmäßigkeit und Sicherheit ihres Appells durchaus wieder in Frage, wenn sie zum Schluß noch andere Instanzen zu einem Urteil aufrufen: »Beschluß. Zum zwelften ist unser Beschluß und endliche Mainung, wann ainer oder mer Artikel, alhie gestelt, so dem Wort Gottes nit gemeß weren, als wir dann nit vermainen, dieselbigen Artikel wol man uns mit dem Wort Gottes für unzimlich anzaigen, wolt wir darvon abston, wann mans uns mit Grund der Schrift erklert. Ob man uns schon etlich Artikel jetz zuließ und hernach sich befand, das Unrecht weren, sollen si von Stund an tot und absein, nichts mer gelten . . .«[123]

Mit diesem Passus wird nun allerdings die Funktion der Flugschrift, deren Beschwerdepunkte und Forderungen sich primär über die örtliche Begrenzung hinweg an potentielle Kampfgenossen wenden, auf eine interessante Weise verändert. Aus einem Organ der Konspiration wird sie zu einem Medium, das auf eine öffentliche Rechtfertigung des Programms zielt; sie geht über die Aufgabe, die Kommunikation zwischen Gruppen herzustellen, die infolge landschaftlicher Trennung auf andere Weise nicht kommunizieren könnten, und damit über den begrenzten Radius konkreter Adressaten hinaus; sie wendet sich mit ihrer Aufforderung zur Stellungnahme allerdings wohl noch nicht an eine diffuse Öffentlichkeit, sondern an den Kreis kompetent Urteilender. Wenigstens darf dies aus der Richterliste, die der ungefähr gleichzeitigen Bundesordnung der Bauern *Handlung, Ordnung und Instruktion, so vorgenommen worden sein von allen Rottenn und Haufenn der Bauren, so sich zusammen verpflichtet haben* angefügt ist und die ein langes Verzeichnis namentlich genannter Vertreter fürstlicher und städtischer Obrigkeiten sowie vor allem angesehener Theologen enthält, geschlossen werden.[124]

Man darf diese wichtige Einschränkung nicht ignorieren, da sie für den Öffentlichkeitsbegriff entscheidend ist: keineswegs zielt die Schrift in erster Linie auf eine allgemeine Diskussion, keineswegs sucht sie ein allgemeines Raisonnement über die programmatische Proklamation der Bauern zu eröffnen; sie will vielmehr, zur Verstärkung der eigenen Legitimation, vor allem die Billigung derer erreichen, die nicht aufgrund eigener Betroffenheit, sondern aufgrund von größerer Kompetenz Legitimationshilfen zu geben vermögen.

Tatsächlich hat sich eine solche Diskussion dann auch ergeben, die wiederum den Öffentlichkeitsbegriff erweitert hat; denn die Veröffentlichung dieser Diskussion ging weit über die Zielsetzung der Bauern hinaus, wendete sich in der Tat an breitere, vor allem städtische Kreise, suchte ihnen Beurteilungs- und Einschätzungshilfen zu liefern und damit politische Wirkung auszuüben. Wenn Melanchthon vom Kurfürsten Friedrich von der Pfalz zu einem Gutachten über die *Zwölf Artikel* aufgefordert wird und das Ergebnis, eine lange

Auseinandersetzung mit den einzelnen Artikeln wie mit dem generellen Rechtsanspruch der Bauern, alsbald in den Druck gibt[125]; wenn Luther seine Schrift *Ermahnung zum Frieden auf die zwölf Artikel der Bauernschaft zu Schwaben* nicht etwa an die betroffenen Bauern schickt, sondern öffentlich erscheinen läßt[126]; wenn Osiander seine in Nürnberg gehaltene Predigt über den Zinsgroschen[127], Urbanus Regius seine Schrift *Von Leibeigenschaft oder Knechtheit wie sich Herren und Eigenleut christlich halten sollen*[128] oder Johann Lachmann seine *Drei christlichen Ermahnungen an die Bauernschaft*[129] durch Veröffentlichung einer lesefähigen Allgemeinheit zugänglich machen, dann ist damit die eine Aufgabe dieser Schriften, durch den direkten Appell an die Bauern auf deren Denken und Handeln einzuwirken, um eine andere, wichtigere erweitert: einer breiteren Leserschaft, die sich entweder nicht mit den bäuerlichen Forderungen und deren Begründungen identifiziert oder aber ihnen neutral gegenübersteht, Argumente zu liefern, weshalb eine solche Identifikation weder ratsam noch nützlich noch legitim sei; sie dadurch aus dem Handlungszusammenhang und den von ihm ausgehenden Impulsen herauszunehmen, sie aus potentiellen Akteuren zu aktuellen Betrachtern zu machen.

Eine solche Rezeption der *Zwölf Artikel* hat sich allerdings schon weit entfernt von der Intention der Bauern, die kompetenten Legitimationsinstanzen der Zeit zu einem Urteil zu bewegen und nach Möglichkeit für die eigene Sache zu gewinnen. So wird, wie gerade an der Haltung Luthers evident wird, die Auseinandersetzung auf eine neue Ebene verlagert, indem zu der Auseinandersetzung zwischen den Betroffenen, d. h. in diesem Falle: zwischen den Bauern und den Herren, eine Auseinandersetzung *über* die Betroffenen und deren Verhalten hinzutritt.

7. Luther und der Bauernkrieg[130]

Da sich die Bauern durch die dezidierte Berufung auf die Schrift indirekt gerade auch auf ihn beriefen, hat sich Luther durch den Aufruf zur Stellungnahme in besonderer Weise angesprochen gefühlt. Denn Luther war es ja, der den Priester aus seiner alleinigen Mittlerrolle zwischen Gott und den Menschen verdrängt und durch die Konzeption eines allgemeinen Priestertums dem Laien ein neues Bewußtsein seiner selbst gegeben hatte. Luther war es, der den Einzelnen aufgefordert hatte, auf dem Grunde des wahren Wortes der Schrift sein Verhältnis zu Gott selbst und allein zu bestimmen. Bei Luther konnten die Bauern lesen oder hören: »vor gott sein wir alle prister durch den glauben[131]«, und: »darumb wollt ich ser gerne, das dis wort prister eben so gemeyn were als das man uns Christen heist. Denn es ist alles ein ding: prister, getauffte Christen.«[132]

Von Luther konnten die Bauern erfahren, daß Gott sich nur der Armen erbarmt, daß er seine Gnade nur verleiht »den hungrigen, durstigen, ledigen, armen, sunder und narren. Nicht siht er an die schonen wort und grosse werk der reichen, weißen, heyligen, dan do ist seine eer zu nicht worden, sundern allein das begirde und gebet der, die nihts haben.«[133] In Luthers Kirchenpostille von 1522 konnten die Bauern das »Evangelium des Stalles« vernehmen, konnten vernehmen, wie Christus gerade an den Hirten, den »arm leut auf dem felddt« seine Verheißung wahr gemacht hat: »Hier sind keine geleerten, keyne reichen, keine gewelltigen, denn solch volck nympt das Evangelium nit auf.«[134]

Freilich, Luther hatte diese Worte im Sinne seiner Zwei-Reiche-Lehre entschieden auf den geistlichen Bereich bezogen, zog nicht, wie die Bauern, daraus auch Konsequenzen für das Leben in der Welt. Darauf hat schon Thomas Zweifel in seiner interessanten Chronik aufmerksam gemacht, als er Luthers Lehre von der revolutionären Religion der Bauern abhob, die auf einem Mißverständnis sich aufbaue: »also kam das heilig evangelium und gottes wort in ain grossen ergerlichen und schedlichen missverstand, das vil der weltlichen haupter, gemainen adels und gemeinen volks solichs alles uff iren aigen nutz und vortail, auch gewaltig, tetlich, frevenlich, rauplich und mörtlich handlung und fürnemen zu ziehen und zu gebrauchen understanden. Also wann man predigt von christenlicher liebe des nechsten . [. . .] so wollte das gemain volk, es sollten alle dinge gemain, auch kain oberkeit [. . .] sein.«[135]

Und doch wird man diejenigen, die als Verteidiger Luthers immer wieder auf die klare und von Anfang an eindeutige

Dichotomie der Zwei-Reiche-Lehre hinweisen, daran erinnern dürfen, daß Luther selbst sich nicht immer konsequent an die Unvermischbarkeit der beiden Bereiche gehalten hat, daß er, vor allem in seiner frühen Zeit, Formulierungen gewagt hatte, die von den Bauern, zumal wenn sie nicht im gesamten Kontext einer Schrift rezipiert wurden, im Sinne ihrer Ansprüche mißverstanden werden konnten. In der Schrift *An den christlichen Adel Deutscher Nation* hatte er die Unabhängigkeit des Christen von weltlicher Autorität hervorgehoben: »Wir seyn in der tawff frey geworden und alleyn götlichem wort untertan. Warum soll uns ein mensch in seine wort gefangen nehmen?«[136]

In der Schrift von *Weltlicher Oberkeit wie weit man ihr gehorsam schuldig sei* heißt es: »under den christen soll und kan keyn oberkeit seyn sonder ist ein jeder zu gleich dem andern underthan.«[137]

Über die geistlichen und weltlichen Fürsten hatte er gesagt: »Dartzu keyn recht, trew noch warheit lassen bey inen funden werden und handeln das rewbern und buben zu vil wer.«[138] Und: »Du solt wissen das von anbegin der welt gar ein seltsam vogel ist umb ein klugen fursten. Sie sind gemeinlich die grosten narren oder die ergisten buben auff erden.«[139]

Über die Bischöfe und Äbte, die immerhin zu dieser Zeit auch noch weltliche Obrigkeiten repräsentierten und für den gemeinen Mann, der unter ihren weltlichen Auflagen und Frondiensten zu leiden hatte, sicherlich primär auch als solche angesehen wurden, hatte er sogar noch drastischere Töne gefunden: »Wider die tyrannen sol der glaub streitten [. . .] und solche alte unnutz fass yn ein hauffen stoßen. [. . .] Denn solche tyrannen muss man scharff und hart antasten, das die christliche freyheit ganz bleib.«[140] Und: »Die lugner, die verstockte tyrannen, magstu wol hart anstasten.«[141] Und: »Es were besser, das alle Bischoff ermordet, alle stifft und klöster außgewurzelt würden denn das eyne seele verterben solt. [. . .] Wann si aber nit hören wollen Gottes wort, was begegnet ynen billicher dann ein starcker auffruhr, der sie von der welt ausrotte? und des wer nu zu lachen, wo es geschehe.«[142] Oder: »Alle die da zu tun, leyb, gut und ehr dran setzen, das die bisthumb verstört und der bischof regiment vertilget werde, das sint liebe gottes kinder und rechte christen.«[143]

Aber auch die Fürsten hatte er mit harten Worten angefahren: »denn das solt yhr wissen, lieben herren, Gott schafft es also, das man nit kan, noch will, noch soll ewr wüterey die lenge dulden, ir müst anders werden und Gottes Wort weichen. Thut irs nit durch freuntliche willige weyse, so müst irs thun durch geweltige und verderbliche unweyse. Thuns dyse pawern nit, so müssens andere thon. Und ob ir sie alle schlagt, szo sint sie noch ungeschlagen. Gott wirt ander erwecken. denn er will euch schlagen und wird euch schlagen.«[144] 1522 hatte er in einer Schrift, in der er allerdings auch expressis verbis vor dem Aufruhr als Mittel einer Konfliktlösung warnte, einleitend den gemeinen Mann in seinem Unmut und Zorn nur bestärkt: »denn der gemeyn man, yn bewegung und vordriess seiner beschedigung an gut, leyb und seel erlitten, tzu hoch vorsucht und uber alle mass nymmer leydenn muge noch wolle, und datzu redliche ursach habe mit pflegeln und kolben dreyn zu schlagen, wie der Karsthans drawet!«[145]

Verständlich, daß der »gemeine man«, der nicht an theologische Differenzierungen gewöhnt und aufgrund seiner unmittelbaren Interessen auch nicht an ihnen interessiert war, viele Worte Luthers so verstanden hatte, wie er sie in seiner Lage verstehen mußte: als eine Hoffnung auf Verbesserung auch im weltlichen Bereich. Verständlich auch, daß er in Luther den sah, der auf seiner Seite stand und seine Ansprüche vertrat, zumal seitdem er seine Forderungen auf die Bibel, auf das »Göttliche Recht« zu gründen begann. Aber die *Zwölf Artikel,* mit denen sich die Bauern implizit auch auf Luther beriefen, trafen auf einen Reformator, der seine eigene revolutionäre Vergangenheit schon aus einiger Distanz sah, vor allem aber nicht zu erkennen vermochte, daß Argumente, mit denen er jetzt die Bauern zur Ordnung mahnte, streng genommen auch ihn ehedem daran gehindert hätten, seine Reformation gegen den Widerstand von Papst und Kaiser zu vertreten.[146]

Im Hinblick auf die bäuerliche Legitimationsproblematik war es nun nicht unwichtig, wie Luther sich verhielt; denn er galt in dieser Zeit als die entscheidende literarische Instanz in Deutschland, und zwar nicht nur durch seine eigene, breiteste publizistisch-literarische Wirkung; ein großer Teil der damals erscheinenden Schriften segelte in seinem Windschatten: »mit einer Vorrede von Dr. Martin Luther«, das war das Gütezeichen, das offenbar das Interesse eines Publikums und darüber hinaus breiten Absatz sicherte. Was Luther sagte, urteilte, entschied, war wichtig, nicht nur bei den gebildeten oder gehobenen Ständen, sondern, aus den genannten Gründen, vor allem auch beim »gemeinen Mann«.

Überblickt man die Schriften, mit denen Luther sich in das Bauernkrieg-Geschehen einschaltete – vom frühen *Brief an die Kurfürsten von Sachsen über den aufrührerischen Geist* über die *Ermahnung zum Frieden auf die 12 Artikel der Bauernschaft in Schwaben* und die Herausgabe des Weingartner Vertrages bis hin zur Kampfschrift *Wider die mörderischen Rotten der Bauern* und zu dem *Sendbrief vom harten Büchlein wider die Bauern,* so ist dreierlei im Hinblick auf die Legitimationsproblematik bemerkenswert:

– erstens die zunehmende Verschärfung der Parteinahme Luthers gegen die Bauern, die kaum zufällig dem wachsenden Widerstand und auch Erfolg der Herrenpartei parallel läuft[147];

– zweitens die starke Apologetik dieser Parteinahme, die einen starken Öffentlichkeitsdruck zu ihrer Voraussetzung gehabt haben muß: Luther mußte sich offenbar gegen die vielfältigen Stimmen, die ihm die Schuld an dem Aufruhr zusprachen, zur Wehr setzen, d. h. gegen Erasmus wie Fugger, gegen Eck wie Kurfürst Joachim von Brandenburg, gegen Jakob Reutlinger, Cochläus und viele andere mehr[148];

– drittens die Luthersche Argumentation selbst, die das entscheidende Zentralproblem des Bauernkrieges, die Frage nach der Legitimierbarkeit bäuerlicher Gewalt gegen die Obrigkeit, aufgreift und mit den literarischen Mitteln einer ungestümen Sprache, plastisch-scharfer Darstellung, leidenschaftlicher Beschwörung, oft rasender Polemik Wirkung auszuüben sucht, und zwar ganz konkrete reale politische Wirkung: die Schaffung von Ruhe und Ordnung im Konfliktfeld der Aufstände, indem er die – wie er meinte: vermessenen – Bauern zu dämpfen, die kleinmütigen Herren dagegen aufzubauen suchte. Mitte Mai 1525 schreibt er an den Schwager Johann Rühel, den Kanzler der Grafen von Mansfeld: »Denn ob gleich der Baurn noch mehr tausend wären, so sind es dennoch allzumal Räuber und Mörder, die das Schwert aus eigener Durst und Frevel nehmen und wollen Fürsten, Herrn und alles vertreiben, neu Ordnung machen in der Welt, deß sie von Gott weder Gebot, Macht, Recht noch Befehl haben, wie es Herrn itzt haben. Dazu sind sie treulos und meineidig an ihren Herrn. [. . .] [Ich bitte Euch], daß Ihr meinen gnädigen Herrn Graf Albrecht nicht helfet weich machen in dieser Sachen, sondern laßt gehen wie Sein Gnad hat angefangen, obwohl der Teufel darüber zorniger und wütger wird durch seine besessene Glieder; denn hie ist Gottes Wort, das nicht leuget, welches spricht Röm. 13 (v. 4): Er träget das Schwert nicht umbsonst etc., daß nie kein Zweifel ist, sein Grafenstand sei von Gott verordnet und befohlen, derhalben Sein Gnad desselbigen brauchen soll zur Strafe der Bösen, solange eine Ader sich reget im Leibe.«[149]

In der frühesten Schrift, der *Ermahnung zum Frieden auf die 12 Artikel der Bauernschaft,* hat Luther allerdings noch nach beiden Seiten hin Schläge ausgeteilt, hat auf der einen Seite die Herren mit harten Worten bezichtigt, an der desolaten Lage der Bauern schuld zu sein, und sie aufgerufen, notwendige Reformen durchzuführen; auf der andern Seite hat er die Bauern in ihre Schranken gewiesen und sie von ihrem Irrtum zu heilen versucht, daß das Evangelium auch die weltlichen Belange regele, wie ihnen allerlei »mordgeister und prediger« einzureden verstünden. Eine Empörung gegen die Obrigkeit lasse sich nicht im Namen Christi rechtfertigen: »Ja sprecht yhr, die oberkeyt ist zu bose vnd vnleydlich, Denn sie das Euangelion vns nicht lassen wollen, vnd drucken vns allzü hartt ynn zeytlicher güter beschwerung [vnd verderben vns also an leyb und seele], Antwort ich, Das die oberkeyt bose vnd vnrecht ist, entschuldigt keyn rotterey noch auffrur, Denn die boßheyt zu straffen, das gebürt nicht eym iglichen, sondern der welltlichen oberkeyt, die das schwerd füret.«[150] Die Bauern, so Luther, müssen nicht nur den guten, sondern auch den bösen Herren untertan sein. Das Recht des Christen ist das Leid, es gibt kein anderes. Gott allein kann durch die Aufhebung der Ursachen auch die Leiden beenden. Doch dem darf der Mensch nicht vorgreifen.[151] So sei z. B. die Forderung, den Zehnten nicht mehr abzugeben oder ihn für andere Zwecke zu gebrauchen, »eitel raub und öffentliche strauchdieberei«. Nicht anzuerkennen sei es auch, die Abschaffung der

Leibeigenschaft im Namen der christlichen Lehre zu fordern; denn das heiße, die wahre christliche Freiheit, die nicht von dieser Welt sei, ganz fleischlich, d. h. weltlich-irdisch machen: »Drumb ist dieser artickel stracks widder das Euangelion und reubisch. Damit eyn jeglicher seynen leyb, so eygen worden ist, seynem herren nympt, Denn eyn leybeygener kan wol Christen seyn und Christliche freyheyt haben, gleich wie eyn gefangener odder kranker Christen ist, und doch nicht frey ist. Es wil dieser artickel alle menschen gleich machen, und aus dem geystlichen reich Christs eyn welltlich eusserlich reich machen, wilchs unmuglich ist. Denn welltlich reich kan nicht stehen, wo nicht ungleichheit ist, ynn personen, das ettliche frey, ettliche gefangen, ettliche herrn, ettliche unterthan etc. Wie Paulus sagt Gal. 5. Daß ynn Christo, herr und knecht eyn ding sey.«[152]

Luthers Argumentation, die auf der alten mittelalterlichen Ständeordnung, d. h. auf der Stabilität und Immobilität festgefügter Standeszuweisungen beruht[153], läßt allerdings einige Fragen offen. Sie steht und fällt mit der Voraussetzung, daß, wie die Bibel sagt, einerseits die Obrigkeit von Gott eingesetzt ist und das Schwert nicht umsonst trägt, anderseits eine scharfe, wiederum durch die Bibel bestätigte, Trennung zwischen weltlichem und geistlichem Bereich besteht. D. h. Luther gründet seine Auffassung über den weltlichen Bereich, was auch aus seiner Zurückweisung der Forderung nach Abschaffung der Leibeigenschaft zu erkennen ist, durchaus auf Worte der Schrift.[154] Eben dieses Recht aber bestreitet er den Bauern. Zum anderen schätzt Luther, darin von nicht eben geringer politischer Uneinsichtigkeit, die realen Machtverhältnisse falsch ein, indem er bei den Herren eine Verhandlungsbereitschaft voraussetzt, die diese im Verlauf dieses Krieges nur dann gezeigt haben, wenn sie, wie im Falle des Weingartner Vertrages, gegen eine Übermacht von Bauern Zeit zu gewinnen suchten, der Vorteil also eindeutig auf ihrer Seite lag.[155] Schließlich hat sich Luther nicht die Frage gestellt, wie sich denn in seiner Konzeption überhaupt politisches Handeln konstituieren kann: wenn nämlich nur die eine Seite zum Handeln befugt ist, der anderen Seite aber lediglich das Recht auf Leiden zugestanden wird. Hatte er nicht selbst die Bulle des Papstes öffentlich verbrannt und zur Rebellion gegen die Kirche aufgerufen? Weshalb hatte er seine Leidensthese nicht auf sich selbst angewendet?

Der amerikanische Historiker Hajo Holborn hat daher Luthers Haltung mit einigem Recht als inkonsequent beschrieben: »Es ist peinlich, in Luther kein Verständnis für die Folgen seiner eigenen Handlungen und Worte zu finden. Freilich hatte er es immer abgelehnt, die Wiederherstellung des Evangeliums in einen weltlichen Krieg ausmünden zu lassen, aber sein Gehorsam gegenüber den eingesetzten Autoritäten war nicht einer von Herz und Mund gewesen. Die Vernichtung der alten Kirche, ihrer Lehre und ihres Rechts, auf dem ein wesentlicher Teil allen öffentlichen Rechts basierte, mußte notwendigerweise den ganzen Gesellschaftsbau aus den Fugen heben. Auch konnte Luthers wilde Sprache, die er Päpsten, Bischöfen und Priestern gegenüber angewendet hatte, nicht einfach mit Stillschweigen übergangen werden. Luther war nicht gewillt, zuzugeben, daß seine zornigen Worte dazu angetan waren, in jedem Winkel der Gesellschaft einen verzerrten Widerhall zu finden.«[156]

Alles dies wollte Luther zur Zeit des Bauernkrieges nicht mehr wahrhaben.[157] Tatsächlich war schon die *Ermahnung* dem objektiven Effekt nach, den Luther zu erreichen suchte, eindeutig gegen die Bauern gerichtet. Denn was besagten seine hilflosen Appelle an die Fürsten gegenüber der Heftigkeit, mit der er darauf drang, daß dem weltlichen Regiment absoluter Gehorsam zu leisten sei?

Freilich, die Ereignisse konnten nicht mehr im Sinne dieser *Ermahnung* aufgehalten werden. Müde der langen resultatlosen Verhandlungen, in deren zeitlichem Verlauf sich der Grad der Unannehmbarkeit der Gegenforderungen von Fürsten und Herren mit dem Grade ihrer in aller Eile und Heimlichkeit betriebenen Kriegsvorbereitungen erhöhte, hatten sich die Gemäßigten den radikaler drängenden Bauern schließlich beugen müssen.

Waren zunächst vom Schwäbischen Bund nur Einwände gegen die von den Bauern benannten Schiedsrichter gemacht worden, so hatte man schließlich sogar die völlige Unterwerfung gefordert und die alsbaldige Zerstreuung der mühevoll formierten und so schwer wieder zu formierenden Bauernfront.[158] Darauf konnten sich die Bauern in der Tat nicht einlassen. Da ihnen vom Schwäbischen Bund keine Zugeständnisse gemacht wurden und keinerlei Entgegenkommen gezeigt worden war, trat die Auseinandersetzung mit einer gewissen Folgerichtigkeit in das Stadium der offenen Gewaltanwendung, wobei diese Gewaltanwendung während des gesamten Bauernkrieges im wesentlichen auf Gewalt gegen Sachen[159] – die Einäscherung von Schlössern und festen Verteidigungsplätzen der Herrenpartei – beschränkt blieb. Die Appellation der Bauern an die Vernunft im Namen des göttlichen Rechtes hatte jedenfalls zu nichts geführt; die Führer, die zu friedlichen Verhandlungen geraten hatten, wußten keine Erfolge vorzuweisen.

Diese Entwicklung ist mitzudenken, wenn man den sogenannten *Artikelbrief*[160] verstehen will, der Anfang April in Oberdeutschland entsteht und eines der radikalsten Programme präsentiert, das auf der Seite der Bauern überhaupt formuliert worden ist. Im Vergleich mit den *Zwölf Artikeln* fällt auf, daß er keine Einzelforderungen, keine Einzelartikel enthält, sondern sehr summarisch von »grossen beschwerden« spricht, die »dem armen man in stetten und uf dem lande« entstanden seien; gegenüber den *Zwölf Artikeln* ergibt sich hier also eine Steigerung der Reichweite; nicht nur von Bauern ist die Rede, sondern auch von den Städten, die auf diese Weise offenbar für die Partei der Bauern gewonnen werden sollten. Dementsprechend ist auch die Zielsetzung erweitert; hier geht es nicht mehr wie in den *Zwölf Artikeln* um Reformen im Rahmen der bestehenden Ordnung, sondern um einschneidende Veränderungen. Mit der Forderung, die Herrschaft an das Volk übergehen zu lassen, und durchzusetzen, was im Rahmen des *Artikelbriefes* der »gemeine nutzen« genannt wird, also das Allgemeinwohl und nicht mehr den Eigennutz einer kleinen feudalen Schicht zum Leitprinzip gesellschaftlicher Ordnung zu machen, formuliert der *Artikelbrief* Auffassungen, wie sie bereits vorher Müntzer in seinen Schriften expliziert hatte.

Im Unterschied zu den *Zwölf Artikeln* wird auch weitgehend auf eine biblische Begründung verzichtet, wird von Anfang an mit der sozialen Lage der Bauern argumentiert, ohne Umweg über das »göttliche Recht«. Neben der entscheidenden und sehr apodiktisch formulierten Androhung gegen Schlösser, Klöster und Pfaffenstifte wird auch zum ersten Mal der energische Versuch unternommen, so etwas wie eine allgemeine Solidarisierung der Bauern einfach zu erzwingen, und zwar durch harte Bannsprüche, unter die alle fallen sollen, die sich der Christlichen Vereinigung der Bauern nicht anschließen bzw. im Rahmen der Christlichen Vereinigung nicht den Geboten und Verboten gemäß verhalten. Wir wissen aus einem Bericht, wie die Vereinigung bei der Durchsetzung solcher Bestimmungen vorging: zum Zeichen des Ausschlusses aus der Vereinigung wurde dem, der sich entzog oder ausgeschlossen wurde, alter Sitte gemäß ein Pfahl vor die Tür geschlagen, zum Zeichen daß er jeden Anteil an den Gemeinderechten verloren hatte.[161]

Der *Artikelbrief* ist freilich nur sehr kurz; er läßt dennoch die zugrunde liegende Intention des Ganzen deutlich erkennen: er zielt auf die Umkehrung der bestehenden Gesellschaftsordnung, das heißt die Herstellung einer Gemeinschaft freier und gleicher Individuen, einander im Bewußtsein des gemeinsamen Interesses am allgemeinen Nutzen verbunden. Die Forderungen, die hier erhoben werden, sind klar und ohne Umschweife präzisiert. Der gesamte Ton der Schrift ist entschieden und hebt sich scharf von dem geradezu demütigen Tenor der *Zwölf Artikel* ab.

Gerade an der Entwicklung, die zum *Artikelbrief* führte, an der Veränderung des politischen Klimas, das er signalisiert[162], zeigt sich die Fixiertheit Luthers, der in seiner *Ermahnung*, fest auf dem Boden der traditionellen Ständehierarchie und Rangordnung, allen Ernstes den folgenden Vorschlag zur Güte machte und dabei verkannte, daß es diesen Bauern nicht um einen Akt der Gnade ging, sondern um die Einklagung dessen, was sie als ihr Recht, noch dazu biblisch legitimiertes Recht, betrachteten[163]: »Darumb were meyn trewer rad, das man aus dem adel ettliche graffen und herrn, aus den stedten ettliche radsherrn erwelete, und die sachen liesse freundlicher weyse handeln und stillen, Das Yhr Herren ewrn steyffen mut herunter liesset, welchen yhr doch musset zu letzt lassen, yhr wollet odder wollet nicht, und wichet eyn wenig von eur tyranney und unterdruckunge, das der arme man auch lufft und raum gewünne zu leben, Widderumb die bauren sich auch weysen liessen, und ettlich artickel, die zu viel und zu hoch greyffen, uber geben und faren liessen. Auff das also die sache, ob sie nicht mag ynn Christlicher weiße gehandelt werden, das sie doch nach menschlichen rechten und verträgen, gestillet werde.«[164]

Man könnte Luthers Einschätzung der Lage als die unpolitische Naivität eines Geistlichen interpretieren, wenn nicht schon die von ihm angeratene Zusammensetzung der Kommission, die ein Eingehen auf die bäuerlichen Forderungen von vornherein ausschloß, völlig auf der Linie seiner grundsätzlichen Rechtfertigung der bestehenden Herrschaftsordnung gelegen hätte, wenn nicht also auch hier für ihn ganz offensichtlich ständehierarchische Gesichtspunkte eine entscheidende Rolle gespielt hätten. Das gilt auch von seinem Nachdruck des Weingartner Vertrages, mit dem er die Hoffnung verband, dadurch könne auch für andere Bauernhaufen ein Zeichen gesetzt werden.[165]

Es stellte sich schon bald heraus, wie falsch Luther die Lage beurteilte, als er von einer Verhandlungsbereitschaft der Herrenpartei ausging; denn das von Luther begrüßte Übereinkommen hatten die Herren nicht ausgehandelt, um es zu halten, sondern um angesichts der bedrohlichen Übermacht der Bauern zunächst einmal Zeit zu gewinnen, die Bauern zu zerstreuen und so die alte Herrschaft wieder mühelos zu restituieren. Luther sah nicht, daß die politischen Würfel gefallen waren. Er maß die Aktionen der Bauern immer noch nicht an der Aussichtslosigkeit ihrer Lage, sondern versprach sich von ihrem Wohlverhalten Besserungen der Situation, die die Herren den Bauern auch dann nicht konzediert hätten, wenn diese in letzter Minute stillgehalten hätten.

Es liegt daher offen zutage, daß Luthers Versuch, literarische Mittel einzusetzen mit dem Ziel, den Aufstand niederzuhalten und die Aufständischen zu besänftigen, gar nicht den Erfolg hätte zeitigen können, den er sich davon versprach. Tatsächlich erzielte er einen gegenteiligen Effekt: da das literarische Kommunikationssystem noch zu schwerfällig war, um in der gebotenen Schnelligkeit die Mahnungen, Beschwichtigungen, Drohungen, die er für angemessen hielt, zu verbreiten, war die Situation, auf die Luther reagierte, immer schon vorbei, wenn die jeweilige Schrift ihre Adressaten erreichte. Dadurch gewannen die Stellungnahmen eine völlig andere Funktion, als sie nach dem Willen ihres Urhebers haben sollten: zum einen verschärften sich auf seiten der Bauern, die immer schon weitergegangen waren, als die Schriften es jeweils voraussetzten, Zorn und Unwillen gegen den, auf den sie sich in ihrem Handeln letztlich berufen zu können meinten; zum anderen konnten die Schriften sehr gut dazu dienen, nachträglich dem entschlossenen Vorgehen der Herrenpartei gegen die Bauern eine Rechtfertigung zu gegen, und zwar um so mehr, je stärker gegen Ende des Bauernkrieges die Gewaltsamkeit und blutige Rachsucht der feudalen Bauern-Gegner anwuchsen.

Schon in seinem Brief *Vom Aufrührerischen Geist* hatte Luther dem Kurfürsten geraten, die Grenze zwischen der Duldung abweichender, sektiererischer Auffassungen und der Aufforderung und Anwendung von Gewalt strikt zu beachten und gegen letztere mit einer durch die »ordentliche gewalt« des Fürsten gebotenen Schärfe vorzugehen: »Itzt sey das die summa, gnedigisten herrn, das E. F. G. soll nicht weren dem ampt des worts. Man lasse sie nur getrost und frisch predigen, was sie können, und widder wen sie wöllen. Denn, wie ich gesagt habe, Es müssen secten seyn, und das wort Gottes mus zu felde ligen und kempffen, daher auch die Evangelisten heyssen heerscharen, Psal. 67., und Christus eyn heerkönig ynn den Propheten. Ist yhr geyst recht, so wird er sich fur uns nicht furchten und wol bleyben. Ist unser recht, so wird er sich fur yhn auch nicht noch fur yemand fürchten. Man lasse die geyster auff eynander platzen und treffen. Werden ettlich ynn des verfüret, Wolan, so gehets nach rechtem kriegs laufft. Wo eyn streyt und schlacht ist, da müssen ettlich fallen und wund werden. Wer aber redlich ficht, wird gekrönet werden. Wo sie aber wöllen mehr thun denn mit dem wort fechten, wöllen auch brechen und schlahen mit der faust, da sollen E. F. G. zu greyffen, Es seyen wyr odder sie, und stracks das land verbotten und gesagt: ›Wyr wöllen gerne leyden und zusehen, das yhr mit dem Wort fechtet, das die rechte lere bewerd werde, Aber die faust halltet stille, denn das ist unser ampt, odder hebt euch zum lande aus.‹«[166] Schon im Sinne dieser Auffassung war es konsequent, daß Luther zum scharfen Eingreifen riet, als die Bauern zu offener Gewalt übergegangen waren. Hinzu kam aber noch ein persönlicher Grund.

Auf einer Reise durch Thüringen war er bei einem Versuch, gegen den Aufstand zu predigen und predigend die Aufständischen von ihrem Handeln abzubringen, verhöhnt und bedroht worden. Als er in Nordhausen sprach, läutete man aus Protest die Sturmglocke, und man hätte ihn, den ehemaligen Freund des Volkes, beinahe erschlagen.[167] Der Grad seiner Betroffenheit vermag immerhin verständlich zu machen, allerdings nicht zu rechtfertigen, daß er, noch ganz unter dem Eindruck dieser Ereignisse, eine Kampfansage an die Bauern schrieb, die so scharf und unerbittlich ausfiel, daß der bekannte amerikanische Psychologe Erik Erikson in seinem Buch *Der Junge Mann Luther* darüber sagen konnte: »Seine Worte könnten die Tore heutiger Polizeizentralen und Konzentrationslager zieren.«[168]

Luther schleuderte den Bauern zwar im wesentlichen die alten Anklagen entgegen: sie brechen den der Obrigkeit geleisteten Treu- und Gehorsamseid; sie plündern und brennen; sie decken überdies solchen Aufruhr noch mit dem Evangelium. Aber jetzt leitet er aus diesen Anklagen ab, daß jede Maßnahme gegen sie zu billigen sei, gleich welcher Härte, gleich welcher Grausamkeit und gleich von wem: »über eynen öffentlichen auffrürigen ist eyn iglicher mensch beyde ober richter und scharffrichter, gleich als wenn eyn feur angehet, wer am ersten kan leschen, der ist Der best, denn auffrur ist nicht eyn schlechter mord, sondern wie eyn gros feur, das eyn land anzündet und verwustet, also bringt auffrur mit sich eyn land vol mords, blutvergissen und macht widwen und weysen und verstoret alles, wie das allergrossest ungluck«[169]; jetzt sei daher jede Form der Selbstjustiz gerechtfertigt: »Drumb sol hie zuschmeyssen, wurgen und stechen heymlich odder offentlich, wer da kan, und gedencken, das nicht gifftigers, schedlichers, teuffelischers seyn kan, denn eyn auffrurischer mensch, gleich als wenn man eynen tollen hund todschlahen mus, schlegstu nicht, so schlegt er dich und eyn gantz land mit dyr.«[170]

Wie abstrakt Luther den ganzen Komplex »Aufruhr« und andererseits auch den Bereich der »Obrigkeit« in seine Beurteilung der Situation einsetzte, davon geben solche Ungeheuerlichkeiten einen krassen Eindruck. Gerade er, der davon ausging, daß der Mensch böse sei von Jugend an, hätte sich fragen müssen, ob das Wenige, was er von den Aufständen wußte, tatsächlich einen solchen Mordaufruf, der jegliche

Formen sadistischen Verhaltens der Herrenpartei a priori sanktionierte, rechtfertigen konnte. Überdies war es, bei seiner sonstigen scharfen Trennung von weltlichem und geistlichem Bereich, völlig inkonsequent, denen, die auf seiten der Herrenpartei fielen, pauschal und von vornherein die Märtyrerkrone zuzuerkennen, gleichviel wie sie sich verhalten hatten; und ebenso falsch war es im Sinne der lutherschen Distinktion, der Forderung nach schnellem und brutalem Zuschlagen durch die Wahl einer geistlichen Metaphorik noch eine besondere religiöse Weihe zu geben und die Kämpfenden zu ermahnen, sich der Bauern zu »erbarmen«, was im Klartext hieß, man solle die armen Leute noch rechtzeitig erschlagen, bevor sie sich durch ihre Tätlichkeiten die ewige Verdammnis erwürben: »Drumb, lieben herren, loset hie[171], rettet hie, helfft hie, Erbarmet euch der armen leute, Steche, schlahe, würge hie, wer da kan, bleybstu drüber tod, wol dyr, seliglichern tod kanstu nymer mehr uberkomen, Denn du stirbst ynn gehorsam göttlichs worts und befehls Ro. am 13. und ym dienst der liebe, deynen nehisten zu retten aus der hellen und teuffels banden.«[172]

Die Schrift Luthers erreichte die literarische Öffentlichkeit zu einer Zeit, als die Kunde vom blutigen Sieg der Fürstenheere über die Bauern bei Frankenhausen, Böblingen und Zabern sich verbreitete. Doch bevor Luthers Schrift bekannt war, hatte sich schon gezeigt, daß es ihrer gar nicht bedurft hätte. Sie war durch die Wirklichkeit bereits überholt, wenn nicht gar übertroffen; denn alle Augenzeugen stimmen darin überein, daß in diesen Schlachten mit unvorstellbarer Wut und Brutalität unter den Bauern gemordet wurde. In seinem Bauernkrieg-Buch gibt Günter Franz einen anschaulichen Bericht von der Schlacht bei Frankenhausen: »Unmittelbar darauf trafen die ersten Schüsse der fürstlichen Geschütze die Wagenburg der Bauern. Noch vertrauten sie Müntzers Wort, daß die Kugeln der Fürsten ihnen nichts anhaben könnten. Noch standen sie im Gesang des Müntzerschen Pfingsthymnus ›Komm heiliger Geist, Herre Gott‹ zusammen. Mit den ersten Treffern zerbrach die Täuschung. In wüster Flucht eilte alles den Berg hinab, den rettenden Mauern der Stadt zu. Ihnen nach Reiter und Fußvolk, alles niederstechend, was sie antrafen. Nur ganz vereinzelt setzten sich kleine Gruppen zur

Wehr. Vergeblich. Zugleich mit den Fliehenden drangen die Truppen in die Stadt ein. In den engen Gäßchen setzte sich das Morden fort, bis die Fürsten Einhalt geboten.«[173] Womit sie sich allerdings nicht sehr beeilt haben können, denn 5000 Bauern wurden erschlagen und nur 600 gefangen. Wenige werden sich durch die Flucht gerettet haben. Noch heute heißt ein Tal, das vom Schlachtberg herab zur Stadt führt, die Blutrinne. Die fürstlichen Truppen hatten ganze sechs Tote zu beklagen.

Luthers Schrift hat im Kontext dieser Ereignisse in Deutschland eine ungeheure Empörung ausgelöst, zumal die apologetische Funktion offensichtlich war. Cochläus, sein alter Gegner im katholischen Lager, bringt die Vorwürfe dieser Seite ironischerweise auf ihren Begriff: »das aber der gemeyn man allenthalben in hohen Teutschlandt, ausgenomen Beiern und Österreich, also tobt und aufrürig ist, das kumpt eygentlich aus deinem falschen und aufrürischen Evangelio. [...] Ir habt dem armen volk so lang und so hefftig furgepredigt und furgeschryben felschlich von Gots Wort und Christlicher Freiheit, bys das ihr gar tobend und unsinnich gemacht habt. [...] Nun, so die armen und unseligen bauern die schantz verloren haben, kerstu dich um zu den fürsten. Aber im vorigen buchlein, da gute hoffnung auf der bauern seyten war, hastu vil anders geschrieben.«[174] Ebenso urteilt, um nur zwei Stimmen aus der Vielzahl möglicher Äußerungen zu zitieren, der lothringische Sekretär Nikolaus Vollcyr de Feronville, der als Augenzeuge die Schlacht von Zabern miterlebt hat: »Und das Gemetzel war so furchtbar, daß das Blut, untermischt mit Regenwasser, in starken Bächen und Strömen über die Dorfgassen rann, was einen schrecklichen Anblick bot, besonders angesichts des Umstandes, daß wegen des Ehrgeizes und der Fleischeslust eines elenden Menschen [d. h. Luthers = Zusatz des Verfassers] soviel Unheil unaufhörlich über die Welt kommt. Und damit man ihn für ehrenwert halte, schreibt der abscheuliche und niederträchtige Ketzer einige Traktate, in denen er den Adel gegen die Aufrüher anstachelt, damit das arme Volk (das seine falschen und verdammungswürdigen Wünsche verfolgt) umgebracht und gänzlich ausgerottet werde.«[175]

So urteilten die Gegner; aber es gibt zu denken, daß selbst

die Parteigänger sich von Luther distanzierten, so z. B. der Zwickauer Bürgermeister Hermann Mühlpfort, der am 4. Juni in einem Brief an den Wittenberger Magister Stefan Roth in so ergriffenen wie ergreifenden Worten die Wirkung der Lutherschen Schriften beklagt: »Doctor Martinus ist pei dem gemeinen Volk und auch pei Gelarten und Ungelarten in großen Abfall[176], achten sein Schreiben vor sehr unbestendik. Bin auch deshalben am grosten geursacht, euch zu schreiben. Dan der Pastor und di Prediger seint seiner Puchlein, di itzunder ausgegangen, etwas mit Verwunderung entsatzt, dan offentlich eins wider das ander ist. [...] wer will nuhn aus den Steten und Dorfern der Gemein ir Nottdorft anzeigen und antragen, welcher wirt den starken Geist haben, sich nicht zu entsetzen. Wer di Nottdorft sagen und vortragen wirt, der wirt vor ein Ufrurischer geacht werden, wirt iderman aus Forcht der Tyrannen schweigen mussen, und werden sagen, man redt wider di Oberkeit. Dergleichen weis ich bereit, das an etzlichen Orten mehr dan zuvor der Armut ufgelegt, und sagen unvorhulen: Du pist mirs schuldig; tustus nicht, so pistu wider mich, als der dein Her ist und Oberkeit uber dich hat. Sagt man dann, man soll es clagen den Fursten, jha, das ich pillich nimantz soll sein Richter sein. Wehr will aber der Sachen ein End erwarten. Ich weis woll Sachen, di vor 40 Jahren geclagt sein. Was ist erlangt worden anders dan Muhe, Sorg, Arbeit und das Gelt verzeert. [...] Man sehe, wi etzlich vom Adel di armen Leut itzunder, wan si di armen Pauern ersehen, erschlagen, erstechen, erschißen, das heist man tun. Nuhn glaub ich, Doctor Martinus hat der vill Ursach und ist zu straffen alle Ufrurer, ane das wurd es ubel zujhen.[176a] Aber wan di eigennutzigen Geitzigen nachlißen ein wenig den Armen, so wurd diß alls underlaßen. Die Hoffart und Pracht will mit Gewalt mit dem Blut der Armen erhalden werden.«[177]

Selbst Luthers Schwager, als Rechtsgelehrter Rat im Dienste des Müntzer-feindlichen Grafen von Mansfeld, wirft dem Reformator Heuchelei und Opportunismus vor und macht in seinem Briefe deutlich, wie die fatale Wirkung der Lutherschen Stellungnahmen eingeschätzt wurde und welche Schwächung seines Ansehens deren Folge war: »Es sey wie ihm wolle, so ist es doch vielen euren günstigen seltsam, das von euch das würgen ohn barmherzigkeit den Tyrannen und das sie darauß Märtyrer werden können, zugelaßen, und wird offenlich zu Leipzigk gesagt, dieweil der Churfurst gestorben, ihr fürchtet der haut und heuchelt Herzog Georgen mit dem, daß ihr seyn fürnehmen billiget, ihr fürchtet der haut . . .«[178]

Aber Luther hat dem Schwager in selbstsicherem Trotz geantwortet und in seiner Rechtfertigungsschrift *Ein Sendbrief von dem harten Büchlein wider die Bauern* den Spieß umgedreht, seine Kritiker verdächtigt, selber in ihren Herzen aufrührerisch zu sein, und im übrigen seine Frontstellung eher noch versteift: »Dunckt sie solch antwort zu hart und geben fur, es sey mit gewallt geredt und das maul gestopfft, Sage ich, das ist recht, denn eyn auffrurischer ist nicht werd, das man yhm mit vernunfft antworte, denn er nympts nicht an, Mit der faust mus man solchen Meulern antworten, das der schweys zur nasen ausgehe. Die baurn wollten auch nicht hören, liesen yhn gar nicht sagen, da must man yhn die ohren auffkneüffeln mit buchsen steynen, das die köpffe ynn der lufft sprungen, zu solchen schulern gehört eyne solche rute. Wer Gotts wort nicht will hören mit güte, der mus den hencker hören mit der scherpffe. Sagt man, ich sey gar ungutig und unbarmhertzig hierynn, Antworte ich, Barmhertzig hyn, barmhertzig her, Wyr reden itzt von Gottes wort, der will den könig geehret und die auffrurischen verderbt haben und ist doch wol so barmhertzig als wyr sind.«[179]

Diese leidenschaftliche Verdammung jeglichen Aufruhrs und die genauso vehemente Verteidigung der gottgegebenen Herrschaft, die im Ton wie in der Brutalität ihrer inhaltlichen Aussage weit über das hinausschoß, was durch die Konsequenz der lutherschen Zwei-Reiche-Lehre immerhin noch zu erklären wäre, ließen in ihrem apologetischen Eifer völlig außer acht, daß die Bauern in der Tat zunächst an die Vernunft appelliert hatten, daß sie respektvoll, fast unterwürfig, mit ihren Forderungen an die Herren herangetreten und nicht von Anfang an Aufrührer gewesen waren. Luther übersah völlig, daß dieser Aufstand in der Tat seine lange Geschichte hatte und die mangelnde Kompromiß-, ja schon Verhandlungsbereitschaft der Herrenpartei die Entwicklung zum Schlimmeren entscheidend gefördert, wenn nicht überhaupt ausgelöst und vorangetrieben hatte.

Die Unempfindlichkeit Luthers resultierte aus einer verhängnisvollen Formalisierung von Gewalt, aus einer für die Geschichte der Folgezeit überaus verhängnisvollen grundsätzlichen Anerkennung der Autorität bestehender Herrschaft. Das Autoritätssystem, in das die Menschen hineingeboren werden, wird für ihn »zu einer ewigen, von Gott gesetzten, wird zur zweiten Natur, gegen die es keine Berufung gibt«.[180] Im Namen einer wahren christlichen Freiheit, die nicht von dieser Welt ist und sein kann, wird den um Freiheit im irdischen Bereich kämpfenden Bauern abverlangt, ihre irdische Unfreiheit als eine von Gott verordnete endgültige Lebensform zu bejahen, die einmal gegebenen weltlichen Herrschafts- und Machtverhältnisse als von Gott verfügte und daher auch nur von Gott wieder zu beseitigende zu akzeptieren.

Wie unerbittlich Luther die Unterwerfung unter das Faktische, das er als Gottes Fügung grundsätzlich sanktionierte, forderte, und wie formal er im Namen seiner Zwei-Reiche-Lehre bereit war, die weltlichen Eigentums- und Machtverhältnisse prinzipiell anzuerkennen, erhellt aus einer bemerkenswerten Textstelle, an der er sogar Christen, die in die Hände der Türken gefallen waren, aufforderte, ihren neuen Herren willig zu dienen und nicht an Flucht zu denken: »Du mußt denken, daß du deine Freiheit verloren hast und eigen geworden bist, daraus du dich selbst ohne Wollen und Wissen deines Herren nicht ohne Sünde und Ungehorsam wirken kannst. [. . .] Denn du raubst und stiehlst damit deinem Herrn deinen Leib, welchen er gekauft hat oder sonst zu sich gebracht, daß er forthin nicht dein sondern sein Gut ist, wie ein Vieh oder andere seine Habe.«[181]

Daß im Rahmen einer solchen Auffassung die Durchbrechung einer gottgewollten Ordnung zur schlimmsten aller Sünden erklärt werden muß, liegt auf der Hand, und Luther hat es mit der ihm eigenen Deutlichkeit auch ausgesprochen.[182] Während andere Sünden wie Totschlag, Unkeuschheit, Stehlen oder Betrügen immer nur den Verstoß gegen Einzelnes betreffen und nicht die Rechtsordnung der Strafe unterminieren, greife der Aufruhr das gesamte Ordnungssystem an, stelle es in seinen Grundfesten in Frage. Eben dies zu verhindern, sei die Obrigkeit von Gott eingesetzt, und dies mit um so mehr

Notwendigkeit, als das gemeine Volk keinerlei Einsicht in die fragilen Strukturen des rechtlich-politischen Ordnungsgefüges besitze und es gegen seine eigene anarchische Vernunftlosigkeit in Schutz genommen werden müsse: »der Esel will Schläge haben, und der Pöbel will mit Gewalt regiert sein; das wußte Gott wohl. Deshalb gab er der Obrigkeit nicht einen Fuchsschwanz sondern ein Schwert in die Hand«.[183]

Schon in seiner *Ermahnung* hatte Luther Zweifel an der Ernsthaftigkeit der christlichen Legitimation des Bauernprogramms angemeldet. Möglicherweise, so meinte er schon damals, »ist aber solchs nur zur farbe und schein von ihnen erboten, als ohne zweifel wohl etliche der art unter ihnen sind, denn es ist nicht möglich, daß so großer haufe allesamt rechte Christen seien und gute meinung haben.«[184] Später hat er immer wieder und immer deutlicher vom »Herrn Omnes«, vom »pöfel« und seinem Aufstand gesprochen und die Bauern mit Worten in die Schranken gewiesen, die die jahrhundertelange Verachtung für diesen Stand wiederholen, ohne auch nur einen Augenblick wahrzunehmen, daß eben diese Verachtung, Demütigung und permanente Rechtlosigkeit eine der Wurzeln des Aufstandes waren: »Der weise man saget: Cibus, onus et virga asino, in einen Bauern gehört Haberstroh. Sie hören nicht das Wort und sind unsinnig, so müssen sie die [...] büchsen hören, und geschieht ihnen recht. Bitten wollen wir für sie, daß sie gehorchen; wo nicht, gilts hier nicht viel Erbarmens; lasse nur die Büchsen unter sie sausen, sie machen's sonst tausendmal ärger.«[185]

Die entscheidende Defizienz dieser Lehre lag darin, daß Luther nicht unterschied zwischen der Frage nach der grundsätzlichen Notwendigkeit einer politisch-rechtlichen Ordnung einerseits und der Anerkennung des jeweils vorgegebenen konkreten Herrschaftsgefüges andererseits, und daß er in der Konsequenz einer Gleichsetzung von beidem das noch im Mittelalter existierende Widerstandsrecht gegenüber der herrschenden Macht nahezu völlig aufgab.[185a]

8. Auseinandersetzungen mit Luther

Daß bei gleichzeitiger Bejahung von Obrigkeit eine durchaus andere Position eingenommen werden konnte, zeigt eine

Flugschrift, die zu den interessantesten des Bauernkriegs überhaupt gehört, weil sie sich, auf der Basis einer vehementen Luther-Kritik, mit dem Problem der Gewalt auseinandersetzte und, darin unique, im Sinne der Bauern votierte: *An die Versammlung gemeiner Bauernschaft.*[186] Der anonyme Verfasser spricht der Gemeinde das Recht zu, eine Obrigkeit auch abzusetzen, wenn diese sich als Feind der Landschaft erweist. Er begründet diese Auffassung aus biblischen Zusammenhängen, indem er, in allerschärfstem Kontrast zu Luther, von der Voraussetzung ausgeht: »Die politica gebotte sind auch divina, die den gemeinsamen nutz treulich fördern.«[187] Selbst Papst- und Kaisertum seien keine angeborenen Ämter, die, so zeige die Geschichte, wieder beseitigt werden können. Und, so fährt der Verfasser fort, »sihe das sint dennoch die höchsten oberkeit. [. . .] Ob aber sie sagten solch entsetzung der gewelltigen stünde den kaisern zu und nit iren untertanen. Es sint aber blau enten. Wie wenn kayser und küning auch unnütz weren? Sint niht inn menschlicher gedechtnus küning und kaiser auch vertriben worden von iren untertanen?«[188]

Allgemeine Erhebung, so zeigt die Schrift, ist gerechtfertigt, wenn die Obrigkeit gegen Gottes klare, in der Bibel niedergelegte Anweisungen verstößt, wenn sie ein christliches und demzufolge auch ein politisch richtiges Leben nicht zu garantieren vermag. Alles hänge daher ab von der Frage, ob die Aufständischen nur ihren eigenen fleischlichen Begierden und Gelüsten folgen, oder ob sie, wie Christus im Tempel die falschen Wechsler und Händler, die falsche Regierung hinwegfegen wollen. Daß es sich in seiner Gegenwart um falsche Regierungen handelt, davon ist der Verfasser überzeugt: »Got mag in seiner gerechtigkait diß grewlich babilonisch gefencknuß nit gedulden, daß wir armen also söllent vertriben sein, ire wysen ab zumäyen und zu heuwen, die äcker zu pawen, den flachß darein zu sehen, wider herauß rauffen, raffeln, rößlen, wechsen, prechen und spinnen, ja die prüch an den arsch etc., auch erbsal klawben, moren und spargen zubrechen. Hilff Got, wo ist doch des jamers ye erhört worden, sy schetzent und reyssent den armen das margk auß den paynen, und das müssen wir verzinßen. [. . .] darzu müssen wir armen inen stewren, zinsen und gült geben, und solt der arm nicht destermynder weder prot, saltz, noch schmaltz dahaymen haben, mitsampt iren weybern und klaynen unerzognen kyndern.«[189]

Hat der Verfasser so die Berechtigung des Aufstandes begründet, so kann er die Konsequenz ziehen: die eigentlichen Aufrührer sind die, die gegen Gottes Gebote verstoßen, die Obrigkeiten. Sie müssen daher bekämpft werden; um sie zu bekämpfen ist Solidarität notwendig: »Wöllent aber ewer herren ye herren seyn, und grossen mutwillen mit euch armen treyben, wider die yetzt obgeschriben gotlichen juristrey, so volgent dem Salomon unnd springen dapffer zusamen. Bewapent euch mit dem gemüt der künen ochsen und stieren, die sich so trewlich zusamen setzen in aynen ring und die hörner herfür, nit in maynung sich zu empören, sonnder allain sich zu beschirmen vor den einreissenden wolffen. Fürwar rausschet ein wolff under sy, ungeripstosset kumpt er nit darvon, ja käm er mit dem leben darvon. Also ir lieben brüder nit empörent euch selbs mit ander lewten gütter reych zu werden, oder ewer hertzen werdent falsch. Des sigs werden ir nymmer getröst. Wie der teüffel das creütz, also solt ir hassen den geytz, springent allayn zusamen umb des gemaynen landtfridens wegen und zu handthaben die christliche freyhayt.«[190] Altes Herkommen einzuklagen, so wird im Rekurs auf ältere Artikel erklärt, genüge nicht: »Lasset euch nit betören! Alt herkommen hin, alt herkommen her, man sagt nit von herkommen, man sagt von rechtem herkommen, tausend jar unrecht getan, ward kain stund nye recht.«[191]

Ähnlich wie der Autor dieser Flugschrift hatte sich, früher und umfassender, schon Thomas Müntzer mit Luther auseinandergesetzt: Im Hinblick auf seine utopische Errichtung des irdischen Gottesreiches, der notwendigen Scheidung von Frommen und Gottlosen[192], und im Hinblick auf sein Ziel einer gemeindlich-demokratischen Ordnung[193] hatte er als eines der Grundübel der gegebenen Gesellschaftsordnung die sozialen Gegensätze erkannt und in einem utopischen Entwurf die grundsätzliche Gleichberechtigung von Klerus und Laien, Armen und Reichen, Hohen und Niedrigen gefordert, wie sie sich seiner christlichen Grundauffassung nach ganz allgemein aus dem Wort Gottes ergab; denn dieses unterscheide nicht zwischen irdisch-gesellschaftlichen Rängen, sondern zwischen Auserwählten und Nichtauserwählten. Dabei ging

Müntzer nicht aus von einer gleichen Begabung oder gleichen Funktion aller Menschen, sondern von der Willensentscheidung zur christlichen Vollkommenheit[194], die, wie er glaubte, von allen Menschen, gleich welchen Standes und gleich welchen Ranges, getroffen werden könne. Müntzer verkannte allerdings auch nicht die Schwierigkeiten: die Reichen und vor allem die Herrschaftsträger bleiben befangen in ihren Macht- und Herrschaftsinteressen; das gemeine Volk wird von den Obrigkeiten geschunden und niedrig gehalten, damit es nicht selbst seinen Weg zu Gott findet, sondern sein Denkhorizont durch die Interpretationen der traditionellen Schriftauslegung, »des gedichteten Glaubens«, bestimmt bleibt[195]: »da werden denn die armen dürftigen leut also hoch betrogen, das es kein zung genug erzelen mag. mit allen worten und werken machen es sie ya also, das der arm man nicht lesen lerne vorm bekümmernuß der narung, und sie predigen unverschemt, der arm man soll sich von den tyrannen lassen schinden und schaben. wenn will er denn lernen, die schrift lesen? ja, lieber Thoma, du schwermest, die schriftgelehrten sollen schöne bücher lesen, und der pauer soll in zuhören, denn der glaub kummt durchs gehöre.«[196]

Müntzers chiliastische Sehnsucht zielte auf eine neue Glaubensgemeinschaft, auf die wahre Kirche der durch Leiderfahrung innerlich erneuerten und auserwählten Menschen, einander in einem persönlichen »Liebeskommunismus«[197] verbunden. Dabei hoffte er anfänglich noch auf die Unterstützung, ja das Engagement christlicher Fürsten. Aber immer mehr richtete sich statt dessen sein Blick auf die Masse der Bedürftigen und Bedrückten, zumal der Handwerker und Bauern, die mehr zu gewinnen als zu verlieren hatten. Das »arm dürftig volk« schien ihm nicht schlechthin, aber doch vorzugsweise berufen zum Volk Gottes, durch das der Umschwung und die Reinigung der Welt geschehen sollte.

Daß es dabei nicht um einen klassenmäßigen Aufbruch ging, sondern um eine geistlich bedingte Erhebung der von Gott Auserwählten, ist der gegenwärtigen theologischen Diskussion zu konzedieren[198], die, entgegen einer – gerade in östlichen Ländern begründeten – einseitigen Festlegung des Müntzerschen Programms auf Sozialkritik und Sozialrevolution, wieder stärker das theologische Moment unterstreicht. Soweit jedoch solche Argumentation eine grundsätzliche Differenz von Theologie und politischem Handeln herauszuarbeiten sucht, ist ihr nachdrücklich zu widersprechen.[199] Die Einheit beider wird nirgendwo so deutlich wie bei Müntzer, dessen theologische Argumentation die soziale mit einschloß, dessen theologische Praxis zugleich eine politisch-soziale Praxis war, indem die Konsequenzen der Theologie ganz konkrete, gerade in ihren praktischen Folgen bejahte Konsequenzen für den politisch-sozialen Handlungsraum in sich schlossen, wie sie etwa zum Ausdruck kommen in dem theologisch begründeten, im Hinblick auf die sozialen Verhältnisse folgenschweren Appell: »die gewalt soll gegeben werden dem gemeinen volk«[200] oder in der nicht nur theologisch-eschatologisch, sondern politisch-sozial begründeten Entscheidung zum Aufruhr, wie er sie in der *Hochverursachten Schutzrede* gegen Luther, den er als »doctor lügner« anredet, formuliert: »Sieh zu, die grundsuppe des wuchers, der dieberey und rauberey sein unsre herrn und fürsten, nemen alle creaturen zum aygenthumb. Die visch im wasser, die vögel im lufft, das gewechß auff erden muß alles ir sein, Esaie 5. Darüber lassen sy dann Gottes gepot außgeen unter die armen und sprechen: Gott hat gepoten, du solt nit stelen; es dienet aber in nit. So sye nun alle menschen verursachen[200a], den armen ackerman, handtwerckman und alles, das da lebet, schinden und schaben, Michee 3. capitel, so er sich dann vergreifft am allergeringsten, so muß er henken: Do saget denn der doctor lügner: Amen. Die herren machen das selber, das in der arme man feyndt wirdt. Dye ursach des auffrurß wollen sye nit wegthun, wie kann es die lenge gut werden? So ich das sage, muß ich auffrürisch sein, wol hyn.«[200b]

Die Notwendigkeit, Theologisch-Eschatologisches und Politisch-Soziales in eins zu sehen, hat schon Karl Griewank, Müntzers Lehre als »chiliastische Theologie der Revolution« charakterisierend, mit großem Nachdruck hervorgehoben: »Immer schärfer hat Müntzer in erregenden biblischen Bildern zu dem gewaltsamen Umschwung, der kommenden Revolution gerufen. Sie ist der [...] schreckliche Tag des Herrn, die Vollendung der trefflichen unüberwindlichen Reformation. [...] Sie wird die Hierarchie und den mit ihr verfilzten Staat beseitigen, wird das ganze kirchlich-feudale

Mittelalter [. . .] hinwegfegen zugunsten des von den frommen Geistchristen getragenen Gottesreiches. Diese Vollendung der Reformation wird geschehen, mit frommen Fürsten oder ohne sie. Die armen Laien und Bauern haben ihre Zeichen längst erkannt. Sie wird geschehen mit der Kraft Gottes, aber mit dem Mittel des Schwertes, das dabei nötig und unvermeidlich ist, wie uns Essen und Trinken zum Leben. Die ganze Gemeinde, mit den Auserwählten Christen als Kern, hat die Gewalt des Schwertes, wie auch den Schlüssel der Auflösung, um das Gottgebotene gegen die fürstliche Obrigkeit durchzusetzen.«[201]

In einer der bedeutendsten Agitationsschriften überhaupt, dem nach Bloch »leidvollsten, rasendsten Revolutionsmanifest aller Zeiten«[202], dem berühmten Brief an die Bergknappen, hat Müntzer kurz vor dem Ende des Bauernkrieges noch einmal versucht, ein breiteres Potential zu mobilisieren und den Bauernhaufen aus dem Mansfelder Bergrevier militärische Kräfte hinzuzugewinnen. Eindringlich, beschwörend, mahnend, fordernd wendet er sich an die Bergknappen: »Dran, dran, dyeweyl das feuer hayß ist. Lasset euer schwerth nit kalt werden, lasset nit vorlehmen![203] Schmidet pinkepanke auf den anbossen Nymroths werfet ihne den thorm zu bodem! Es ist nit mugelich, weyl sie leben, das ir der menschlichen forcht soltet lehr werden. Mann kan euch von Gotte nit sagen, dieweyl sie uber euch regiren. Dran, dran, weyl ir tag habt, Gott gehet euch vor, volget, volget!«[204]

Der Erfolg der Schrift allerdings war gering. Die Bergknappen schlossen sich dem Kampf nicht an, weil sie ihre Interessen nicht von Müntzers Bauern vertreten sahen und weil sie, mochte ihnen die Legitimation Müntzers auch noch so sehr einleuchten, in der Furcht derer verharrten, denen Luther, nicht Müntzer, nach dem Wort der Schrift das Schwert zugewiesen hatte.

Das Schwert aus der Schrift. Gerade Legitimationsversuche wie die Müntzers zeigen die Grenzen einer jeden literarischen Wirkung, freilich auch deren Möglichkeiten. Die Schriften des Bauernkrieges hatten zweifellos Wirkungen: sie brachten etwas in Gang, sie vereinheitlichten die unterschiedlichen Bewegungen, sie formulierten Selbstdarstellungen und provokative Appelle, sie agitierten, polemisierten und stabilisierten, aber sie konnten den Gewaltzusammenhang, der sich jenseits der literarischen Sphäre konstituiert hatte und allenfalls die Literatur als nachträgliche Begründungs- und Rechtfertigungshilfe benutzte, nicht aufheben, sie konnten ihn nicht einmal durchbrechen und, wie die Geschichte der Formierung der Bauernpartei erweist, keine Gegengewalt mobilisieren, die langfristig von gleicher Kraft war wie die Heere des Schwäbischen Bundes und der Landesfürsten. Gegenüber dem durch Fuggers Geld und fürstliche Söldnerheere aufgebauten Kräftepotential, das den Aufstand hart und blutig niederschlug, hatte keine noch so überzeugende literarische Legitimation eine Chance. Gegen die Machtinteressen der Landesherren, die auf die Konstituierung und Stabilisierung ihrer Territorien zielten und als deren eine und wesentliche Voraussetzung die auch weiterhin unbeschränkte Verfügung über bäuerliche Arbeit ansahen, konnten literarische Konzepte und Programme, waren sie auch noch so begründbar, nichts ausrichten, solange sich ihnen keine konkrete, reale Macht verband. Literatur vermochte die Defizite, die der Genese des Bewußtseins und der sozialen Situation der Bauern entsprangen, nicht auszugleichen, geschweige denn aufzuheben.

So endete der Krieg mit Gemetzeln von horrender Grausamkeit. Auf der Seite der Bauern, schätzt man, fanden mehr als 130 000 den Tod. Die Rache der Herrenpartei hätte kaum schrecklicher sein können. Henker des Schwäbischen Bundes rühmten sich, mit eigener Hand 1200 Bauern vom Leben zum Tode gebracht zu haben, zum großen Teil durch ausgesuchte Martern.[205]

9. Schwert gegen Schrift

Am schlimmsten traf die Rache jene, denen die Schuld am Bauernkrieg zugerechnet wurde, also die Geistlichen, Buchführer und Verfasser von Schriften, die für die Bauern Partei genommen hatten.

Hans Wehe, der Prediger von Leipheim, wird schon am 5. April 1525 nach der Schlacht von Leipheim mit sieben weiteren Hauptleuten und Geistlichen enthauptet[206]; der Prediger Johann Rebmann wird geblendet[207]; Hubmaier flieht in die

Schweiz, um seiner Verhaftung in Waldshut zu entgehen[208]; selbst Johann Lachmann, der zwar mit viel Verständnis, aber dennoch entschieden gegen die Bauern Stellung genommen hatte, muß sich noch Jahre nach dem Bauernkrieg wegen angeblich aufrührerischer Predigtren rechtfertigen[209]; Teuschlein wird am 1. Juli 1525 in Rothenburg hingerichtet[210]; Karlstadt erhält, nachdem er, gebrochen und krank, ziellos durch die Lande geirrt war und nachdem er sich durch die von Luther veranlaßte Schrift *Entschuldigung D. Andreas Carlstads des falschen namens der aufrur, so yhm ist mit unrecht auffgelegt* vom Vorwurf der Teilnahme am Bauernkrieg entlastet hatte, immerhin in der Nähe von Wittenberg Asyl, bleibt aber unter strenger Überwachung durch die fürstliche Obrigkeit und entzieht sich 1529 der drohenden Gefangensetzung durch die Flucht[211]; der Sterzinger Prädikant Hans Vischer muß sich im April 1526 wegen seiner Predigten vor der Obrigkeit verantworten[212]; im Zusammenhang mit solchen Verfolgungen entziehen viele Gemeinden ihren Predigern das Vertrauen und distanzieren sich von ihnen aus Opportunismus: nur wenige hatten den Mut, dagegen zu opponieren, wie etwa der Prediger Wolfgang Vogel, der seiner alten Gemeinde Bopfingen 1526 in einem langen Sendschreiben vorwirft, sich nicht schützend vor ihren Geistlichen gestellt zu haben.[213]

Man könnte die Aufzählung fortsetzen. Sie zeigt, daß viele Obrigkeiten entschiedene Konsequenzen zogen, indem sie von denen Rechenschaft forderten, denen sie, wie die Markgrafen Casimir und Georg von Brandenburg am 30. August 1525 in einer Verordnung schrieben, die Schuld am Aufruhr zumaßen: »Nachdem die vergangen Empörung und Aufrurn den merern Tail durch ungelert und ungeschickte Prediger und Predig entstanden sind, ist vor allen Dingen der [...] Herren Casimirn und Herren Georgen, als der eltesten regierenden Gebrüdere, Marggraven zu Brandenburg etc., meiner gnedigen Herren, Bevelh und Mainung, das in irer F. G. Fürstentumben, Landen und Gebieten alle solche ungelerte, ungeschickte, aufrürische Prediger von Stund an abgeschafft und kainswegs geduldet, sunder, wo man der einen oder mer (die offentlich oder beweislich wider das heilig Evangelion und lauter, klar Wort Gottes aufrürisch predigten) betreten möge, das dieselben von Stund an an einem jeden Ort gefenklich angenummen und nach irem Verschulden an Leib, Leben und Gut oder mit Verweisung des Lands nach Erkanntus irer F. G. oder derselben Hofmaister, Stathalter und Rete ernstlich und unnachleßlich gestraft werden.«[214]

Hier werden denn auch die Konsequenzen formuliert, die die Obrigkeit im Hinblick auf die zukünftige Disziplinierung der Prediger zog: »sol allen Predigern in obgenanter meiner gnedigen Herren Landen ernstlich bevolhen werden und hiemit bevolhen sein, wann sie predigen, das der Glaub allain zur Seligkait genug sei, das sie allwegen erkleren, das es nit ein solcher schlechter, erdichter, toter (wie der arm, grob oder einfeltig Mensch vermaint), sunder ein warer, lebendiger liebreicher, woltetiger Glaub sein, daraus allzeit rechte (von Got gebotne) gute Werk gegen Got und dem Nechsten von Not wegen volgen müssen; dann wo dieselben guten Werk nit volgen, da sei auch kein warer, rechter, liebreicher, seligmachender Glaub. Also, das die rechten (von Got gebotnen), guten Werk allzeit Frücht und Gezeugen eins rechten, waren, lebendigen, ungefelschten, liebreichen, woltetigen Glaubens seind und kains on das ander sein kön. [. . .] so sol auch allen Predigern in meiner gnedigen Herren der Marggraven Fürstentumb, Landen und Gebieten mit Ernst bevolhen werden und hiemit bevolhen sein, wenn sie hinfüro von christlicher Freihait predigen, das sie dem Volk jedesmals mit guten teutschen Worte erkleren und anzeigen, was rechte, ware christliche Freihait ist.«[215]

Damit wird eine Disziplinierung gefordert, die schon Melanchthon in seiner Auseinandersetzung mit den *Zwölf Artikeln* den Fürsten übertragen[216] und für die die Luthersche Lehre von der wahren, christlichen, d. h. nicht-irdischen Freiheit, auf die die beiden Markgrafen ihre Anweisung denn auch so nachdrücklich fundieren, die theologische Rechtfertigung geliefert hatte.

Schwert gegen Schrift – diese Thematik beherrscht im besonderen jene Texte, in denen von der Exekution von Geistlichen berichtet wird, die auf der Seite der Bauern gestanden hatten, die, wie Melanchthon aus der Perspektive der Bauern-Gegner schrieb, »dem Pofel geheuchelt, haben gelert, man sol [. . .] nicht zins geben und dergleichen mer, das zu einer jämerlichen Empörung erwachsen ist.«[217]

Freilich, selbst der Schreiber des Truchseß, ein sicherlich nicht neutraler, sondern aus der Interessenperspektive seines Herrn urteilender Beobachter, kann an der Tatsache nicht vorbeisehen, daß Prediger wie Jacob Wehe durch ihr wahrhaft christliches Ende Äußerungen wie die Melanchthons als parteiliche Schmähungen entlarven: »Die Burger und Pauren wurden in beeden Stättlin dieselbig Nacht in die Kürchen gefangen gelegt bis Morgens, namb man die Redlinfüerer, sechs oder siben, heraus, enthaubtet die sambt irem Haubtman, dem Pfarrer oder Prediger zue Leiphaimb. Als man nun den Pfarrer ausfüeren und richten wolte, sagt Herr Georg: ›Pfarrer, darvor weren ir euch und uns wol geweßen. Heten ir das Wort Gottes, wie euch gezimbt, und den Friden gebrediget, derften ir nit in der Not sein, weren wol sicher vor mir.‹ Darauf antwort er: ›Gnediger Herr, mit geschicht Unrecht, ich hab nichts Aufrierigs geprediget, sonder das göttlich Wort.‹ Sprach der Truchsäß: ›Ich hab vil anders erfaren, weren ir ein evangelisch Man, ir heten den Leüten das Ir nit helfen entfüeren und nemmen, darumb richten eur Sach zue Gott.‹ Und richtet man die Redlinfüerer am ersten und den Pfarrer am letsten. Als er nun in den Ring kame, fragt ine Herr Georgen Caplon, ob er beichten wolte, sagt er: ›Nein‹ und dabei: ›Lieb Herrn, ich bit euch, daß ir euch ob mir nit ergeren wölten, daß ich nit beicht, dann ich hab Gott, meinem himlischen Vatter, gebeicht, der mein Herz baß, dann niemants anderer, erkent.‹ Und vor dem, ehe man anfieng richten, tröstet der Pfarrer seine Undertonen und sprach: ›Seiet getröst, dann heut wollen wür bei ainandern sein im Paradeis.‹ Huebe also seine Augen auf und sprach: ›Großmächtiger Gott, ich sag dir Lob und Dank, daß ich umb deines göttlichen Worts willen sterben soll, und du mich aus disem Jammertal zue dir nemen wilt, nit um das Gottswort, aber umb der Aufrur willen.‹ Darnach hueb er an ein lateinischen Psalmen zue betten: ›In te domine speravi‹, und sprach: ›Vatter, vergib inen, dann sie nit wüssen, was sie tuen, nicht darumb, daß ich so gerecht welle sein, sonder ir Unwüssen halb.‹ In dem füeret ine der Maister auf den Platz, kniet nider und sprach: ›Vatter, in deine Hend bevelche ich meinen Gaist‹, und warde also gericht.«[218]

In einem vielstrophigen anonymen Lied mit dem Titel *Eyn*

schön lied von einem christlichen prediger, wie er von des wortes gottes wegen ist verfolgt und getötet worden, und doch ein seliges ende genommen hat. In Bentzenawers Weyse[219] wird ein solches historisches Ereignis, die Ermordung des Kemptener Predigers Mathias Waibel durch Schergen des Schwäbischen Bundes, in die poetische Form einer Art Bänkelsang gebracht, der offenbar vor Publikum vorgetragen wurde bzw. zum öffentlichen Vortrag bestimmt war.[220] Nach einer langen detaillierten Schilderung der Konstellation – auf der einen Seite der fromme, friedliche Pfarrer und seine ihn liebende Gemeinde, auf der anderen Seite die blutrünstigen, hinterhältigen, gedungenen Mörder – faßt der Schluß des Liedes, die Strophen 34-37, noch einmal zusammen, worin die Exempelhaftigkeit des christlichen Verhaltens zu sehen ist:

»34. Den Strick thet er da küssen
den man im straifft an Halß:
Manichem ists wol wissendt
ders hat gesehen als.
Auch haben sie jm verjehen
mit warheit all behend
sie habend nit gesehen
ein Christenlicher end.

35. Also war auch vollendet
das Christen leben sein:
Der Profoß dannen wendet
zuo andern örthern ein.
Da Er hat lassen lauffen
des Barabas geschlecht
die Christen thuot man straffen
das ist jetzt worden recht.

36. Also ist es ergangen
noch seind ir wissen mehr:
Am Sontag ward er gefangen
nach Sanct Bartholome.
An unser Frawen Abendt
Marie der Geburt
ward er seins Lebens beraubet
am strick ward Er ermürdt.

37. Im Tausendt und fünff hundert
im fünff unnd zweyntzigsten Jar:
Geschach das in Got besonder
prüfet für ander zwar.
Damit hab ichs beschlossen
vonn disem heyligen Mann
seiner Lehr hat mancher gnossen
der sie hat genommen an.
Sälig seind die Todten
die in dem Herren sterben/ Apocal. 14.«

Solche Texte, in denen sich eine bauernfreundliche Stimme zu Wort meldet, sind unter den poetischen Texten allerdings selten. Unter den erhaltenen historischen Liedern bilden jene den Großteil, in denen, wohl zumeist von städtisch-bürgerlichen Verfassern, scharf gegen die Bauern Front gemacht wird, ihre Undankbarkeit gegenüber den Herren gerügt und wider alle historische Wahrheit deren gnädige Nachsicht gerühmt wird.[223]

Dabei sind diese Lieder in vielen Einzelheiten erstaunlich präzise. Sie berichten von Ereignissen, Schauplätzen von Schlachten, Unterredungen der Bauern untereinander, Verhandlungen zwischen Bauern und Herren, die meist recht genau mit dem übereinstimmen, was die historische Forschung ermittelt hat; aber sie geben auch Einschätzungen, weshalb es zum Krieg kam, wem die Schuld zuzuweisen ist, sprechen Warnungen aus und geben gute Ratschläge, wie sich die Unterlegenen nach ihrer Niederlage den Herren gegenüber verhalten sollen.

Ihre formale Schlichtheit, ihr fast eintöniger Vers- und Strophenbau, ihr meist einfacher, der Ereignisfolge entsprechender Aufbau läßt darauf schließen, daß sie sich an ein breiteres, vermutlich vorwiegend städtisches Publikum wendeten, allerdings ist nicht auszuschließen, daß solche Lieder auch auf dem Lande vorgetragen wurden. Auf jeden Fall sollte das städtische oder ländliche Publikum durch sie nicht nur ein Bild den Geschehnissen gewinnen; durch sie wurden auch bestimmte, vorgefertigte, sehr parteiliche Urteile über die Bauern und, damit verbunden, Handlungsanweisungen vermittelt.

Vor allem fällt auf, daß einer fast durchgängigen Unterwürfigkeit gegenüber Fürsten, Adel und anderen Obrigkeiten eine ebenso entschiedene Ablehnung der Bauern entspricht. Während auf der einen Seite fast plakativ vom »edel bund« (374,17), vom »frum edel graf von Helfenstein« (377,187) und vom »löblichen adel« (377,199) gesprochen wird, der »allzeit zu loben« (374,42) sei, der mit Gott im Bund stehe und, was im Hinblick auf die bäuerliche Legitimation besonders interessant ist, »wol umb das götlich recht« (380,23) streite, werden die Bauern als meineidige, verräterische, gegen ihre angestammten Herren sich als undankbar erweisende, nichtswürdige Kreaturen hingestellt, für die als biblisches Exemplum immer wieder das Verhalten des Judas gegenüber Christus herhalten muß: So heißt es im Lied »von der baurschaft in Franken« anläßlich der Belagerung des Würzburger Schlosses:

»Im schloß da ward mans innen,
in kamen newe mer,
wie ir edler herzog wer komen
mit einem fürstlichen her[224];
sie bliesen mit freidenreichem schalle
die edelen fürsten an,
den bauren den ›armen Judas,
was hast du gethan!‹« (380,20)

In einem anderen Lied, das gleichfalls von der Belagerung des Würzburger Frauenberges handelt, wird geschildert, wie die Türmer des Schlosses der von den Bauern besetzten Stadt signalisieren, von ihrem frevelhaften Tun abzulassen und sich wieder in die Botmäßigkeit der Herren zu begeben:

»Man thet sich kurz besinnen,
die thürmer musten stan
hoch an einer zinnen,
die stat zu blasen an:
›hat dich der schimpf gerawen[225],
ziech heim, dir mag wol grawen[226],
man würt dir nit vil trawen,
du hast deinem herrn gethan,
wie Judas der verzweifelt man!‹« (382,22)

Entsprechend der grundsätzlich anklägerischen Haltung gegenüber den Bauern wird denn auch deren Verhalten in den schlimmsten Farben gemalt: sie schlagen alles kurz und klein, legen Schlösser und Dörfer in Asche, verbrennen Bibliotheken, erweisen sich gegenüber Bitten und menschlichem Leid völlig unansprechbar, lassen sich in den Kellern der Klöster und Burgen mit Wein vollaufen und sind, zumal im Rausch, zu jeder Untat fähig.

An den Liedern, die in der Sammlung von Liliencron immerhin fast 80 Seiten füllen, lassen sich drei durchgängige Merkmale festhalten: erstens fällt die Kühle des Berichtes auf, das gleichsam unemotionale Konstatieren der Ereignisse, Vorgänge, Abläufe, die sich auf die Bauern beziehen: ob sie niedergemetzelt werden, ob sie vor den unbarmherzig dreinschlagenden Ritterheeren davonlaufen, nie werden sie mit einem Blick gestreift, der Mitgefühl oder wenigstens Nachsicht verriete. Die Erklärung dafür dürfte darin liegen, daß es sich in der Regel wohl um städtische Verfasser handelt, worauf auch die Tatsache hindeutet, daß einige Lieder expressis verbis aus der Perspektive belagerter Stadtbewohner geschrieben sind und in einigen gegen Städte wie Heilbronn polemisiert wird, die ihre Tore den Bauern freiwillig geöffnet hatten[226a].

Der Kühle des Berichtes, soweit er sich auf die Vorgänge und Ereignisse bezieht, entspricht das feste hierarchische Ständegefüge, das in den Liedern vorausgesetzt wird: hier gibt es klare geordnete Verhältnisse, gibt es Oben und Unten, Herren und Untergebene. Dem Übermut der Bauern, die aus ihrer Rechtsordnung ausbrechen, sich selbst zu Herren machen wollen und sich damit gegen Gottes Fügung vergehen, steht die geradezu väterliche Fürsorge von Obrigkeiten gegenüber, die, wider alle historische Wahrheit, bis zuletzt den Bauern Angebote machen, Verhandlungen führen und Kompromisse vorschlagen. Hier finden die Lieder, über ihre mehr kursorische Erzählhaltung hinaus, oft zu bündigen, prägnanten, fast epigrammatischen Aussagen, die die alten feudalen Zusammenhänge und die neuen antifeudalen Tendenzen auf ihren Begriff bringen:

»Bauren mit großen herren
die söllen spielen nit!« (375,8)

»stümlen mus man die weiden,
versproßen sie zu vil.« (375,7)

»dem fürsten thet wol gelingen,
got half im wunderbar.« (381,26)

»Nach Christi fünf und zwenzig
und fünfzehn hundert jar
das christlich leben wendet sich,
schalckheit ward offenbar.« (381,3)

»ein jedermann was bauer,
niemant wolt burger sein.« (381,9)

»sie wolten nichts mehr geben,
sie wolten bleiben frei.« (381,10)

»die tollen und die tummen
hetten kein frumkeit mehr.« (381,20)

Und immer ist die Parteinahme des Verfassers eindeutig, immer nimmt er scharf Stellung gegen die Bauern, verurteilt ihr Verhalten, während er dem Adel und den Fürsten devot und untertänig die Rechtmäßigkeit ihres Tuns bestätigt:

»(Der uns das liedlein von der schanz[227]
und bauernkrieg gemacht:)
Dem bauern ret er treulich,
daß er seins ackers wart[228]; [. . .]
Er mant auch allen geschlechten
zu gehorsam und zu frid;
man laß den adel fechten,
die herren bei irn rechten.« (381,68)

»Der bund der kam auß Schwaben,
der pfalzgraf von dem Rhein,
Meinz, Trier söll wir loben,
sie wollen dabei sein,
von Bairn herzog Ott Heinrich,
der fursten findt man kein geleich,
sie zieren das römische reich
und strafen ubelthat,
als sie verordnet got.«[229] (382,24)

Dieser eindeutigen Parteinahme entspricht schließlich drittens die didaktische Absicht der Gedichte. Sie alle wollen den Bauern belehren, wollen ihm Ratschläge erteilen, wie er sich zu verhalten hat, suchen ihn auf seine traditionelle Rolle zu verpflichten, suchen ihn argumentativ oder autoritär zu dem zurückzubringen, was im Sinne der Liederdichter als ständische Vernunft bezeichnet werden könnte. Immer ist auch der Zeigefinger drohend erhoben, der darüber belehren soll, daß die Strafen, wie schlimm sie auch immer ausfallen, durch das eigene Verhalten bedingt sind; nie fehlt die Warnung, und dies gerade im Hinblick auf künftige Rückfälle, das eigene Verhalten *vorher* zu überprüfen. So heißt es von den blutig gestraften Bauern:

»es thet in we, was kont es me,
hettens bedacht e!« (381,61)

»Seht an, das thut eur übermut,
iezt ligt im blut« (381,63)

»Das lied hab ich gesungen
den bösen bauern zu gut;
noch sein doch vil der fromen,
gots habs in seiner hut,
daß sie die oberkeit nit hassen ...« (384,16)

Die Herrschaftsdidaktik, die hier formuliert wird, stimmt sehr genau überein mit den fast schon bürgerlich-familiären Vorstellungen, die bei der Darstellung feudaler Herrschaft in diesen Liedern leitend sind. Es dominieren nämlich keineswegs mehr die objektiven, überpersönlichen Rechtsverhältnisse, die Ideologie ist bereits abgestellt auf stark emotionalisierte und moralisierte persönliche Beziehungen. Der Fürst ist schon als Landesvater abgebildet, jedem seiner Untertanen in besonderer Weise verbunden, um jeden in besonderer Weise besorgt:

»Do das vernam der thumprobst,
ein margraf hochgeborn,
daß sich die von Würzburg
also treulos warn,

er saumet sich nit lange,
er macht sich auf das schloß.« (380,3)

»Es schickt der fromme furst zu in,
ließ fragen, was doch wer ir sinn,
wes sie sich wolten zeihen;
er besorget in der warheit sein,
ir sach wurde zunichte gedeien.« (385,30)

»Sein fürstlich milde und trurigkeit
war seinen untertanen nit leid,
sie theten in wenig geweren [...]«[230] (385,15)

»der fromme furst der was allein
het bei im wenig leute,
die dazumal auf seiner seite waren ...« (385,16)

»Eigen nutz suchet nit der furst,
danne ine nach der gerechtigkeit durst«[231]. (386,13)

Poetische Texte, die sich zur bäuerlichen Sache bekennen, fehlen dagegen fast ganz, doch das Erhaltene läßt immerhin erkennen, daß manches der Zensur und gewaltsamen Unterdrückung zum Opfer gefallen sein mag. So ist ein Lied überliefert, zu dem Liliencron, der Herausgeber der historischen Volkslieder, schreibt: »Es muß großen Ärger erregt haben; als das uns erhaltene handschriftliche Exemplar desselben in der Tasche eines zu Erfurt eingebrachten Räubers, Andreas Eberlyn, gefunden ward, schickte Kurfürst Johann den Schosser (= Steuereinnehmer) Berhard Wallde zu Allstedt nach Erfurt, um u. a. Geständnissen durch die Folter auch den Namen des Verfassers jenes Liedes zu erpressen. Der Schosser berichtet dem Kurfürsten [...] der soeben geköpfte Eberlyn habe auf der Folter seine schon früher gemachte Aussage aufrecht erhalten, er wisse nur, daß der Dichter mit Vornamen Antonius heiße. In Erfurt sitze aber Pfeifers Bruder und ein junger Pfaffe aus Pfeifers Mühlhäuser Anhang Namens Lebe gefangen. Sie seien im Verdacht, um das Lied zu wissen, falls es nicht gar von ihnen selbst komme. Der Rat zu Erfurt werde daher nicht versäumen, bei ihrer Vernehmung auf der Folter auch dieses Punktes zu gedenken und dem Kurfürsten demnächst das Ergebnis zu berichten.«[232]

Um was handelt es sich bei diesem Liede? Soweit es rekonstruierbar ist, schildert es den frei gewährten Abzug einer Anhängerin der Müntzerpartei aus der Stadt Frankenhausen, die durch einen ihr nachgeschickten Vertreter der Fürstenpartei wider jede Vereinbarung meuchlings erschlagen wurde.

Das Interessante an diesem Lied ist nun keineswegs sein Inhalt, sondern der Aufschluß, den es über die peniblen Verfolgungspraktiken der fürstlichen Partei gewährt, zumal über die erstaunliche Bedeutung, die man solchen literarischen Produkten offenbar im politischen Handlungsfeld zumaß.

Schwert gegen Schrift – mit Gewalt suchte man das Bewußtsein auszurotten, von dem man meinte, ihm sei die aufrührerische Bewegung der Massen entsprungen. Und – der religiös-geistlichen Grundausrichtung der Zeit entsprechend – erkennt man bald, daß vor allem die Predigt wieder im Sinne der alten Ordnung restauriert, die bauernfreundlichen Geistlichen ausgelöscht werden müssen. Zahlreiche Berichte geben uns davon Zeugnis, keiner von ihnen auf so erschütternde Weise wie der des Mansfeldischen Kanzlers Johann Rühl, der, selber Parteigänger der Fürsten, seinem Schwager Luther in einem resignativen, gleichwohl unüberhörbar auch anklägerischen Brief schreibt: »Sie haben zu Heldrungen fünff Pfaffen ihre Köpffe abgeschlagen. Und nachdem der meiste Theil der Bürger zu Franckenhausen umkommen und ein Theil, der noch überblieben, gefangen, hat man die, so viele deren übrig gewesen, den Frauen der Stadt auff ihre Bitt wiedergegeben, doch also, daß sie die zweene priester, so sie auch noch alda gehabt, solten straffen. Die zweene Pfaffen haben die Weiber ins gemein auff dem Marckte mit Knutteln alle geschlagen und, alß man sagt, wohl eine halbe stunde länger denn sie gelebt, und ist fast ein erbärmlich thun. Welcher sich solches thuns nicht erbarmet, ist warlich kein Mensch. Ich besorge ganz, es läßt sich auch darzu an, alß wollt ihr den Herren ein Prophet seyn, daß sie ihren nachkommen ein wüste land laßen werden. Denn man straff(t) dermaßen, das ich besorge, das Land zu Thüringen und die Graffschafft werden es langsam verwinden. Die Herren ziehen nach Mühlhaußen mit großem Zeuge zu Roß und Fuße, haben zu Franckenhaußen über 300 000 fl., alß man sagt, geraubet. Hier wird nichts gesucht denn raub und mord.«[233]

Und Luther? Was in ihm wirklich vorging, ist zwar gegenüber dem, was er objektiv bewirkte, kaum wichtig. Aber es will einen schon grausen, wenn es, Jahre nach dem Bauernkrieg, noch aus ihm herausbricht und er, in ebenso fataler wie abgründiger Gewissensentlastung bei einem seiner Tischgespräche sagt: »Ich hab im auffrur alle baurn erschlagen, dann ich hab Sie heissen tod schlagen. All ir blut ist uf meinem hals. Aber ich weis es uf unsern Herrgott, der hat mir das zu reden befohlen.«[234]

III. »Selbsthelfer in wilder anarchischer Zeit.« Zur literarischen Rezeption des Bauernkrieges

1. Zur Fragestellung und stofflichen Auswahl

Eine Geschichte der Rezeption des Bauernkrieges, die auf Vollständigkeit bedacht wäre, hätte bei Luther und seinen Mit-Reformatoren Melanchthon und Agricola anzusetzen.[1] Denn zweifellos gehen die Leitlinien und Grundmuster der Rezeptionsgeschichte, wie sie zumindesten für das 16. und 17. Jahrhundert konstitutiv blieben, unmittelbar oder mittelbar auf diese drei Männer zurück, die durch eine sehr konsequente Legendenbildung versuchten, die Wittenberger Reformation vom Vorwurf der Urheberschaft und damit der Mitschuld am Bauernkrieg zu reinigen, zugleich aber daran interessiert sein mußten, den gefährlichen »Allstedter Geist« des Aufruhrs, soweit er die Schlußphase des Bauernkrieges überlebte, wirksam zu bekämpfen und zu unterdrücken.[2]

In seinem *Sendbrief vom Harten Büchlein wider die Bauern* sowie in seiner Flugschrift *Eine schreckliche Geschichte und ein Gericht Gottes über Thomas Müntzer*, beide Mitte des Jahres 1525 entstanden, beide mit stark apologetischer Tendenz, versucht Luther[3], die blutigen Ereignisse ganz auf das Schuldkonto Müntzers zu verbuchen: dieser habe die armen Leute mit unsinnigen Versprechungen und falschen Schriftauslegungen verhetzt und aufgewiegelt, er habe sich selbst wie ein neuer Papst aufgeführt, das Reformationswerk behindert und die törichten Bauern dadurch zum Ungehorsam und zum Widerstand gegen ihre Obrigkeit verleitet, daß er ihnen vorspiegelte, er selbst sei unverwundbar, könne alle Kugeln in den Ärmeln seines Rockes auffangen, ja sie sogar wieder auf die Feinde zurücklenken[4]; in seiner *Histori Thome Müntzers, des anfengers der Döringischen uffrur*[5], die noch 1525 herauskam, bezeichnet Melanchthon, Luther unterstützend und weiterführend, als die beiden entscheidenden Irrtümer Müntzers die Geisttheologie und die Abkehr vom gottgebotenen Gehorsam gegenüber der Obrigkeit, geht jedoch darin über den Freund und Protagonisten hinaus, daß er durch seine groben und karikierenden Ausfälle gegen den »dollen«, »eynfeltigen« und »leichtfertigen pöfel« das Bild des Bauern gerade wieder auf die traditionellen Muster festlegt, um deren Beseitigung es der Reformation anfänglich doch auch gegangen war[6]; in seinem *Nützlichem Dialogus oder Gesprächsbüchlein*[7] führt Agricola ein Gespräch zwischen einem müntzerischen Schwärmer und einem evangelischen frommen Bauern vor und läßt den Bauern auf der Grundlage der strengen lutherischen Lehre den Gesprächspartner Punkt für Punkt widerlegen, wobei an persönlichen Diffamierungen Müntzers nicht gespart wird: neben den üblichen Vorwürfen, er sei ein Volksverführer und falscher Schriftausleger gewesen, wird er auch noch als Scharlatan bezeichnet, der nicht einmal in der Lage gewesen sei, den theologischen Fragen von Stallburschen standzuhalten; überdies habe er in direkter Verbindung mit dem Satan gestanden, sei am Vorabend der Schlacht von Frankenhausen durch ein besonders närrisches Verhalten aufgefallen, habe im Unterschied zu den darbenden Bauern alle Tage gut gegessen und getrunken, ja sei sogar bestechlich gewesen und habe nach Plünderungen die besten Beutestücke für seine Frau und sich behalten.

Die bei Luther, Melanchthon und Agricola gemachten Angaben, zum größten Teil Simplifizierungen oder gar Verfälschungen geschichtlicher Vorgänge, haben in der Folgezeit der lutherischen Orthodoxie als Schemata und Klischees der Müntzer-Verketzerung, damit auch der Bauern-Diffamierung, gedient und bis weit in das 18. Jahrhundert hinein die geschichtlichen oder literarischen Veröffentlichungen dieser Parteiung konturiert.

In ihrer apologetischen Tendenz waren sie allerdings schon Reaktionen auf aggressiv-polemische Angriffe der katholischen Gegner, die seit dem Beginn des Aufstandes den Wittenbergern, und natürlich vor allem Luther, vorwarfen[8], die aufrührerischen Volksbewegungen durch die proklamierten reformatorischen Gedankengänge überhaupt erst ins Leben gerufen zu haben: Der »Klassiker der katholischen Polemik jener Tage«[9], Luthers unerbittlicher Feind Johannes Cochläus, hatte in seiner Antwort auf Luthers Schrift *Wider die reubischen und mordischen Rotten der Bauern*[10] zahlreiche frühere

Äußerungen des Reformators zusammengestellt und kommentiert, die, wenigstens nach seiner Auffassung, als verhüllte oder sogar offene Appelle zum Widerstand gegen die Obrigkeit zu verstehen waren, hatte damit Luthers Schuld am Bauernkrieg mit allem Nachdruck hervorgehoben; hinzu kamen andere Schriften gleicher Tendenz, etwa Johann Fundlings programmatische *Anzeigung zweier falscher Zungen Luthers*[11] oder schließlich die ebenfalls schon durch den Titel polemische Schrift des Petrus Sylvius *Eine klare beweysunge wie Luther wurde seyn eyn ursache des [. . .] unchristlichen yrrthums, zwitracht, auffruhr und empörung des gemeynen volckes* von 1527, in der sich die bezeichnenden und immer wieder zitierten Verse finden:

»Was Luther hat furgenomen mit seynem schreyben/
Und M. Pfeyffer[12] gehandelt mit seinem predigen/
Und Thomas Müntzer mit den bauren angefangen/
Das hat Hans Hergot[13] durch sein trawm wöllen volbringen/
Solche früchte kommen aus der Lutherischen schrifft/
Noch wil man nicht erkennen seine schedliche gifft.«[14]

Sieht man von einer kleinen Anzahl von Einzelgängern wie Karlstadt oder Sebastian Franck ab[15], so läßt sich sicherlich sagen, daß die Frühgeschichte der Bauernkriegs-Rezeption von diesen beiden Positionen bestimmt wird, von dogmatischen Kämpfen also, bei denen die jeweils produzierte geschichtliche »Wahrheit« im Sinne einer ganz konkreten Parteilichkeit instrumentalisiert ist. Daß dabei die Vorgänge schon in ihrem schlichten Verlauf verfälscht wurden, liegt auf der Hand; zugleich liegt auf der Hand, daß solche massive Geschichtsverfälschung insofern noch ein Element von Wahrheit enthält, als sie, allerdings äußerst kalkuliert und manipulativ, Geschichte als Konstruktion präsentiert und damit auf ein wesentliches Moment aller dargestellten Geschichte verweist, auf ein Moment von Subjektivität, das der Geschichtsschreibung selbst dann noch blieb, als sich, im Zusammenhang mit aufklärerischen und später historistischen Prozessen, ein Bewußtsein dafür ausbildete, daß es jenseits dieser instrumentalisierten Geschichtswahrheit die »eigentliche« Geschichte geben müßte, ein geschichtliches Ereignis mithin so zu beschreiben wäre, wie es »denn eigentlich gewesen sei«.[16]

Doch selbst der Historiker, dem wir die gerade zitierte programmatische Formulierung verdanken, und der, wenigstens seinem Selbstverständnis nach, in diesem Sinne auch Geschichtsforschung betrieben hat, bestätigt, wie sich noch zeigen wird[17], die Auffassung, daß vergangene Geschichte für uns nur greifbar wird im Schnittpunkt zweier Horizonte, zum einen des Geschichtsschreibers und seiner Gegenwart, zum anderen der historischen Objektivationen, um deren Aufklärung er sich bemüht.[18] So ließe sich denn über Ranke, Hagen, Zimmermann, Engels, Kautsky, Bebel bis zu den gegenwärtigen Historikern (seien sie nun wie Franz, Fuchs, Nipperdey, Elliger oder Blickle westlich oder wie Steinmetz, Bensing, Lösche, Smirin oder Zschäbitz östlich orientiert) zeigen, wie vorgegebene Fragen- und Interessenhorizonte, subjektive wie intersubjektive Voraussetzungen des Forschens und der Forschung, in jede Darstellung mit eingehen.

Allerdings, dem Reiz, diese Zusammenhänge, die uns an anderer Stelle und im Rahmen einer anderen Problemstellung noch beschäftigen werden, hier weiter zu verfolgen, dürfen wir jetzt nicht nachgeben. Und auch die – einer jeden rezeptionsgeschichtlichen Erkundung immanente – Forderung nach Vollständigkeit läßt sich im Zusammenhang unserer Darstellung nicht erfüllen. Wir verlören mit den allgemeinen Problemen der Geschichtsschreibung allzu leicht aus dem Auge, daß es uns primär um das Verhältnis von »Literatur und Geschichte« geht, daß mithin für uns eine spezifische Form der Rezeption, die literarische Rezeption, im Vordergrund steht.

Im Bereich der literarischen Rezeption findet sich nun ein Phänomen, das uns die hier gebotene und zweifellos auch ratsame Selbstbeschränkung nicht zur Bornierung werden läßt; ich meine das Geschichtsdrama: hier nämlich wird das Verhältnis von geschichtlichem Ereignis und poetischer Darstellungsform nicht nur selbst literarisch produktiv; hier führt eine spezifische Konfrontation von historischer Realität und poetischem Bewußtsein sowie die daraus resultierende geschichtsdramatische Konzeption wieder auf die Frage zurück, die sich uns oben stellte: die Frage nach dem Verhältnis von Geschichte als Realität und Geschichte als Darstellung, wobei sich allerdings die Perspektive leicht verschiebt – die mehr oder weniger bewußten Veränderungen von Geschichte, die der Dichter aus »literarischen« Gründen vornimmt oder vornehmen zu müssen meint, werfen das Problem auf, ob und wie sich poetische Wahrheit im Geschichtsdrama konstituiert, ob und wie sie sich z. B. selbst gegen die geschichtliche Wahrheit zu konstituieren vermag.

Die Auswahl, die unter den in Frage kommenden Geschichtsdramen getroffen wird – Goethes *Götz von Berlichingen*, Hauptmanns *Florian Geyer*, Lassalles *Franz von Sickingen*, Friedrich Wolfs *Thomas Müntzer* und Yaak Karsunkes *Bauernoper* – mag auf den ersten Blick etwas willkürlich erscheinen, und in der Tat ließe sich auch eine andere Auswahl denken, vielleicht sogar genausogut begründen. Von meiner Fragestellung her, der Relation von zentraler Einzelfigur und namenlosem Volk, bietet sich mir die Reihung der genannten Werke als eine günstige an. Daß ich sie unter das von Goethe auf seinen Götz gemünzte Wort vom »Selbsthelfer in wilder anarchischer Zeit« stelle, geschieht freilich nicht nur des bequemen Zugangs wegen, sondern, wie sich zeigen wird, in auch ironischer Absicht.

2. Goethes *Götz von Berlichingen*

1773 erschien im Selbstverlag, von einer an französischer Regelstrenge orientierten aufklärerischen Kunstkritik heftig kritisiert[19], von einer auf Wildwuchs und Originalität pochenden Sturm-und-Drang-Literatur freudig begrüßt[20], Goethes Schauspiel *Götz von Berlichingen mit der eisernen Hand.* In diesem Schauspiel wurde die Geschichte eines deutschen Ritters dramatisiert, der zu Beginn des 16. Jahrhunderts, aus dem freiheitlichen Bewußtsein seiner Reichsunmittelbarkeit heraus, im Namen des herkömmlichen Rechtes, kraftvoll und redlich den Kampf aufnahm gegen eine in ihrem sittlichen Kern gelähmte Welt eigensüchtiger, machtlüsterner Kleinfürsten, intriganter Pfaffen und Höflinge, wortbrüchiger Stadtherren.

In seinem autobiographischen Roman *Dichtung und Wahr-*

heit, also Jahrzehnte nach Erscheinen des Jugendwerkes, erinnert sich der alte Goethe an die Faszination, die für ihn von dieser Gestalt ausgegangen war: »Die Gestalt eines rohen, wohlmeinenden Selbsthelfers in wilder anarchischer Zeit erregte meinen tiefsten Antheil«[21], und an späterer Stelle hat er dieser kurzen Charakterisierung noch eine Bemerkung über die formalen Konsequenzen seiner so leidenschaftlichen Rezeption dieses – ihm durch die autobiographische *Lebensbeschreibung des Herrn Götz von Berlichingen* vermittelten – Stoffes nachgetragen: »Das Leben des biedern Götz von Berlichingen, von ihm selbst geschrieben, trieb mich in die historische Behandlungsart, und meine Einbildungskraft dehnte sich dergestalt aus, daß auch meine dramatische Form alle Theatergrenzen überschritt und sich den lebendigen Ereignissen mehr und mehr zu nähern suchte.«[22]

Es ist schon nachgerade ein Klischee der Literaturgeschichtsschreibung, Goethes Jugendwerk solcher Verlebendigungen wegen zu rühmen. Vor allem scheint sich das Urteil dort zu bestätigen, wo zu Beginn des 5. Aktes mit der Szene *Tumult in einem Dorf und Plünderung* die wildbewegten Geschehnisse des Bauernkrieges in den dramatischen Zusammenhang hineinbranden.[23] Mit wenigen Strichen exponiert Goethe die Situation: Weiber und Alte mit Kindern und Gepäck fliehen vorüber, um, wie sie einander in höchster Erregung zurufen, den Mordbuben zu entgehen. Der Himmel ist blutrot von Feuer, eine Frau ruft klagend nach ihrem Mann. Schon sind die flüchtigen Gestalten im schützenden Wald verschwunden. Link, ein Bauernführer, treibt seine Leute zur Eile an:

»LINK Was sich widersetzt, niedergestochen! Das Dorf ist unser. Daß von Früchten nichts umkommt, nichts zurückbleibt. Plündert rein aus und schnell! Wir zünden gleich an.

Metzler vom Hügel herunter gelaufen.

METZLER Wie geht's euch, Link?

LINK Drunter und drüber, siehst du, du kommst zum Kehraus. Woher?

METZLER Von Weinsberg. Da war ein Fest!

LINK Wie?

METZLER Wir haben sie zusammengestochen, daß eine Lust war.

LINK Wen alles?

METZLER Dietrich von Weiler tanzte vor. Der Fratz! Wir waren mit hellem wütigem Hauf herum, und er oben auf'm Kirchturn wollt gütlich mit uns handeln. Paff! Schoß ihn einer vor'n Kopf. Wir hinauf wie Wetter, und zum Fenster herunter mit dem Kerl.

LINK Ah!

METZLER *zu den Bauern:* Ihr Hunde, soll ich euch Beine machen! Wie sie haudern und trenteln, die Esel!

LINK Brennt an! sie mögen drin braten! Fort! Fahrt zu, ihr Schlingel!

METZLER Darnach führten wir heraus den Helfenstein, den Eltershofen, an die dreizehn von Adel, zusammen auf achtzig. Herausgeführt auf die Ebne gegen Heilbronn. Das war ein Jubilieren und ein Tumultuieren von den Unsrigen, wie die lange Reih arme reiche Sünder daherzog, einander anstarrten, und Erd und Himmel! Umringt waren sie, ehe sie sich's versahen, und alle mit Spießen niedergestochen.

LINK Daß ich nicht dabei war!

METZLER Hab mein Tag so kein Gaudium gehabt.

LINK Fahrt zu! Heraus!

BAUER Alles ist leer.

LINK So brennt an allen Ecken!

METZLER Wird ein hübsch Feuerchen geben. Siehst du, wie die Kerls übereinander purzelten und quiekten wie die Frösche! Es lief mir so warm übers Herz wie ein Glas Branntwein. Da war ein Rixinger; wenn der Kerl sonst auf die Jagd ritt, mit dem Federbusch und weiten Naslöchern, und uns vor sich hertrieb mit den Hunden und wie die Hunde. Ich hatt ihn die Zeit nicht gesehen, sein Fratzengesicht fiel mir recht auf. Hasch! den Spieß ihm zwischen die Rippen, da lag er, streckt alle vier über seine Gesellen. Wie die Hasen beim Treibjagen zuckten die Kerls übereinander.«[24]

Kein Wunder, daß Götz, der rechtliche, redliche Biedermann, als den ihn Goethe darstellt, mit solchen Mordbrennern, Räubern und Mördern nicht gemeine Sache machen will und daß er, als die Bauern ihn zum Hauptmann nehmen wollen, ein solches Ansinnen unter Berufung auf die Weinsberger Bluttat brüsk ablehnt:

»GÖTZ Und wenn ich ganz frei wäre, und ihr wollt handeln wie bei Weinsberg an den Edeln und Herrn, und so forthausen, wie ringsherum das Land brennt und blutet, und ich sollt euch behülflich sein zu euerm schändlich rasenden Wesen – eher sollt ihr mich totschlagen wie einen wütigen Hund, als daß ich euer Haupt würde!«[25]

Durch die Tat von Weinsberg, wie sie Goethe den Bauernführer Metzler berichten läßt, findet Götz das Urteil bestätigt, das ihm bereits früher, am Ende des vierten Aktes, als er zum ersten Male von den bäuerlichen Aufständen hört, nahegelegt wurde. Sein Diener Lerse erzählt ihm:

»LERSE Und hier in der Nähe gibt's noch schrecklichere Veränderungen. Die Bauern haben einen entsetzlichen Aufstand erregt.

GÖTZ Wo?

LERSE Im Herzen von Schwaben. Sie sengen, brennen und morden. Ich fürchte, sie verheeren das ganze Land.

GEORG Einen fürchterlichen Krieg gibt's. Es sind schon an die hundert Ortschaften aufgestanden, und täglich mehr. Der Sturmwind neulich hat ganze Wälder ausgerissen, und kurz darauf hat man in der Gegend, wo der Aufstand begonnen, zwei feurige Schwerter kreuzweis in der Luft gesehen.

GÖTZ Da leiden von meinen guten Herrn und Freunden gewiß unschuldig mit!

GEORG Schade, daß wir nicht reiten dürfen!«[26]

Sengen, brennen, morden! Es lohnt sich, dieses Urteil, das durch Metzlers Schilderung der Weinsberger Geschehnisse seine schärfere Kontur erhält, an den tatsächlichen historischen Ereignissen zu überprüfen; nur so läßt sich die spezifische Form der Verarbeitung des historischen Materials richtig einschätzen, nur so läßt sich ermessen, ob und inwieweit das zugrunde liegende Ereignis generelle Aussagen über den Bauernkrieg, wie sie Goethe trifft, überhaupt nahelegt.

Aus den – in Detailangaben unterschiedlichen – Darstellungen, die auf uns gekommen sind, ist das folgende Bild rekonstruierbar: Mitte April 1525 zogen die Bauern des Neckartal-Odenwalder Haufens nach Weinsberg, einer kleinen württembergischen Amtsstadt, in die die Stuttgarter Regierung, um dem Druck der Bauern wenigstens einigen Widerstand entgegensetzen zu können, eine Besatzung von etwa achtzig Rittern und Knechten gelegt hatte. Bei ihrem Ritt von Stuttgart nach Weinsberg hatte die Schar, unter dem Befehl des Grafen Ludwig von Helfenstein, eines Schwiegersohnes Kaiser Maximilians, alle Bauern niedergemacht, die ihnen auf dem Weg untergekommen waren. In Weinsberg angelangt, hatte der Graf den Bauern der Umgebung, die sich dem Haufen angeschlossen hatten, gedroht, er werde ihre Dörfer einäschern und ihnen Weib und Kinder nachjagen, wenn sie nicht augenblicklich wieder heimzögen. Überdies hatte er, noch zur Zeit des allgemeinen Waffenstillstandes, die Nachhut des Haufens überfallen und unter den Bauern, wie der Heilbronner Karmelitermönch Michael Leip berichtet, ein Blutbad angerichtet: »Als die Bauern also hin und wieder zogen Weinsberg zu, erschoß der Graf viele Bauern aus seinem Schloß und was hintennach zog, erstach er mit seinen Dienern allesamt. Das verdroß die Bauern sehr, und sie hielten zu Neckarsulm Rat, wie sie das Schloß in ihre Gewalt brächten.«[27] Schließlich hatte der Graf oder jedenfalls die Besatzung des Schlosses, als die Bauern vor Weinsberg angelangt waren, wider jegliches Recht die Herolde beschießen und verwunden lassen, die die Aufforderung der Bauern überbringen sollten, das Schloß zu übergeben oder wenigstens die Kinder und Frauen vor dem Kampf aus der Stadt zu bringen.

Es gab mithin Gründe genug, weshalb die Bauern gegen den Helfensteiner erbittert waren. Aber es kamen noch andere hinzu: Die Bauern hatten kurz zuvor Nachrichten von dem unglücklichen Ausgang der Schlacht bei Leipheim erhalten, sie hatten erfahren müssen, mit welcher wilden Wut der Truchseß Rache genommen hatte, wie er die Anführer des Haufens enthauptet und die Städte Leipheim und Günzburg seinen Söldnern zum Plündern und Brandschatzen freigegeben hatte. Hinzu kam, daß die Bauern die durch den Schwäbischen Bund verbreitete und absichtlich übertriebene Meldung, bei Wurzach seien über 7000 Bauern in einem Gefecht erschlagen worden, zunächst einmal für bare Münze nehmen mußten.

Vor diesem Hintergrund ist die Weinsberg-Episode zu sehen, deren Ereignisverlauf der Bauernkrieg-Historiker Günther Franz in seinem Bauernkrieg-Buch so zusammenfaßt: »Obgleich Graf Ludwig wußte, daß auf die Bürgerschaft kein Verlaß war, daß er daher nur die Burg, nicht aber die weiträumige Stadt gegen die Bauern verteidigen konnte, ließ er doch die Burg fast unbesetzt und ging unbekümmert mit seinen Begleitern am Ostermorgen, dem 16. April, in die Kirche. Verrat gab den Bauern davon Kunde. Einer Schar Landsknechte gelang es leicht, die Burg zu stürmen. Nach kurzem Kampf öffneten sich auch die Tore der Stadt. Durch diesen Handstreich hatten die Bauern ihren ersten militärischen Erfolg errungen. Sie beuteten ihn grausam aus. Nach kurzem Gericht wurde an den Herren und Knechten, die nicht im Kampf gefallen waren, die Landsknechtstrafe vollzogen, sie wurden durch die Spieße gejagt. Der Pfeifer Melchior Nonnenmacher von Ilsfeld, der den Herren früher zum Tanz aufgespielt hatte, spielte ihnen jetzt zum Tode. ›Der schöne Graf‹ Ludwig von Helfenstein eröffnete den schauerlichen Reigen. Ein Bauer rief: ›Du bist mir über den Samen geritten!‹, ein anderer: ›Du hast mir ein Schwert über den Kopf geschlagen!‹ und stach zu. Graf Ludwigs Frau und sein Kind flüchteten sich auf einem Ackerwagen nach Heilbronn.«[28]

Derselbe Historiker nun, der die Grausamkeit der Szene auf diese Weise unterstrichen hat, warnt aber auch davor, sie für eine Schlüsselszene des Bauernkrieges überhaupt zu nehmen: »Diese Tat bestimmt bis heute in weiten Kreisen das Bild vom Bauernkrieg. Mit Unrecht. Sie war ein einmaliger Ausbruch von Volksleidenschaft, der sich nicht wiederholte. Die Bauern waren durch den Übermut der Herren gereizt worden. Ihre Erregung wurde durch Jäcklein Rohrbach und seinen Kreis künstlich gesteigert. Hinter dem Rücken der Führer wurde das Gericht vollzogen. Rohrbach wollte anscheinend durch die Bluttat das Tischtuch zwischen den reformfreundlichen Führern der Odenwälder und ihren adligen Freunden zerschneiden und auch die Odenwälder zu einem radikalen Standpunkt fortreißen. Dieser Plan mißlang. Die Odenwälder schüttelten Rohrbach von sich ab. Er mußte sich den Württembergern anschließen.«[29]

Obwohl nun diese Zusammenhänge auf solche Weise quellenmäßig durchaus zu rekonstruieren sind, obwohl also feststeht, daß der Helfensteiner in seinem unangefochtenen adligen Herrschafts- und Überlegenheitsbewußtsein mit aller Härte versucht hatte, die Bauern im Sinne der von ihm vertretenen rigorosen Auffassung von Recht und Ordnung wieder zur Raison zu bringen, und obwohl schließlich nicht einmal »die Bauern«, sondern eine kleine Gruppe radikal Entschlossener die Bluttat vollführt haben, hat diese Episode immer wieder als Beweis für die blutrünstige Gewalttätigkeit der Bauernpartei im Bauernkrieg herhalten müssen. Allerdings spielte dabei die ständische Empörung eine entscheidende Rolle, die Empörung darüber, daß Bauern es wagten, Adlige durch die Spieße zu jagen, noch dazu den Grafen von Helfenstein, einen leibhaftigen Schwiegersohn des Kaisers.

Aus jeder Zeile, mit der etwa Leopold von Ranke[30] in seiner noch heute als grundlegend betrachteten *Deutschen Geschichte im Zeitalter der Reformation* von 1839 der Vorgänge von Weinsberg gedenkt, ist solche Empörung abzulesen. Da werden, scharf konturiert, Schwarz-Weiß-Figuren einander gegenübergestellt: der unschuldige Graf, der, wie suggeriert wird, nur deshalb von den Bauern mit solcher Wut verfolgt wird, weil er es gewagt hatte, Widerstand zu leisten; die Gräfin, deren flehentlichste Bitte und rührende Hilflosigkeit bei den erbarmungslosen Peinigern nichts auszurichten vermögen; die Bauern, die ihrer natürlichen angestammten Unmenschlichkeit folgen und aus dem verhaßten Adel just diesen armen Grafen herausgreifen, um an ihm ihr ruchloses Exempel zu statuieren: »Wehe denen, die sich widersetzten, wie Graf Helfenstein in Weinsberg! In den Bauern entzündete sich bei dem ersten Widerstande ihre angeborene Rohheit zu dem wildesten übermütigsten Blutdurst; sie schwuren, alles zu töten, was Sporen trage; als sie Helfensteins mächtig geworden, war es vergebens, daß sich seine Gemahlin, natürliche Tochter Kaiser Maximilians, ihren Knaben auf dem Arme, vor den Oberhäuptern niederwarf: man bildete eine Gasse, ein pfeifender Bauer schritt dem Schlachtopfer voran; unter Trompeten- und Schalmaienklang ward Helfenstein in die Spieße seiner Bauern gejagt.«[31]

Wie sich nun dieser Graf vorher »seinen Bauern« gegenüber verhalten hatte, davon lesen wir bei Ranke kein Wort; bei ihm ist auch pauschal von »den Bauern« die Rede, obwohl es sich nur um eine kleine eigenmächtige Gruppe handelte; auch ignoriert Ranke, daß die Bluttat, da die Bauern sich vorwiegend auf Gewalt gegen Sachen beschränkten, keineswegs verallgemeinert werden darf, wie er denn auch sonst kaum ein Wort über das Verhalten der Herren verliert; ihnen schreibt er keine »angeborene Rohheit« zu, obwohl sie nicht nur in Einzelfällen, sondern in der Regel weit grausamer und blutiger verfuhren als die Bauern in Weinsberg. Man braucht nur an einen Bericht zu erinnern, den Ranke mit Sicherheit kannte: an den Bericht, den der Schreiber des Truchseß, einer der Hauptaugenzeugen des Bauernkrieges, von der Exekution Nonnenmachers, des Pfeifers von Weinsberg, gegeben hat, von einer Form der Hinrichtung, gegenüber deren Bestialität die Grausamkeit der Weinsberger Bauern geradezu human genannt werden könnte: »Mitlerzeit kame dem Truchsässen Kuntschaft, wie noch etlich von den Pauren in dem Stattlin Sundelfingen, die darein geflohen, weren, darunder dann besonder ainer, der seinen Vötter, Graf Ludwigen von Helfenstain, und die vom Adel zue Weinsperg durch die Spieß helfen jagen. Alsbald rennet er mit etlichen Pferten für das Tor, fordert die Burger heraußer und sprach zue inen: ›Ir haben der Bößwicht einen under und bei euch, so auch zue Weinsperg bei dem Mord gewest, den wollten von Stund an heraus antworten.‹ Sie wolten kainen wißen, sagt er: wann sie ime denselbigen in ainer halben Stunt [nit] zue Handen brachten, so wöllt er das Stättlin anzinden, sie alle sambt Weib und Kündern verbrennen. Da solches die Weiber höreten, suechten sie ernstlicher dann die Mann, und fand ine ain Weib in ainem Taubenschlag, brachten ine dem Truchsässen, welcher in wol kennet, dann er was ein Zinkenblaßer und gueter Pfeifer, derhalben er bei Graf Ludwigen in sonderm Vertrauen gewest und merers Tails bei ime zue Tisch gesessen. Aber als der Graf von den Pauren durch die Spieß zue jagen verurtailt, hette der dem Grafen sein Federhuet abgenommen, den aufgesetzt und gesagt, er were lang genueg ain Graf gewest, hette ime oft zue Danz gepfiffen, jetzo welle er auch ein Graf sein und erst den rechten Danz pfeifen, und dieweil man also den Grafen sambt andern hinaus füeret, gieng er, als obsteet, vor und bliese den Zinken, half ine darnach durch die Spieß jagen und namb volgents das Schmalz[32] aus ime, schmieret seinen Spieß damit. Und auf selbigen Abent ließ der Truchsäß ine an ainen Paumb mit einer langen eisenen Ketten binden, daß er umb den Paum auf zween Schrit weit laufen möcht, bevalch guet Holz zue bringen. Das ließ er ringsumb etwa anderthalb Clafter von dem Paum auf ainander legen, anzünden und den Ubeltäter durch den Nachrichter braten, also daß ime der ganz Leib [in] beinach einem Viertel ainer Stunt zue eitelem Braten, und er noch leben was bis zue letster Abschied.«[33]

Man könnte fortfahren mit der Aufzählung solcher Taten der Herren, vor allem vom Ende des Krieges, denen vergleichbare der Bauern sich nicht an die Seite stellen ließen; man könnte z. B. daran erinnern, daß die Rache der Herren nicht nur punktuell grausam, sondern darüber hinaus auch noch langwierig war und lokal bis weit in die Friedenszeit fortwirkte. So wurde nach dem Bericht der Weißenhorner Historie von Nikolaus Thoman das Ereignis von Weinsberg 1526 mit einem »jahrtag« begangen: am Ostertag wurden »etwan ful pauren durch die spieß gejagt und erstochen [. . .] in beywesen ihrer weiber und kinder.«[34]

Vergleicht man Rachehandlungen wie die Hinrichtung Nonnenmachers oder die »Feier« des Jahrestages von Weinsberg mit dem Verhalten der Bauern im Bauernkrieg, so wird die ganze Parteilichkeit des Rankeschen Urteils deutlich. Und dieses Urteil ist um so fragwürdiger, als es von vornherein die Perspektive verkürzt, unter der ein Ereignis wie Weinsberg gesehen werden müßte: selbst wenn der Vergleich zu Ungunsten der Bauern ausfiele, wäre keinesfalls schon deren Roheit – ob angeboren oder nicht – bestätigt; denn dafür müßten zuvor die historischen Gründe festgestellt werden, denen solche Formen des Verhaltens entsprangen. Wie jede Form der Gewaltanwendung stehen auch Grausamkeit und Rohheit im geschichtlichen Kontext; es gibt sie nicht, wie das Ranke-Urteil unterstellt, »an sich«; sie können daher auch nicht rein formal beurteilt werden.

Nach diesem zwar weiten, aber notwendigen Umweg können wir jetzt wieder zum *Götz* zurückkehren und mit dem, was sich aus der historischen Erkundung ergeben hat, vergleichen, was Goethe durch Ritter oder durch Zeugen der Helfenstein-Szene von den Bauern sagen läßt:

– »sie sengen, brennen und morden«.
– »fort, fort, daß wir den Mordhunden entgehen«.

– »Was sich widersetzt, wird niedergestochen. Plündert schnell und rein aus. Wir zünden gleich an.«

– »Wir haben sie zusammengestochen, daß es eine Lust war.«

– »Umringt waren sie, ehe sie sichs versahen, und alle mit den Spießen niedergestochen. Hab mein Tag so kein Gaudium gehabt.«

Die tierische Lust an der Grausamkeit, die den Bauern hier unterstellt wird, die bestialische Freude an der Qual anderer, die solche Äußerungen ihnen zuschreiben, ist, nach allem, was wir aus der Geschichte erfahren, keineswegs charakteristisch für das Verhalten der Bauern. Aber offenbar war sie im Kontext des Dramas notwendig, denn sie wurde von Goethe erst in einem Umarbeitungsprozeß besonders herausgestellt.

In der ersten Fassung des *Götz*, die der junge Dichter im Herbst 1771 in knapp sechs Wochen niedergeschrieben hat, hatte die Weinsberg-Szene noch eine andere kompositorische Funktion.[35] Sie wurde nicht nur berichtet, sie wurde tatsächlich vorgeführt. Die Bauernführer treffen in der Nacht bei einer halbverfallenen Kapelle auf einem Kirchhof zusammen. So düster die Requisiten und das Lokal, so düster der Anlaß: Metzler berichtet von der Gefangennahme des Grafen und der geplanten Hinrichtung, als die Gräfin mit ihrem unmündigen Kind hinzutritt und um die Freilassung ihres Mannes fleht. Metzler weist sie zurück. Doch im Unterschied zur späteren Fassung, in der sich die Bauern nur als hohnlachende Sadisten präsentieren, als Bestien, die sie von Natur und Herkunft angeblich sind, wird hier begründet, unter welchen Bedingungen es zu diesen Mordgelüsten kam. Und mag die Rache Metzlers noch so persönlich begründet sein, immerhin dringt in seinen Worten noch etwas von der Wirklichkeit der Zeit um 1500, von der Realsituation abhängiger und rechtloser Bauern, in das Stück ein:

»METZLER Wie der giftige Drache, dein Mann, meinen armen Bruder, und noch drei Unglückliche in den tiefsten Turn warf, weil sie mit hungriger Seele seinen Wald eines Hirsches beraubt hatten, ihre armen *Kinder und Weiber* zu speisen – Wir jammerten und baten. So kniete die arme Frau, wie du kniest, und so stund der Wüterich, wie ich stehe – Ich wollte diesen Platz nicht um einen Stuhl im Himmel tauschen – Da flehten wir auch Barmherzigkeit, und mehr als ein Knabe jammerte drein. – Damals lernte ich, was ich übe – Er stund, der Abscheu, wie ein ehrener Teufel stund er und grinste uns an. Verfaulen sollen sie lebendig und verhungern im Turn, knirscht er. Damals war kein Gott für uns im Himmel, jetzt soll auch keiner für ihn sein.«[36]

»Weil sie mit hungriger Seele seinen Wald eines Hirsches beraubt hatten.« Erinnern wir uns, daß eine der Hauptforderungen der Bauern war, ein Jagd- und Nutzungsrecht durchzusetzen, und keineswegs, weil sich die Bauern gern als Jäger sahen, sondern aus Not, und weil sie auch in diesem Bereich der allzu krassen Willkür der Adligen zu begegnen suchten. »Unter den Frondiensten spielten Jagdfronen, unter den Strafen die Wald- und Jagdfrevel eine Hauptrolle.«[37]

In einer 1911, zum Geburtstag des württembergischen Königs gehaltenen Rede, also in einer Zeit und bei einer Gelegenheit, die kaum Anlaß zu scharfen antifeudalen Tönen gab, werden die unerträglichen Zustände so beschrieben: »In großer Zahl bedrohten noch Bären und Wölfe die Viehherden; dem Bauern war es aber verboten, Hunde zu deren Abwehr zu halten. Wildschweine durchwühlten des Bauern Acker, Hirsche in großen Rudeln zertraten und weideten seine Fruchtfelder ab, die er nicht durch einen Zaun schützen durfte. [. . .] Bei der Jagd ritten die Jagdherren und Jäger durch die reifenden Kornäcker und ungemähten Wiesen, von denen der Bauer der Herrschaft Zinsen und Abgaben leisten mußte. [. . .] In der Benützung der Almendweiden und der Wälder wurde er eingeschränkt und dies vielfach durch denselben Forstmeister, der das Wild hegte, und über die Äcker und Wiesen bei der Jagd wegritt, Abgaben für jede Vergünstigung erhob und die schwersten Strafen bei Übertretungen zur Ausführung brachte.«[38] Bei Strafe an Leib und Gut, so lesen wir in den Forst- und Jagdverordnungen der Zeit, ist es dem Untertanen verboten, Hirsche und Rehe, Hasen und Auerhühner, Sperber, Haselhühner oder andere Vögel zu fangen. Strafe an Leib und Gut, das hieß konkret oder konnte jedenfalls, je nach der Willkür des Gebietsherrn, heißen: Ausstechen der Augen, Hinrichtung, Verschmachten im Turm, Entzug aller oder wesentlicher Nutzungsrechte.[39]

Goethe hat, bis auf wenige Spuren, alle Begründungen und Rechtfertigungen für die Grausamkeit der Bauern, für ihr Sengen und Morden in der entscheidenden Buchfassung, die seither meist den Aufführungen zugrunde gelegt wurde, getilgt. Aus einem nicht zu übersehenden Grunde: je mehr die Bauern belastet, je weniger ihre kämpferischen Aktionen begründet, je roher und brutaler sie dargestellt wurden, um so stärker ließ sich Götz in seiner Rechtlichkeit und Redlichkeit herausstreichen, ließ er sich als der große Unabhängige, Freie, keiner Partei und der ihr eigenen Schlechtigkeit Verfallene darstellen.

Doch dabei wurden, ähnlich wie bei den Bauern, die geschichtlichen Fakten weitgehend ignoriert, wenn nicht gar ins Gegenteil verkehrt. Denn der historische Götz sah in der Tat anders aus als der stilisierte Biedermann, als den ihn das Schauspiel präsentiert: 1480 auf dem fränkischen Stammschloß Jagsthausen geboren und am Hof des kaiserlichen Feldhauptmanns und Markgrafen Friedrich von Ansbach aufgewachsen, verlor er im Landshuter Erbfolgekrieg die rechte Hand, die durch eine eiserne ersetzt wurde. Trotz des Landfriedens führte er auf eigene Faust seine Fehden, unter anderem mit Nürnberg, Köln und Kurmainz. 1519 wird er als Parteigänger des schwäbischen Herzogs Ulrich vom Schwäbischen Bund gefangen und bis 1522 eingekerkert. Drei Jahre später übernimmt er, wenngleich gezwungen, die Führung der aufständischen Bauern im Odenwald, setzt sich jedoch, als die entscheidende Begegnung mit dem Bundesheer bevorsteht, von den Bauern ab, angeblich weil der Vertrag abgelaufen war, in Wahrheit wohl, um sein Leben in Sicherheit zu bringen und sich noch rechtzeitig von der gefährdeten Sache der Bauern zu distanzieren – ein Vorgang, der dann auch eine demoralisierende Wirkung auslöste: etwa 5000 Bauern verließen, als Götz in Nacht und Nebel verschwunden war, ihre Haufen.[40]

Die neueste Monographie bezeichnet Götzens zahlreiche Fehden denn auch offen als vielfältig bemäntelte Form des Raubes: »Überflüssig zu sagen, daß des Ritters große Fehden ›Raub‹ waren, mochten sie sich auch nach dem Ehrencodex der Zeit in noch so makellosem Gewand präsentieren. [...]

Die Wahl seiner Fehdemittel, das ›schaden trachten‹ durch Raub und Brand, Gefangennahme, Schatzung oder Tötung des Gegners erschienen legitim. Dennoch wurde für ihn, wie für viele andre, Fehde unter dem Schein des Kampfes ums Recht zum Deckmantel für Raub, der nicht mehr Fehdemittel zur Durchsetzung des Rechtes war, sondern als Selbstzweck der Bereicherung diente.«[41]

Anders bei Goethe. Wenn Götz mit seinen Gefährten Kaufleute fängt und Fuhren wegnimmt, so geschieht das keineswegs aus der materiellen Notlage des damals verarmenden und weithin bereits verarmten Ritterstandes heraus, sondern aus edleren Motiven oder, wie Götz selbst es programmatisch formuliert:

»GÖTZ Nicht um des leidigen Gewinsts willen, nicht um Land und Leute unbewehrten Kleinen wegzukapern, bin ich ausgezogen. Meinen Jungen zu befreien, und mich meiner Haut zu wehren!«[42]

So wird der Überfall auf die Nürnberger Kaufleute zu einer notwendigen und legitimen Reaktion auf den Verrat, den diese an Götzens Burschen geübt hatten. Und Elisabeth, die Frau des Ritters, erzählt ihrem Sohn eine rührende Geschichte, wie Götz einem Schneider in Köln zu seinem Recht verholfen hatte:

»ELISABETH Da kam der Schneider zu deinem Vater und bat ihn, er möchte ihm zu seinem Geld verhelfen. Und da ritt er aus und nahm den Kölnern ein paar Kaufleute weg und plagte sie so lang, bis sie das Geld herausgaben.«[43]

Wenn Goethe den Haudegen und Fehdehelden auf solche Weise zu einem freiheitliebenden Verteidiger der Gerechtigkeit umstilisiert, so hat er die historischen Konturen der Gestalt sicherlich beträchtlich verzeichnet. Allerdings wurde ihm diese Interpretation durch die Götzsche Lebensdarstellung nahegelegt, deren wesentlicher Zweck die Selbstapologie war, die Reinigung von dem Vorwurf, der Ritter habe sich im Bauernkrieg nicht gerade vorbildlich verhalten.

Fast wörtlich hat Goethe Teile der schillernden Selbstdarstellung in seine Dramatisierung der Lebensgeschichte übernommen, einer Selbstdarstellung, die in diesem Falle immer wieder auf die Beteuerung hinausläuft, daß Götz von den Bauern durch Gewaltandrohung zu einem Vertrag gezwungen worden sei, den er nicht akzeptieren konnte und daher auf die Dauer nicht zu halten bereit war, zumal sich die – wie der fränkische Ritter sie immer wieder nennt – ruchlosen und tyrannischen Bauern überhaupt nicht an den Vertrag gehalten und weiter gesengt, geraubt, gemordet hätten. Miltenberg sei dabei in Flammen aufgegangen, und Götz habe sich durch diesen Vertragsbruch endgültig desavouiert gesehen.

Durch den Lebensbericht, dem Goethe die Konturen seiner Götz-Gestalt entnommen hat, werden, so läßt sich sagen, die historischen Fronten nahezu vertauscht. War der historische Götz ein Ritter, der aus keineswegs menschenfreundlichen, rechtlichen und ehrsamen Gründen Fehden führte, Kaufleute überfiel und beraubte, so machte Goethe ihn, dem Selbstzeugnis folgend, zu einem Hort der Gerechtigkeit, einem Verteidiger der Armen, einem Schützer der Unterdrückten.[44] Waren die historischen Bauern nach langen Verhandlungsversuchen schließlich angetreten, ganz elementare Lebens- und Arbeitsrechte gegen ihre Unterdrücker durchzusetzen, handelten sie, denen die Aussichtslosigkeit von Verhandlungen nachdrücklich vor Augen geführt worden war, letztlich aus dem Bewußtsein, ihre eigene Lage nicht anders als durch gezielte Gewalt gegen Sachen verändern zu können, so werden sie von Goethe, gemäß der Götzschen Selbstdarstellung, zu abgefeimten Bösewichtern abgestempelt, die ruchlos und tyrannisch mit dem Adel umspringen, ihn verfolgen und morden, wo sie ihn nur treffen. Waren die Bauern im Bauernkrieg diejenigen, denen der Adel geschlossene Verträge auf Zeit hielt, um später nur um so härter zurückschlagen zu können, so werden die Bauern hier als schlechthin vertragsbrüchige Kreaturen hingestellt, als Mord- und Brandteufel, die in ihrer Gier vor nichts zurückschrecken.

Freilich, diese Kontrastierung war, wie sich aus dem Vergleich mit dem *Ur-Götz* ergibt, die Folge dramaturgischer Überlegungen. Goethe selbst hat an der bereits zitierten Stelle in *Dichtung und Wahrheit* aus der Rückschau über die Bearbeitung gesagt, »die menschliche Neigung« habe »der künstlerischen Überzeugung weichen«[45] müssen, und wenn dieses Wort auch auf die Darstellung der Bauern zutrifft, so war deren pejorative Einfärbung Folge künstlerischer Erwägungen, das heißt in diesem Falle: die paradoxe Konsequenz einer Konzeption, der zufolge Götz ein Helfer aller Bedrängten und Unterdrückten sein sollte; denn wie anders als durch eine Distanzierung von den Bauern sollte sonst motiviert sein, daß er *diesen* Bedrängten gerade nicht half, sie sogar im Stich ließ? In ihrer Arbeit über die Helfenstein-Episode hat Ursula Wertheim diesen Sachverhalt schärfer herausgearbeitet: »Je mehr, wie im Ur-Götz, den Ursachen wie den Geschehnissen des Bauernaufstandes an Bedeutung eingeräumt wurde, desto mehr mußte die Hauptfigur verlieren, weil ›der Mann, zu dem die Bedrängten sich wenden‹, [. . .] eben diese Bedrängten im Stiche läßt. Sollte der Held gewinnen, so mußte dies auf Kosten der Bauern geschehen, mußten die Geschehnisse des Bauernkrieges auf die Funktion einer historischen Kulisse herabgedrückt werden. Nur durch mordbrennerisches, vertragswidriges Verhalten der Bauern war Götzens Bruch der Übereinkunft zu motivieren.«[46]

So hat Goethe bei der Umarbeitung alle jene Hinweise getilgt, durch die das Bauernkriegs-Geschehen des 5. Aktes in früheren Szenenzusammenhängen vorbereitet wurde, zum Beispiel die kurzen, bitteren Bemerkungen zweier Bauern über die blutsaugerischen Praktiken der Feudalherren:

»BAUER . . . aber ein großer Herr könnt mir geben die Meng und die Füll, ich könnt ihn doch nicht leiden, ich binn ihnen allen von Herzen gram, und wo ich sie scheren kann, so thu ichs.

BAUER Aber wie's jetzt unsere gnädige Herren anfangen, uns biss auf den letzten Blutstropfen auszukeltern, und daß wir doch nicht sagen sollen: ihr machts zu arg! nach und nach zuschrauben. Seht, das ist eine Wirtschafft, daß man sich's Leben nicht wünschen sollte.«[47]

Auch die Szene am Ende des 4. Aufzuges, in der Götz zum ersten Mal von den Bauernaufständen erfährt, hat im *Ur-Götz* einen anderen Umriß; Georg, Götzens Bursche, informiert den Ritter:

»GEORG Die Bauern vieler Dörfer haben einen schrecklichen Aufstand erregt, sich an ihren tyrannischen Herren zu rächen, ich weiß, daß mancher von euren Freunden unschuldig ins Feuer kommt.«[48]

Und Götz antwortet:

»Mich dauert der Herr und der Untertahn. Wehe wehe denen Grosen, die sich aufs Übergewicht ihres Ansehens verlassen. Die menschliche Seele wird stärker durch den Druck. Aber sie hören nicht und fühlen nicht ... So sind unsere Herren ein verzehrendes Feuer das sich mit Untertahnen Glück, Zahl, Blut und Schweiß nährt ohne gesättigt zu werden.«[49]

In der endgültigen Fassung verschiebt sich das Gewicht einseitig zugunsten der Herren. Die eindeutige Sympathieerklärung für die Bauern fällt aus. Zurück bleiben: die schrecklichen Veränderungen, der entsetzliche Aufstand der Bauern, das Sengen, Brennen und Morden. Und Götz, der in der Urfassung die Vorgänge durchaus in ihrer Ambivalenz sieht, stellt sich zunächst entschieden auf die Seite der Adligen:

»GÖTZ Da leiden von meinen guten Herrn und Freunden gewiß unschuldig mit!«[50]

Es bleibt allerdings die Frage, ob Goethe bei solchen Änderungen primär eine Verunglimpfung der Bauern im Auge hatte. Objektiv jedoch war sie die notwendige Folge des konsequenten Versuches, die Gestalt des Götz zu heben, eines Versuches, der wiederum zusammenhing mit Zielen und Tendenzen, die sich für den jungen Dichter aus der eigenen Zeit ergaben. Goethe griff hier ein aktuelles Problem auf: den Kampf gegen die feudalen Fesseln und engen kleinstaatlichen Schranken, gegen nationale Zersplitterung und Einengung der bürgerlichen Freiheiten durch die Territorialgewalten. Einer Zeit der politischen Ränke, der verfeinerten, manierierten Zivilisation, wie sie sich im höfischen Leben der eigenen Zeit präsentiert, setzt Goethe das unzeitgemäße, aber nach der Auffassung jugendlicher Literaten erfrischend ursprüngliche

Gegenbild des *Götz* entgegen. Den charakterlosen, schmeichlerischen, taktisch kalkulierenden, raffinierten Höflingen tritt der charaktervolle, aufrechte, aller Hinterlist und Verlogenheit abholde Ritter gegenüber, der zum Scheitern verurteilt ist, weil er gegen die Rechtsbrüchigen, das herrschende Recht jedoch geschickter Manipulierenden grundsätzlich Unrecht erhält.

Götzens Tod wird daher zum symptomatischen Indiz eines historischen Wendepunktes, seiner Verstümmelung entspricht die systematische Aushöhlung von Recht und Freiheit, die systematische Zersetzung der alten Welt. So sieht der letzte Aufrechte in seiner Todesstunde schreckliche Zeiten heraufziehen:

»GÖTZ Es kommen die Zeiten des Betrugs, es ist ihm Freiheit gegeben. Die Nichtswürdigen werden regieren mit List, und der Edle wird in ihre Netze fallen.«[51]

Noch einmal beschwört er die Freiheit, deren Niedergang er nicht zu überleben vermag, und dieser selbstverlorene Ruf, mit dem Götz stirbt, weist zurück auf eine Szene des dritten Aktes, in der Götz und die Seinen voller Selbstvertrauen und tatkräftiger Selbstgewißheit beieinander sitzen. Götz bringt ein Hoch auf den Kaiser aus:

»GÖTZ Es lebe der Kaiser ... Das soll unser vorletztes Wort sein, wenn wir sterben! ... Und wenn unser Blut anfängt auf die Neige zu gehen, wie der Wein in dieser Flasche erst schwach, dann tropfenweise rinnt, ... was soll unser letztes Wort sein?

GEORG Es lebe die Freiheit ...

GÖTZ Und wenn die uns überlebt, können wir ruhig sterben. Denn wir sehen im Geist unsere Enkel glücklich und die Kaiser unserer Enkel glücklich. Wenn die Diener den Fürsten so edel und frei dienen wie ihr mir, wenn die Fürsten dem Kaiser dienen, wie ich ihm dienen möchte –

GEORG Da müßt's viel anders werden.

GÖTZ So viel nicht, als es scheinen möchte. Hab ich nicht unter den Fürsten treffliche Menschen gekannt, und sollte das Geschlecht ausgestorben sein? Gute Menschen, die in sich und ihren Untertanen glücklich waren ...

GEORG Habt ihr solche Herren gekannt?

GÖTZ Wohl. Ich erinnere mich zeitlebens, wie der Landgraf von Hanau eine Jagd gab, und die Fürsten und Herren, die zugegen waren, unter freiem Himmel speisten und das Landvolk all herbeilief, sie zu sehen. Das war keine Maskerade, die er sich selbst zu Ehren angestellt hatte. Aber die vollen runden Köpfe der Burschen und Mädchen, die roten Backen alle, und die wohlbehäbigen Männer und stattlichen Greise, und alles fröhliche Gesichter, und wie sie teilnahmen an der Herrlichkeit ihres Herrn, der auf Gottes Boden unter ihnen sich ergetzte ... Wollte Gott, es gäbe keine unruhigen Köpfe in ganz Deutschland! Wir würden noch immer genug zu tun finden. Wir wollten die Gebirge von Wölfen säubern, wollten unserem ruhig ackernden Nachbarn einen Braten aus dem Wald holen, und dafür die Suppe mit ihm essen ... Das wäre ein Leben! Georg! Wenn man seine Haut für die allgemeine Glückseligkeit dransetzte.«[52]

Die Szene ist bezeichnend für Götzens naives utopisches Ideal, das einige Züge eines trivialisierten Rousseauismus aufnimmt, vom Autor des 18. Jahrhunderts seiner spätmittelalterlichen Figur so unbedenklich wie anachronistisch beigelegt. Alle Unstimmigkeit und Friedlosigkeit der Welt, alle politische Uneinigkeit und Rechtlosigkeit haben demnach ihre Wurzeln in menschlichen Unverträglichkeiten und moralischen Defizienzen von Einzelnen. Die Welt ist so heillos, weil so wenige Menschen da sind, die guten Willens sind, sich redlich und gesittet, freimütig und ordentlich ihrem Status gemäß zu verhalten.

Doch dieses Ideal, mag man es auf der Ebene von Götzens ritterlichem Bewußtsein naiv nennen, präsentiert sich auf der Ebene des vom Autor hergestellten Textes als Verfälschung und Verschleierung; denn in einem solchen Bild wird völlig davon abstrahiert, daß der Kampf der Ritter gegen die Territorialfürsten, wie er sich historisch vollzogen hat, ein durchaus materiell begründeter Kampf um Interessen und um die Wahrnehmung von Privilegien war; es wird ignoriert, daß sich die Ritter durch ihre Interessen- und Privilegien-Verteidigung ihren angestammten Anteil am gesellschaftlichen Reichtum zu sichern suchten und daß dies allemal auf Kosten der arbeitenden, den gesellschaftlichen Reichtum erwirtschaftenden Unterschichten ging, denen Götz in seinem Porträt – wider alle historische Wahrheit – so frische, appetitlich-gesunde Farben verleiht.[53]

Konstruiert wird eine harmonische Gesellschaft, in der Ruhe und Ordnung herrschen, weil alle mit ihrem Stand zufrieden sind und die notwendige Hierarchisierung dem Wohl aller dient. Verschwiegen wird, daß die dem Feudalsystem immanente Struktur, die aus Unterordnung und Rechtlosigkeit resultierende Unmündigkeit der Abhängigen, solche Harmonie potentiell freier, weil ihren eigenen Status bejahender Individuen gar nicht ermöglichte. Dem Verzicht auf stärkere Konturierung der Differenzen zwischen den Vertretern differenter Klassen entspricht, daß Götz das idealisierte Bild seiner selbst naiv absolut setzt; der Einebnung der realen Gegensätze und Konflikte entspricht die Herstellung einer allgemeinen, verbindlichen moralischen Norm, an der alle Vertreter unterschiedlicher Klassen, unabhängig von ihrer konkreten Situation, gemessen werden können. Stellt sich Götz als deren – wenn auch erfolgloser, so doch noch im Untergang das Ideal bestätigender – Verteidiger dar, so erweisen sich die Fürsten als die – wenn auch erfolgreichen, so doch gerade wegen ihrer anarchischen Immoralität zu verurteilenden – Zerstörer eines an sich möglichen idealen Lebens.

Dieser dramaturgischen Kontrastierung fallen die Bauern im wahrsten Sinne des Wortes zum Opfer, da auch sie in das allgemeine moralische Verdikt einbezogen werden: eine unrepräsentative Handlung wie die Weinsberg-Episode wird verallgemeinert; der rechtliche Götz wird demnach von mörderischen, haltlosen anarchischen Bauernhorden gezwungen, ihr Hauptmann zu werden, was noch dazu auf eine höchst widersinnige Weise motiviert wird, denn keineswegs will einleuchten, daß derart haltlose Gesellen, wie unterstellt wird, auf den Schein von Rechtschaffenheit, den sie sich von Götzens Hauptmannschaft versprechen, überhaupt noch Wert legen. Gleichviel: Goethe schlägt sich im Namen der durch Götz angeblich vertretenen Idealität auf dessen Seite, stattet ihn im Namen dieser Idealität mit dem moralischen Recht aus, zum Selbsthelfer in anarchischer Zeit zu werden, ohne konkret danach zu fragen, wie denn solche »Anarchie« im 16. Jahrhundert zustande kam, welchen Anteil dabei der durch Götz vertretene Kleinadel hatte, und ob nicht Götzens eigenes freiheitliches Verhalten eine Form anarchischer Opposition darstellt. Den Bauern aber, den eigentlichen Opfern der Anarchie, wird nicht nur das Recht abgesprochen, im Widerstand gegen die Anarchie zur Selbsthilfe greifen zu dürfen; sie werden darüber hinaus mit dem Vorwurf belastet, diese anarchischen Zustände zu einem nicht geringen Teil mitverschuldet zu haben und noch mit zu verschulden.

Die Geschichte der *Götz*-Fassungen zeigt, daß das Negativbild der Bauern nicht von vornherein bestand, sondern daß es im Fortgang der Bearbeitungen erst hergestellt wurde, im Zusammenhang mit stilistisch-kompositorischen Intentionen, die auf eine geschlossenere Gestaltung der Hauptfigur und auf eine stimmigere Motivation des Handlungsverlaufes zielten. Diesen Intentionen wurde die – jedenfalls zunächst noch relativ große – Übereinstimmung von geschichtlich-realer und poetisch-imaginierter Situation zum Opfer gebracht und im Namen einer auf das große Einzelschicksal hin entworfenen Konzeption von Tragik über die Geschichte des »gemeinen Mannes« souverän verfügt. Noch in den Formen der literarischen Darstellung, so zeigt sich, setzt sich der Gewaltzusammenhang fort, der die reale Geschichte konstituiert.[54]

3. Gerhart Hauptmanns *Florian Geyer*

Es möchte scheinen, als hätte Gerhart Hauptmann die hier verschobenen Geschichtskonturen wieder zurechtrücken wollen, als er 1895 in seinem Bauernkriegsdrama *Florian Geyer* nicht nur die Volksszenen beträchtlich ausweitete, sondern auch zwei Szenen aufnahm, die mit Sicherheit auf eine Relativierung der im Goetheschen Drama so gewaltig emporstilisierten Götz-Gestalt abzielen. Vertreter der Bauernpartei unterhalten sich:

»DER SCHULTHEISS Kennt ihr den Berlinger von Angesicht?
REKTOR BESENMEYER Den Götzen von Berlichingen mit der eisernen Hand?

DER SCHULTHEISS Der dort auf dem mageren Klepper sitzt.
REKTOR BESENMEYER Das kurze Männlein?
DER SCHULTHEISS Das Nußknackerlein. Mit dem er spricht ist der Henneberger.
REKTOR BESENMEYER Was disputieret er doch wohl so eifrig?
DER SCHULTHEISS Kotz Blau, was wird es sein!? Die Geschichte vom Bamberger Bischof, mit dem er alleweill in Händel gelegen . . . Hat kein Marks in den Händen, der ganze Götz.«[55]

Dieser körperlichen Herabminderung des überdimensionalen Ritters auf ein nur allzu menschliches Maß entspricht eine Wertrelativierung. Als Götz sich bei Geyer darüber beklagt, daß er die Kluft zwischen Adel und Bauern nur noch vergrößert und es allen anderen zuvor getan habe, die Schlösser und Häuser des Adels zu zerstören, erteilt ihm dieser eine klare Abfuhr, indem er sich von ihm als einem Raubritter distanziert:

»GÖTZ Es tut dannoch nit not. Ihr seid selber vordem ein Ritter gewest. Ist es nit schmählich, Bruder, daß Ihr es allen voran tut mit Zerreißung fester Schlösser und Häuser des Adels, da Ihr doch jedem Pfeffersack Reverenz machet, wenn er gleich nur mit der Zipfelhauben über die Stadtmauer herausdräuet? Die Häuser des Adels . . .
GEYER Herunter mit ihnen, herunter mit allen verfluchten Rabennestern! Es muß ein Ende nehmen mit Heckenschinden und Staudenreiten. Meine weiland guten Gesellen vom Adel sollen lernen Besseres tun, dann zwo Beine über ein Roß henken, Händel uf Gewinn treiben, Bauern schinden und schatzen, Kaufleut' niederwerfen, verstricken oder in die stinkigen Türme werfen, ihnen Händ' abhacken, Ohren abschneiden und dergleichen ritterlicher Handlungen meh'. Ihr sollt fortan eine Tür haben, den Acker bauen und zu Fuß gehen wie andre Christenleut'. Der Edelmann ist nit meh'.«[56]

Und dennoch, trotz solcher Korrekturen und trotz aller genauen historischen Studien, die Hauptmann im Unterschied zu Goethe angestellt hat, bleibt die dramatische Konzeption, und das heißt in diesem Falle: die spezifische Behandlung von Geschichte im Drama, jedenfalls nach ihren in unserem Zusammenhang wichtigen Momenten, relativ gleich. Schon die Tatsache, daß Hauptmann den Schwarzen Ritter Florian Geyer in den Mittelpunkt des Geschehens stellt, entspricht dem Goetheschen Verfahren: hier wie dort werden die historischen Akzente verschoben, denn Geyer, wiewohl mit Abstand unter den Adligen der entschiedenste Parteigänger der Bauern, gehörte nicht zu den wirklich überragenden Führern, sondern trat im Bauernkrieg eher zurück.

Wichtig erscheint mir nun, daß der verfälschenden Darstellung, in der Goethe Götzens Verhältnis zu den Bauern präsentiert, hier eine ähnliche Konstruktion entspricht; denn sicher läßt sich von einer Verfälschung, auf jeden Fall von einer Verzerrung der historischen Realität sprechen, wenn Hauptmann seinen Helden als große überragende Führergestalt den durchgängig von niedrigen Impulsen angetriebenen Vertretern der Unterschichten gegenüberstellt. Hans Mayer hat dieses in seinem Hauptmann-Buch mit Recht moniert: »Statt einer kraftvollen Bauernbewegung erleben wir die kämpferischen Volksmassen im wesentlichen als Objekt in den Händen ihrer Führer. Hauptmann hat zudem die negativen Akzente bei der Schilderung seiner Bauerngestalten gehäuft: Züge der Feigheit, niedriger Selbstsucht, ungesunden Mißtrauens und geistiger Unklarheit. Die eigentlichen Forderungen der Bauern lernen wir – bezeichnenderweise – überhaupt nur im Vorspiel kennen, und zwar nicht als Postulat der Bauern selbst, sondern bloß in der Wirkung, die sie auf ihre Gegner, die geistlichen und weltlichen Herren, ausüben. Sind damit die eigentlichen Volksmassen nur Objekte oder leidende Opfer der Bewegung, so wird umgekehrt Florian Geyer von seinem Dichter in durchaus unhistorischer Weise zur zentralen Heldengestalt überhöht. [. . .] Alle Personen des figurenreichen Dramas, das eine Fülle lebensvoller Gestalten auf die Bühne bringt, stehen eigentlich nur in Beziehung zu Florian Geyer. Auf der einen Seite seine treuen Anhänger, die kein Recht anerkennen außerhalb der Meinungen und Befehle ihres Ritters; auf der anderen Seite die Widersacher des schwarzen Geyer, die sich seinem Oberbefehl nicht fügen wollen. Folgt man Hauptmanns Darstellung, so muß es scheinen, als sei der

Bauernkrieg verloren worden, weil man Geyers Anordnungen nicht befolgte.«[57]

So kommt es bei der Belagerung des Würzburger Frauenberges nur deshalb zur ersten gravierenden Niederlage der Bauern, weil die anderen Führer, von ihrer eigenen Tatengier und Bereicherungssucht verführt, zum Angriff schreiten, ohne die Rückkehr Geyers abzuwarten, der klar erkannt hatte, daß die Burg ohne ausreichendes Geschütz nicht genommen werden konnte. So protestieren die Bauern wiederholt gegen eine Disziplinierung, wie sie Geyer durchzusetzen sucht, da sich ihr Hauptinteresse nicht auf einen möglichst großen militärischen Erfolg, sondern auf möglichst große Beute und die Erfüllung der eigenen primitiven Rachegelüste richtet. So wendet sich einer der Bauern empört gegen Geyers Wahl zum Hauptmann:

»FLAMMENBECKER Brüder, wir brauchen keinen Hauptmann über uns alle. Stoßen wir deshalb die kleinen Tyrannen von den Stühlen, damit wir die großen daruf setzen? Es gibt hie Leute unter uns, die mögen ihre herrischen und teuflischen Gelüsten nit unterdrucken. Sie setzen Profossen über uns, Stockmeister und Schergen. Sie meinen uns mit Steckenknechten zu regnieren, schlimmer und grausamer, dann es unter dem Papsttum gewest. Sie haben hie zu Würzburg Galgen ufgericht't.

GEYER *schreit dazwischen:* Noch meh' Galgen, und alle Weinsberger Blutbuben daran gehenket!

FLAMMENBECKER *rasend:* Alle Junker, Gutgewinner und Ächter daran gehenket! Zum Teufel mit allen gelben Sporen! Man muß Euch durch die Spieße jagen wie den Helfensteiner, Euch vierteilen als die verfluchten Verräter und Bösewicht'! *Gelächter der Ritter.*«[58]

So scheitert denn die Erhebung, weil die Empörer nicht das Maß an Vernunft aufbringen, das erforderlich wäre, um die notwendigen militärischen Erfolge zu erringen. Und darin nun sieht Hauptmann die eigentliche Tragödie des Bauernkrieges: nur durch eine reife überragende Führergestalt wie Geyer wäre es möglich gewesen, die Bauern zum Sieg zu führen; eben dies aber vermögen die Bauern, befangen in ihren niedrigen Ressentiments gegeneinander und gegen andere, nicht zu erkennen.

Bezeichnend für eine solche Ausweglosigkeit der Lage ist der Schluß des Dramas. Nach der blutigen Niederschlagung der Aufstände durch die Adelsheere und der allgemeinen Auflösung der Bauernhaufen rettet sich der schwerverwundete Geyer in die Burg seines Schwagers, wo er, von einer Gruppe betrunkener Adliger gestellt, durch einen ehemaligen Parteigänger der Bauern, den Landsknecht Schäferhans, aus dem Hinterhalt erschossen wird. Wie Götz stirbt er mit dem Ruf »Freiheit!« Doch wenn Götz im Namen einer unangefochtenen Idealität noch im Tode über die triumphiert, die ihn besiegen, so klingt in Geyers Ruf die ganze Resgination dessen, der im Bewußtsein der Vergeblichkeit seiner Anstrengungen stirbt, noch dazu von bäuerlicher Hand.

Der historische Geyer endete auf andere Weise. Er fiel dem Opportunismus seines Schwagers Wilhelm von Gumpach zum Opfer, der sich von dem Verdacht zu reinigen suchte, selber Parteigänger der Bauern gewesen zu sein. Über seinen Tod berichtet nur eine karge briefliche Notiz, die sich bezeichnenderweise jedes weiteren Kommentars über die Bedeutung des Ereignisses enthält: »Letzte nachcz ist Florian Geyern durch zweyer Wilhelm von Gumppachs knechten imb holz Kramschacz erstochen worden, ist eygentlich war.«[59]

Halten wir noch einmal fest, was sich uns oben zeigte: Hauptmanns Florian Geyer wird nicht wie Götz von einer allgemeinen Sympathie, zum mindesten seiner Anhänger, getragen. Ihm würde schon die Mehrzahl der eigenen Parteigänger die Gefolgschaft versagen, wollte er sich zum Selbsthelfer in anarchischer Zeit machen. Gelingt es Goethe noch durchaus, die dramatische Handlung als eine Handlung unterschiedlicher Parteien und Gruppierungen in Gang zu setzen und stellt er in Götz den Vertreter einer auf Rechtlichkeit und Freiheit gerichteten Gesinnung dar, die von Gefährten ganz unterschiedlicher Klassenherkunft geteilt wird, so vertritt Geyer letztlich nur noch selbst das Ideal, dessen Realisierung die geschichtliche Stunde fordert.

Eben hier liegt aber auch der Bruch in der dramatischen Konzeption. Hauptmann vermag das Scheitern zu zeigen, nicht aber das dramatische Geschehen des Bauernkrieges als eines Krieges von Bauern zu exponieren; diese sind als handelnde Subjekte samt und sonders untauglich, dem Zuschauer begreiflich zu machen, wie und daß es überhaupt zum Krieg kam. Einzig der klassenfremde Geyer kann die höheren Zwecke des bäuerlichen Kampfes verdeutlichen; allerdings, realisieren ließen sie sich nur um einen paradoxen Preis: Geyer müßte die Bauern zu Objekten seines Handelns machen, müßte ihnen den eigenen Willen aufzwingen. Eine andere Möglichkeit läßt die tragische Konstellation von Führer und Masse, die Hauptmann als ewige unveränderbare Konstellation feststellt, nicht zu.[59a]

Hans Mayer hat wohl dies im Auge, wenn er den *Florian Geyer* und den *Götz* als Fehlinterpretationen des Bauernkrieges miteinander in Beziehung setzt und dem Dramatiker Hauptmann vorwirft, er habe noch am Ende des Jahrhunderts Fehler wiederholt, die Marx und Engels bereits drei Jahrzehnte zuvor als solche erkannt hätten: »Schon Goethes ›Götz von Berlichingen‹ war eine Idealisierung der höchst fragwürdigen geschichtlichen Gestalt des Ritters mit der eisernen Hand und damit gleichzeitig eine Fehldeutung des Bauernkrieges. Der Stand des geschichtlichen Bewußtseins hatte damals eine historisch konkrete Darstellung noch nicht zugelassen. Im Jahr 1859 waren dann in einer für die deutsche Geschichts- und Literaturbetrachtung bezeichnenden Diskussion die Probleme des Bauernkrieges und seiner möglichen dramatischen Gestaltung behandelt worden. In ihrer berühmten Auseinandersetzung mit Ferdinand Lassalles Schauspiel ›Franz von Sickingen‹ hatten sich Marx und Engels grundsätzlich gegen die Möglichkeit ausgesprochen, eine Gestalt des untergehenden Rittertums [...] als Mittelpunkt für die Darstellung der progressiven Züge in der gescheiterten deutschen Freiheitsbewegung des 16. Jahrhunderts zu wählen. Leider hat Gerhart Hauptmann diese Debatte so wenig beachtet wie Friedrich Engels' Schrift über den deutschen Bauernkrieg. Damit wiederholte er im ›Florian Geyer‹ wesentliche Fehler Lassalles, – wenngleich in einem Werk von ungleich stärkerer Gestaltungskraft und dichterischer Schönheit.«[60]

Nicht nur die in der Debatte aufgegriffenen Probleme der Dramatisierung des Bauernkrieges, sondern auch Lassalles Stück selbst, geben Anlaß, diesen Themenkomplex in unseren Darstellungszusammenhang einzubeziehen.

4. Lassalles *Franz von Sickingen*

Lassalles Drama spielt in der Zeit des Ritteraufstandes von 1522, also drei Jahre vor dem eigentlichen Beginn der Bauernerhebung. Die Handlungsführung läßt zunächst keineswegs erwarten, daß dem Bauernkrieg hier eine wesentliche Rolle zukommt: Lassalles Sickingen appelliert an Kaiser Karl V., Luther und den deutschen Rittern im Kampf gegen Rom zu folgen; Karl hat in seiner Situation keine andere Wahl, als Sickingens Forderung abzulehnen. Sickingen vereinigt darauf die deutsche Opposition, um den entscheidenden Kampf als örtliche Fehde gegen den Kurfürsten von Trier zu beginnen; erst nachdem Trier gefallen ist, will er offen nach der Kaiserkrone greifen. Die Belagerung zieht sich indessen zu lange hin, die Fürsten ziehen vereint gegen Sickingen, den sie in seiner Burg einschließen. Ein letzter Ausfall mißlingt, Sickingen wird schwer verletzt auf seine Burg zurückgebracht, sieht sterbend noch einmal seinen Freund Ulrich von Hutten. Beide wissen, daß die gemeinsame Sache verloren ist.

Wie kommt nun der Bauernkrieg ins Spiel? Kurz zuvor hatte Balthasar, der Vertraute des Ritters, seinem Herrn geraten, sich durch die Herausgabe aller seiner Burgen freien Abzug zu erkaufen und sich an die Spitze der Bauern zu stellen:

»BALTHASAR Herr, als im Elsaß und im Oberlande
Ich für Euch warb, hab ich seltsame Dinge
Gar viel erfahren, manches ausgespäht. –
Im Landvolk gärt's! Es spinnt sich was. Weit geht's
Durch alle Gau'n. Wie unter leichter Decke
Verderbenschwangern Schoß Vulkane bergen,
Glimmt ein verzehrend Feuer mächtig fort.
(Mit Wärme)
Sprecht aus das rechte Wort, und hell empor
Schlagen die Flammen, die verborgen züngeln.
Das Landvolk ruft – und hunderttausend Bauern
Erheben sich zu einem Heere Euch!
– Sprecht aus das Wort und gebt, indem Ihr's sprecht,
Deutschland zum *Heer* Euch, *Euch* dem Land zum *Führer*!«[61]

Doch Sickingen, halb schon gewillt, hatte sich zu diesem äußersten Schritt nicht durchringen können. Dabei wäre, wie

Lassalle an einer späteren Szene zeigt, dieser Entschluß durchaus sinnvoll gewesen. Denn als Hutten in einer Schenke auf den Bauernführer Jos Fritz trifft, da hatte dieser die Beobachtungen Balthasars nur bestätigt und, auf Huttens Frage nach den Bedingungen, begeistert geantwortet:

»JOS FRITZ Die eine nur,
Die ich vorhin Euch schon genannt.
Zu unsrem *Hauptmann* schwör' er sich – beschwöre
Die Zwölf Artikel, die vor uns, gleichwie
Jehovah in der Feuerwolke zog,
Ein zündend Manifest herziehen sollen!
Sein Ansehn, Anhang und sein Feldherrngeist
Verdoppeln unsre Macht. Mit *solchem* Haupt
Ist unsres Spieles Ausgang uns gewiß.
Nicht bessre Stunde können wir erwarten!«[62]

Hutten eilt daraufhin zu dem Freund und ruft ihm, noch ganz unter dem Eindruck einer solchen Begeisterung, voller Emphase zu:

»ULRICH Die *Zeit* ist da! Der Bauer greift zum Schwert!
Dich heischt zum Führer er. In seinem Auftrag
Steh ich vor Dir. Sprich aus ein Wort – und Dir
Ersteht ein Heer von hunderttausend Bauern.«[63]

Aber für den sterbenden Sickingen kommen solche hoffnungsvollen Pläne zu spät. Mit den prophetischen Worten Huttens, die dem bevorstehenden Bauernkrieg ein klägliches Ende voraussagen, endet das Drama:

»ULRICH *Zusammenbricht* mit diesem *einen* Mann
Das deutsche *Vaterland* – in Scherben liegen
Die Hoffnungen, für welche wir gelebt.
Machtlos mit seinem Tod, weicht bang zurück
Der Adel, wirft ans Fürstentum sich hin ...
Des Halts beraubt, sich selbst mißtrauend, spinnt
In seines Weichbilds Sondervorteil sich
Der Städter ein und stirbt dem Ganzen ab.
–Der *Bauer* nur bleibt treu dem großen Zweck

Er greift zum Schwert – doch auf sich selbst beschränkt,
Schleppt er zur Metzgerbank nur seinen Leib
Zur blutigen, bedeckt mit seinem gräßlich
Gevierteilten Gebein die weite, deutsche Erde –
Die schaudernde! Mit Siegersrechten wird
Gewütet in dem eignen Land, entrissen
Wird ihm der alten Freiheit letzter Rest,
Und lange Nacht bricht an, in schwarzem Schleier
Die Trauerzukunft dieses Landes hüllend.«[64]

Ginge es nur um die ästhetische Qualität dieser – im konventionellen Dramen-Pathos daherrollenden – Verse, ließe sich schnell die Akte über diesem Schauspiel schließen, was konsequenter- und wohl auch berechtigterweise die Bühne von Anfang an getan hat; denn erst 105 Jahre nach Lassalles Tod, im Jahre 1969, fand am Staatstheater Oldenburg die Uraufführung statt.

Dennoch, trotz der geringen Bühnenwirksamkeit, behält das Drama seine geschichtliche Bedeutung; und zumal in unserem Zusammenhang scheint es interessant, wie Lassalle im Rahmen seiner Dramatisierung das Verhältnis des großen Führers zur Masse der Bauern beschreibt. Zwar ist die Ähnlichkeit mit dem Hauptmannschen Geyer offensichtlich: hier wie dort hängt der Erfolg der Bauern letztlich allein an ihrem ritterlichen Führer; aber während sich dort die tragische Situation daraus ergibt, daß einem kampfbereiten Führer ein unvernünftiges Bauernvolk ohne eigentliche Kampfmoral zugeordnet wird, ist sie hier die Folge einer zu späten Entscheidung. Sickingen kann den Entschluß, sich an die Spitze der Bauern zu stellen, aus rein äußeren Gründen nicht mehr verwirklichen; nur auf sich selbst gestellt, sind die Bauern nach Sickingens Tod nicht mehr zum Handeln fähig.

Aber, so ist zu fragen, wären sie es *mit* Sickingen? Marx hat es in seinem Antwortbrief bestritten, hat überhaupt bezweifelt, daß Sickingen für Lassalle der richtige Dramen-Held war.[65]

Lassalle wollte, um es mit seinen eigenen Worten zu sagen, »den tiefen dialektischen Widerspruch« darstellen, »welcher der Natur allen Handelns, zumal des revolutionären, innewohnt«, den Widerspruch zwischen der Begeisterung, dem

»unmittelbaren Zutrauen der Idee in ihre eigene Kraft und Unendlichkeit«[66], und der Notwendigkeit einer Realpolitik. Gerade hier aber setzt Marx mit seiner Kritik an. Zwar gibt er zu, daß es sinnvoll sei, diese tragische Kollision zum Drehpunkt einer modernen Tragödie zu machen, er bezweifelt jedoch, daß das behandelte Thema zur Darstellung dieser Kollision passend sei: »Sickingen ging unter, weil er als *Ritter* und als *Repräsentant einer untergehenden Klasse* gegen das Bestehende sich auflehnte oder vielmehr gegen die neue Form des Bestehenden. Streift man von Sickingen ab, was dem Individuum in seiner besonderen Bildung, Naturanlage usw. angehört, so bleibt übrig: – Götz von Berlichingen. In diesem letztern miserablen Kerl ist der tragische Gegensatz des Rittertums gegen Kaiser und Fürsten in seiner adäquaten Form vorhanden. [. . .] Wolltest Du die Kollision nicht einfach auf die in Götz von Berlichingen dargestellte reduzieren, [. . .] so mußten Sickingen und Hutten untergehen, weil sie nur in ihrer Einbildung Revolutionäre waren . . . und sich einerseits zu Organen der lodernden Ideen machten, andererseits in der Tat aber ein reaktionäres Klasseninteresse vertraten. Die *adligen* Repräsentanten der Revolution – durften dann nicht so alles Interesse absorbieren, wie sie es bei dir tun, sondern die Vertreter der Bauern (namentlich dieser) und der revolutionären Elemente in den Städten mußten einen ganz bedeutenden aktiven Hintergrund bilden.«[67]

Engels hat diese Kritik bekräftigt und präzisiert, wenn er in einem Brief an Lassalle die eigentlich tragische Kollision zwischen dem historisch notwendigen Postulat und der praktisch unmöglichen Durchführung darin sieht, daß Sickingen und Hutten als Initiatoren einer Bauernallianz notwendigerweise zwischen zwei Fronten geraten mußten: der Masse des damaligen reichsunmittelbaren Adels, der dies entschieden nicht wollen konnte, weil er sonst seiner aus der Bauernbedrückung gewonnenen Einkünfte verlustig gegangen wäre; und der Masse der Bauern, die gegen den militärischen Oberbefehl eben jener protestiert hätten, die an der Verlängerung eines von den Bauern bekämpften Status quo aufgrund ihrer materiellen Situation nur interessiert sein konnten.[68]

In einem langen Rechtfertigungsschreiben[69] hat sich Lassalle gegen die Freunde zu verteidigen gesucht: Zum einen sei ein

Drama kein kritisch-philosophisches Geschichtswerk, hier komme es vielmehr auf die ästhetische Täuschung an, und die poetische Wahrheit erlaube es, die Konturen des Helden gegenüber der historischen Wahrheit zu verändern; zum anderen sei eine Allianz zwischen Sickingen und den Bauern sehr wohl möglich gewesen, weil die Idee der Bauern in letzter Instanz nicht weniger reaktionär gewesen sei als die Sickingens; schließlich sei es einem Individuum – und der Boden jeglicher zündenden Dramatisierung bleibe nun einmal die umgestaltende und entscheidende Wirksamkeit individuellen Entschließens und Handelns – durchaus möglich, sich im Namen seines individuellen Bewußtseins für Interessen einzusetzen, die von der eigenen Interessenlage abweichen.

Peter Demetz, einer der wenigen, die sich in der Sickingen-Debatte eindeutig auf die Seite Lassalles stellten, hat diese Rechtfertigung grundsätzlich gutgeheißen: »In unbeirrbarer Einsicht hatte Lassalle hier, seine eigene ästhetische Bemühung verteidigend, an die Achillesferse jeder marxistischen Literaturdeutung gerührt: an jene schicksalhafte Vermischung von gesellschaftlicher Realität und geistig-schönem Schein, die zuletzt immer wieder dazu führen muß, fiktive Gestalten in einem absurden Säuberungsprozeß vor höchst konkrete Parteitribunale zu zitieren.«[70] Aber Demetz hat damit die Akzente verschoben; denn es ging in diesem Streit ja nicht um das Recht auf individuelle Gestaltung dichterischer Fiktion – dies wurde von Engels expressis verbis und von Marx stillschweigend zugestanden –, es ging vielmehr um die Frage nach der Konsistenz einer Dramatisierung von Geschichte und damit um die weitergreifende Frage nach den Faktoren, die im geschichtlichen Drama solche Konsistenz überhaupt verbürgen. Die polemische Zuspitzung, die Demetz seiner Parteinahme gibt, trifft hier nicht den Kern, insofern als für das geschichtliche Drama nicht die dichterische Fiktion allein konstitutiv ist, sondern allemal das spezifische Verhältnis von dichterischer Fiktion und geschichtlicher Realität.

Erweist sich Demetz' Vorstellung, es gebe so etwas wie einen autonomen geistig-schönen Schein, ohnehin als reichlich abstrakte, d. h. die zwar vielfältig vermittelte, aber gleichwohl doch bestehende Beziehung von Kunst und Wirklichkeit nicht reflektierende Konstruktion[71], angesichts der notwendigen

Mischung der beiden – bei Demetz als trennbar vorausgesetzten – Komponenten im geschichtlichen Drama ist sie es allemal. Es scheint mir aber höchst bezeichnend für die zunehmende politische Entleerung der Debatte, daß der Realpolitiker Lassalle noch wesentlich differenzierter argumentiert als sein späterer germanistischer Verteidiger. Bei jenem bleibt das Recht der zweiten Komponente, der Geschichte, durchaus anerkannt, ja er macht sich sogar die nicht geringe Mühe, die Grenzen, innerhalb derer der Dichter überhaupt das Recht habe, seine historischen Gestalten zu idealisieren, genauer zu bestimmen: »1. Er darf seinem Helden *keine* Anschauungen leihen, welche über den Horizont der *ganzen* Zeit, in der er lebte, hinausgehen. Tut er dies, so wird er unhistorisch, wird tendenziös im schlechten Sinne. [...] 2. Aber auch für die Freiheit, alle geistigen Strahlen einer Zeit auf das Haupt des Helden wie auf einen Brennpunkt zu konzentrieren, ihm ein so hohes Bewußtsein zu leihen, wie es in jener Zeit nur möglich (wenn auch nicht in dem Helden wirklich) war, hat der Dichter nur wieder die schon entwickelte Grenze, daß der Held nicht durch eine von ihm selbst erlebte tatsächliche Entwicklung mit diesen Anschauungen in Gegensatz getreten ist.«[72]

Lassalle expliziert die zweite, problematischere These am Beispiel Luthers.[73] Da Luther die Bauernkriege erlebte und feindlich gegen die Bauern auftrat, wäre es unmöglich und unsinnig, ihn in einer Tragödie gerade zum Verfechter der Bauernsache zu machen; hätte Luther indessen den Bauernkrieg nicht mehr erlebt, wäre dies durchaus möglich gewesen.

Das Beispiel verdeutlicht die Differenz: Lassalle verlagert Entscheidungen in das individuelle Bewußtsein, das er als autonome Größe konstruiert. Demnach hätte sich Luther im Bauernkrieg auch anders entscheiden können; da er sich jedoch in der spezifischen geschichtlichen Situation gegen die Bauern gestellt hat, müßte ein historisches Drama von dieser Konstellation ausgehen. Sickingen dagegen, der die Bauernkriege nicht erlebt hat, ist, aufgrund der subjektiven Entscheidungsstruktur, durchaus auch als Parteigänger der Bauern konzipierbar.

Entgegen diesem subjektiven Idealismus[74] sehen Marx und Engels in den objektiven Bedingungen, unter denen sich

Entscheidungen vollziehen, die wesentlichen, weil konstitutiven Faktoren. Lassalles zweite These, daß der Held eines Dramas durch eine von ihm selbst erlebte tatsächliche Entwicklung zu den von ihm vertretenen Anschauungen nicht in Gegensatz getreten sein darf, würde sich, faßt man die »tatsächliche Entwicklung« in diesem objektiven Sinne prägnant, gerade gegen ihn selbst wenden. Denn sowohl bei Luther wie bei Sickingen bestimmte sich die Tatsächlichkeit ihrer Entwicklung dann wesentlich auch durch die objektiven Momente ihrer jeweiligen Entscheidungssituationen, bliebe die Subjektivität punktueller Entscheidungen immer auch eingebettet in die Objektivität ihrer Genese. Eben diesen Zusammenhang ignoriert Lassalle völlig. Gewiß, er geht, wie an der geschichtlichen Gestalt Florian Geyers deutlich wird, von dem an sich richtigen Satz aus, daß sich das Individuum auch über seine Klassenschranken erheben kann. Gerade das trifft jedoch auf Sickingen nicht zu, der im Drama einerseits als der klassische Vertreter des niederen Adels operiert, d. h. den Adel des beginnenden 16. Jahrhunderts gegen die Fürsten zu mobilisieren sucht, andererseits jedoch eine Allianz mit den Bauern anstrebt, ja diese sogar emanzipieren will, ohne daß begreiflich würde, wie sich solche einander ausschließenden Bestrebungen objektiv vermitteln lassen.

Lassalle selbst geht über das Problem mit dem – freilich entlarvenden – Satz hinweg: »Hatte er [Sickingen] erst Adel und Bauern in der Hand, so hätte er mit den letzteren schon die ersteren in Ordnung gehalten, um so mehr als jene das übermächtige Element waren.«[75] Kein Wort also darüber, wie denn mit den »bornierten, partikularistischen, egoistischen, gleichgültigen« Bauernhaufen, von denen Lassalle an anderer Stelle spricht, Ordnung unter dem Adel hätte geschaffen werden können. Aber gleichviel; entlarvend ist der Satz, weil er Macht als politischen Zweck setzt und geschichtliches Handeln völlig in die Gewalt des großen Einzelnen stellt, die objektiven Voraussetzungen individuellen Handelns jedoch gänzlich außer Betracht läßt. Sickingens Hand, so ist offenbar Lassalles Auffassung, hätte die ungefügigen Bauern schon zu einem griffigen Instrument gemacht, mit dem selbst der Adel zu disziplinieren gewesen wäre.[76]

Goethes *Götz*, Lassalles *Sickingen*, Hauptmanns *Florian*

Geyer: angesichts dieser drei, hier exemplarisch herausgegriffenen Dramen stellt sich die Frage nach der Darstellbarkeit des Bauernkrieges im Drama überhaupt. Denn trotz der Unterschiedlichkeit der Helden treffen alle drei doch darin überein, daß in ihnen das Volk, der eigentliche Träger dieses Krieges, nur eine sehr untergeordnete, fast bedeutungslose, meist sogar negative Rolle spielt. Gegenüber der großen Einzelgestalt, gegenüber ihrem bewußten Handeln, erscheint der »gemeine Mann« als unvernünftig, unfähig zur tieferen Einsicht und darum unfähig zu planvoll-entschiedenem Handeln, wenn nicht gar roh, vertiert, gierig und mordlüstern. Götzens offene Distanzierung von den »Hunden«, wie er die Bauern nennt, Huttens prophetische Worte, daß die Bauern ohne Sickingens überragende Figur verloren seien, Geyers Isolierung – sie meinen im Hinblick auf die Darstellung des gemeinen Volkes dasselbe: Erfolg, Sieg, Gelingen gibt es nur, wenn es sich dem großen Mann unterwirft, ihn zum Führer nimmt; andernfalls muß es scheitern. Nicht von ungefähr sind alle drei Helden Ritter, das heißt: nicht zum gemeinen Volk gehörige, herausragende Gestalten, die schon durch ihre Klassendifferenz den für die Geschichtsfähigkeit offenbar als notwendig erachteten Unterschied scharf akzentuieren.

Angesichts der drei bisher betrachteten Werke stellt sich die Frage, ob überhaupt eine andere Konfiguration möglich ist, wenn die traditionelle dramatische Anlage erhalten bleibt, die einen zentralen Helden zur Exposition, Durchführung und Lösung des Konfliktes benötigt. In der Gestalt Thomas Müntzers scheint solch eine Figur gegeben zu sein.

5. Thomas Müntzer als Gegenmodell

Schon Marx und Engels hatten, als sie nachdrücklich auf Thomas Müntzer als potentiellen Helden hinwiesen, eine der Möglichkeiten bezeichnet, wie der Bauernkrieg ohne eine solche Divergenz zwischen Protagonisten und Masse dramatisierbar wäre und wie dem Volk im Rahmen des traditionellen Figuren-Dramas eine positive Gestalt gegeben werden könnte.

Marx und Engels waren allerdings nicht die ersten, deren Blick in diesem Zusammenhang auf Müntzer fiel. Der Allstedter Prediger war wiederholt, genaugenommen sogar als erster der Bauernführer, Gegenstand der dramatischen Behandlung gewesen. Schon 1625 hatte ihn Martin Rinckhart[77], Verfasser zahlreicher noch heute gesungener barocker Kirchenlieder, allerdings vom Standpunkt der lutherischen Orthodoxie als teuflischen Verführer der Bauern, als leibgewordenen Satan dargestellt, hatte die über hunderttausend Toten dieses Krieges auf Müntzers Schuldkonto verbucht, ausdrücklich vor diesem negativen Exempel gewarnt und mit solcher dramatischen Präsentation nach Inhalt wie intentionalem Rahmen der schon früh wirksamen negativen Müntzer-Rezeption entsprochen, die noch weitere zwei Jahrhunderte dominant bleiben sollte.[78]

Positiv wurde das Müntzer-Bild erst, als die Ereignisse des Vormärz die sozialen Fragen stärker in den Blick treten ließen und diese im Lichte der Bauernkriege gespiegelt wurden, genauer: als der schwäbische Linksliberale Wilhelm Zimmermann das Bild der Tradition energisch revidierte und Müntzer als einen der ersten Vorkämpfer der sozialen Gerechtigkeit und engagierten Fürsprecher der Unterdrückten und Armen darstellte[79]; als zum andern Engels in seinem Bauernkrieg-Buch den wesentlichen Umriß der Zimmermannschen Interpretation übernahm und Müntzer als den zu früh gekommenen Revolutionär begriff, den entschiedenen Exponenten der plebejisch-bäuerlichen Opposition, der die Sache des Volkes zu seiner eigenen machte, aber erkennen mußte, daß die Klasse, die er vertrat, für die Durchführung der Maßregeln, die die Herrschaft dieser Klasse erfordert, noch nicht reif genug war[80]: »Die Stellung Müntzers an der Spitze des ewigen Rates von Mühlhausen war noch viel gewagter als die irgendeines modernen revolutionären Regenten. Nicht nur die damalige Bewegung, auch sein ganzes Jahrhundert war nicht reif für die Durchführung der Ideen, die er selbst erst dunkel zu ahnen begonnen hatte. Die Klasse, die er repräsentierte, weit entfernt, vollständig entwickelt und fähig zur Unterjochung und Umbildung der ganzen Gesellschaft zu sein, war eben erst im Entstehen begriffen. Der gesellschaftliche Umschwung, der seiner Phantasie vorschwebte, war noch so wenig in den vorliegenden materiellen Verhältnissen begründet, daß diese sogar eine Gesellschaftsordnung vorbereiteten, die das gerade Gegenteil seiner geträumten war.«

Müntzer als der engagierte Protagonist der bäuerlich-plebejischen Opposition und Müntzer als der zu früh geborene Revolutionär: beide Gesichtspunkte hatten Marx und Engels im Auge, als sie ihn als Helden einer Bühnen-Bearbeitung empfahlen. Und in der Tat, hier zeichnete sich eine angemessenere dramatische Konfliktlage ab, da der Kampf des Volkes trotz der Problematik seiner konkreten Erscheinung im Rahmen der antizipatorischen Emanzipationsentwürfe Müntzers positiv bleiben konnte, ein Gegensatz zwischen dem großen Einzelnen und der Masse wie im *Götz* oder *Geyer* nicht konstruiert zu werden brauchte und die Tragik eines solidarischen Handelns darstellbar wurde, das stellvertretend für jene zu vollziehen war, die aus geschichtlicher Notwendigkeit nicht oder, genauer, noch nicht zum solidarischen Handeln fähig waren.

6. Friedrich Wolfs *Thomas Müntzer*

Die meisten Müntzer-Dramen bleiben indessen weit hinter der von Engels beschriebenen Konfliktlage zurück. Selbst das vielleicht beste unter ihnen, Friedrich Wolfs Müntzer-Drama von 1953, vermag, trotz packender Einzelszenen, diesen Gesichtspunkt nicht durchzuhalten, freilich aus Gründen, die die ursprüngliche Absicht, den Konflikt nach Engels Vorstellung zu gestalten, durchkreuzten.

Im elften Bild, dem Schlußbild des Schauspiels, sehen wir Müntzer nach der Schlacht bei Frankenhausen als Gefangenen. Er sitzt auf einem Karren, das Pferd ist ausgespannt und grast, zwei Landsknechte sitzen abseits am Wege und würfeln, ein alter Mann arbeitet an der Deichsel des Wagens. Stübner, der Freund und Parteigänger Müntzers, tritt in Landsknechtskleidung hinzu, bei ihm ist Müntzers Frau Otti. Im Verlauf der Szene kommt es zu einem Streit zwischen den Soldaten und Stübner. Der Landsknecht zieht das Schwert, aber Müntzers Wort fährt dazwischen, mahnt, sehr zur Verwunderung des Landsknechts, zum Frieden:

»1. LANDSKNECHT Das sagt Ihr, der Ihrs Land aufgerührt?
MÜNTZER Ja, Freund, ich hab Euch aufgerührt . . . doch hab

ich in Wahrheit nichts anderes tun mögen als wider die reißenden Wölfe bellen, daß Ihrs hörtet und Euch zusammentätet ... Ihr habts nicht gehört ...

LANDSKNECHT So wars umsonst.

MÜNTZER *erregt:* Nichts ist umsonst, Freund, kein Todesschrei und kein Lebenshauch, nichts geht verloren ... Kein Blatt vom Baum herab, kein kleinster Kieselstein im Bach ... und kein Wort, das der Müntzer gesprochen hat ...

STÜBNER *zu ihnen:* Ists nit auch Eure Sach, Brüder?

MÜNTZER Still, Markus, ... schau sie doch, sie können ja nit ... was wäre das auch für eine Rettung, wenn der Müntzer lebte und die Tausende sind tot auf sein Wort hin ... so bitt ich euch innig: Rettet nit den Müntzer, der nit zu retten ist ... rettet sein Wort, seine Gedanken, seine Pläne, sein Wesen ... rettet die große Sach, die auch eure Sach ist, so wird auch der Müntzer nit vergessen sein.«[82]

Des Müntzers Sache als Sache des Volkes. In diesem Bewußtsein geht der Todgeweihte ruhig in den Tod. Er sieht das Gelobte Land vor sich, und so gibt er der Frau und dem Freund das Vermächtnis an die Brüder weiter:

»MÜNTZER ... sag ihnen vom Müntzer, er sieht auch in dieser Stunde ein riesig Kornfeld wachsen trotz Gewitter und Hagelschlag ... von einem Ende der Erde zum anderen ... und Menschen werden die goldene Frucht ernten und werden gesättigt sein, wohlgestaltet und friedsam ... doch zuvor heißts zusammenstehn, standhaft und fest zum Verbündnis, daß Gerechtigkeit auf dem Acker wohne und der Traum sich erfülle.

OTTI Und warum kanns jetzt nicht sein, Thomas?

MÜNTZER Alles hat seine Zeit ... und die Zeit bringt aus ihrem Schoß nur das recht hervor, was gereift ist ... doch seid getrost ... das Korn, das unter der Sichel fiel, wird noch gesät werden und wundersam aufgehen ...«[83]

Es ist nun keineswegs die religiöse Überzeugung, die Müntzer, angesichts des Todes, so ruhig sein läßt. Es ist das Bewußtsein, durch sein eigenes Wirken die Kontinuität einer Entwicklung mitbestimmt zu haben, die folgerichtig in eine bessere Zukunft weist. Die geschichtliche Katastrophe »Bauernkrieg« erscheint aufgehoben im Dienst einer gemeinsamen Sache, auf deren Herstellung die gesamte Geschichte drängt. »Nichts geht verloren . . .« Der Verlauf der Geschichte kennt nichts Sinnloses. Einer Zeit der Vorbereitung, in die sich Müntzer gestellt sieht, ist schon die große Zukunft inhärent. Traditionen, auch Stationen des Scheiterns, sind im Lichte solcher Überzeugungen nicht mehr problematisch. Das Opfer rechtfertigt sich aus dem großen Ziel, und dieses Ziel ist, im Stile traditioneller Naturmetaphorik, statisch vorgestellt: jenseits einer bislang schrecklichen Geschichte, so wird suggeriert, kann heile, reife Natur wiedergewonnen werden; das Bild vom riesigen Kornfeld, von dem sich alle friedlich und fröhlich ernähren, stellt irdisches Glück auf Dauer, ohne die durch das technische Zeitalter bedingte Differenz der Lebenspraxis zu reflektieren, was um so verwunderlicher ist, als Wolf schon fast entschieden war, an Stelle des Müntzer-Dramas einen höchst zeitnahen Stoff zu bearbeiten.

Die maßgebliche DDR-Monographie zum Werk Friedrich Wolfs macht die Bedeutung, die das Müntzer-Drama und die Beschäftigung mit der revolutionären Tradition für Wolf besaßen, denn auch daran klar, daß sich der Dichter, als er nach langjährigen Vorarbeiten 1952 mit der Niederschrift begann, schon bald mit einer Alternative konfrontiert sah, die ihm eine Entscheidung abverlangte: »Im Dresdener Transformatoren-Werk war er mit der Rationalisatoren- und Neuerer-Bewegung bekannt geworden. Das dort gesammelte Material aus dem gegenwärtigen Leben war für einen Roman gedacht und packte ihn sehr. Wolf zog dann doch den vergangenheitsgeschichtlichen Stoff vor. Warum geschah das gerade 1952? Dafür sprechen nicht nur subjektive Gründe. Die deutsche Nation war 1949 in Folge der Konstituierung des Westdeutschen Separatstaates zerrissen worden. Ein bedeutsames, dem historischen Geschehen um Thomas Müntzer enthaltenes Thema war die Überwindung der nationalen Spaltung in Deutschland durch die Aktionen der Volksmassen. Genauso wichtig war ein anderer Gesichtspunkt. Die junge DDR trat als wahrhaft nationaler deutscher Staat, als Staat der werktätig Schaffenden in die Geschichte ein. Thomas Müntzers große Antizipation einer neuen, harmonischen Menschengemeinschaft wurde allein hier geistig wie praktisch aufgenommen. Dem Kampf des Tages um Einheit und sozialen Fortschritt aber konnten mächtige Impulse gegeben werden, wenn die revolutionären Traditionen wachgerufen wurden. Deshalb erschien die Gestaltung des großen historischen Gegenstandes vordringlich.«[84]

Allerdings brachten diese politisch begründete Präferenz und die daraus resultierende Intention Wolf in einen Zwiespalt, der sich ungünstig auf die Einheit des Werkes auswirkte. Denn auf der einen Seite suchte er Engels' These von der Unreife der Bauernbewegung gerecht zu werden, auf der anderen Seite die Vertreter der Bauern, Bergknappen und plebejischen Unterschichten so günstig wie möglich zu präsentieren. Er verlieh ihnen ein Maß an Vernunft, das kaum verständlich macht, wie es denn zum Scheitern der Revolution kam. So läßt er sie in vielem sogar Müntzer überlegen sein. Sie warnen ihn, der im Unterschied zu ihrer realistischen Einschätzung der Situation die Illusion hat, er könne die Fürsten für ein Bündnis mit dem Volk gewinnen, der herzoglichen Aufforderung zur Predigt auf dem Allstedter Schloß Folge zu leisten. Als er trotzdem geht, kann ihn nur die bewaffnete Schar, die das vorsorgliche Volk zu seinem Schutz aufbietet, vor dem Zugriff des Herzogs schützen; gegen den – auch hier überlegenen – Rat der Kampfgenossen nimmt er Vertreter des Patriziats in den ewigen Rat auf, die den Bauernhaufen später durch ihre Konspiration mit den Fürsten in einen Hinterhalt locken.

Gerade das letztere hatte Engels als historische Notwendigkeit bezeichnet, als er in seinem Bauernkrieg-Buch schrieb: »Er ist, mit einem Wort, gezwungen, nicht seine Partei, seine Klasse, sondern die Klasse zu vertreten, für deren Herrschaft die Bewegung gerade reif ist. Er muß im Interesse der Bewegung selbst die Interessen einer fremden Klasse durchführen und seine eigene Klasse mit Phrasen und Versprechungen, mit der Beteuerung abfertigen, daß die Interessen jener fremden Klassen ihre eigenen Interessen sind.«[85] Doch die Problematik des zu früh geborenen Revolutionärs hebt Wolf in einem beträchtlichen Ausmaß wieder auf, wenn er die Massen überlegt handeln läßt, wo es doch darauf angekommen wäre, Müntzer als einen Selbsthelfer malgré lui zu zeichnen, der im

Interesse der Massen ohne oder gar gegen sie zu handeln sich gezwungen sieht. So erhalten die Worte, die Müntzer in der Schlußszene zu den Landsknechten sagt, einen gegenüber ihrer potentiellen Bedeutung abgeschwächten Sinn:

»MÜNTZER ich wollte die hellen Posaunen mit neuem Gesang erfüllen, daß ganz Deutschland es vernehmen sollt ... ihr habts nicht gehört.«[86]

Was für alle gesprochen sein sollte, gilt hier nur für die Häscher im Dienste der Unterdrücker, die deutlich abgehoben sind von der Masse der »Arbeitsmenschen«, von denen sich Müntzer getragen weiß und deren Positivität er rühmt. Die Tragik, die Engels formuliert hat und die darzustellen Wolf sich zum Ziele setzte, war so nicht zu gestalten. Wo das Scheitern in seiner konkreten Bedingtheit zum Thema hätte werden müssen, um das Neue in der Schwierigkeit seiner historischen Realisierung zu zeigen, geht Wolf zu schnell zur Antizipation einer neuen »harmonischen Menschengemeinschaft«, zur Antizipation eines stimmigen Staates von werktätig Schaffenden über; das Erbe der Tradition wird, ins Mythische überhöht, zu hastig in Anspruch genommen und für *die* verfügbar gemacht, die im Bekenntnis zur großen gemeinsamen Sache geeint sind oder geeint werden sollen. So kann Wolf nicht vermeiden, was angesichts der Strenge und Unerbittlichkeit des historischen Müntzer besser hätte vermieden werden sollen: Müntzer zur großen mythischen Gestalt zu verklären, zum Inbegriff der »großen Sache« des Volkes.

In den Worten der Verheißung, mit denen der todgeweihte Müntzer das vor ihm liegende, noch unzugängliche Land beschreibt, ist die Utopie des historischen Müntzer in einem undialektischen Sinne aufgehoben. Zu deutlich der Fingerzeig auf den Staat, der diese Utopie nach Wolfs Ansicht bereits verwirklicht hat oder jedenfalls zu verwirklichen sich anschickt. Die Chance, die historischen Gründe für die Unmündigkeit der Massen aufzuweisen und damit die Basis für eine wirkungsvolle, langfristige Überwindung der gerade hier auftauchenden Probleme zu schaffen, wird vertan, weil Aufklärung über Geschichte im Hinblick auf das gemeinsame positive Bekenntnis vorschnell funktionalisiert wird.

7. Yaak Karsunkes *Die Bauernoper*

Angesichts solcher letztlich wiederum unkritischen Inanspruchnahme von Geschichte und vor allem angesichts der spezifischen Gefahren des Figuren-Dramas[87], das große handelnde Individuum durch seine tragische Mythisierung zu mystifizieren und dadurch das emanzipatorische Potential des geschichtlichen Ereignisses »Bauernkrieg« gerade zu verdekken, war es nur konsequent, daß Yaak Karsunke, als er im Auftrag und in Zusammenarbeit mit dem Landestheater Tübingen seine *Bauernoper* verfaßte, sie als *Szenen aus dem Schwäbischen Bauernkrieg von 1525*, als ein »einfaches Stück über einfache Leute«[88] konzipierte. Und in der Tat: hier gibt es keine dominante Figur mehr, hier gibt es nur noch eine Reihe bunter geschichtlicher Szenen, in denen Vertreter aller Schichten gleichgewichtig vertreten sind, und dies in einer drastischen Form der Darstellung, in einer kaum zu steigernden sprachlichen Vereinfachung, plakativ in der Beschreibung der gesellschaftlichen Umrisse, unter Verwendung so simpler Präsentationsformen wie Couplets, Moritaten, Kasperle-Theater.

Bauernkrieg-Geschehen wird vergegenwärtigt, kommentiert, erklärt aus der Perspektive offener Parteinahme für die emanzipatorischen Interessen des »gemeinen Mannes«. Schon der Prolog zeigt an, auf welcher Seite sich der Autor sieht:

»Damen und Herren –
wir zeigen heute
Ein einfaches Stück über einfache Leute

Die man solange bescheißt
Bis ihnen schließlich der Geduldsfaden reißt
So daß sie sich gewaltsam erheben

Was viele von ihnen leider nicht überleben

Sowas passierte vor rund 450 Jahren
(Und nicht etwa bei den Krimtataren)
Es handelt sich vielmehr um deutsche Bauern

Die sollt ihr nun nicht etwa bedauern:
Wir finden nur, daß ihr euch wundern müßt
Wie wenig ihr über eure Vorfahren wißt

Oder sitzen hier lauter Königskinder?
Schindet man euch oder seit ihr selbst Schinder
Landes-Auspresser, Kleine-Leute-Würger?

Seid ihr Könige oder Bürger?

Wir denken, daß ihr Bürger seid
Drum stoßen wir euch heute bescheid
Und müssen euch vor allem mahnen:

Hört ihr von Fürsten – fragt nach den Untertanen!

Über die steht in Büchern meist wenig drin
Und das wenige ist noch im Obrigkeits-Sinn
Geschrieben, um euch ruhig zu halten

Denn: kriegt ihr auf der Stirn erst mal Falten
Vom Grübeln über den Lauf der Welt –
Kann sein, daß da mancher drüber stolpert und fällt

Der jetzt noch ruhig oben sitzt
Während ihr unten schuftet und schwitzt

Wie damals – und wie wirs jetzt gleich spielen –
Herrschen immer noch wenige über die vielen

Und wenn ihr auch nicht mehr leibeigen seid
Fehlt doch viel noch zu ›Gottes Gerechtigkeit‹
An Veränderungen, Verbesserungen

Wißt ihr, was die Bauern gesungen
Als sie der Herren Verrat besiegt
Und sie genügend Schläge gekriegt?

›Geschlagen ziehen wir nach Haus
Die Enkel fechtens besser aus!‹«[89]

An dieser Stelle macht der Kommentator einen Einwurf, der schlaglichtartig erkennbar macht, wodurch solche engagierte Vergegenwärtigung von Geschichte sich von der Parteilichkeit Wolfs unterscheidet:

»Ein frommer Wunsch – sie haben sich geirrt:
Doch wer sagt, daß aus Wünschen nie Wirklichkeit wird?«[90]

Während Wolf aus der Sicherheit einer – wenigstens vermeintlich – realisierten Utopie heraus spricht, bleibt Karsunke, seine aufmerksam beobachtete eigene Wirklichkeit vor Augen, skeptisch und macht nun gerade diese Skepsis zum fruchtbaren aufklärerischen Mittel, Hoffnungen unserer früheren geschichtlichen Vergangenheit mit Desillusionierungen, wie sie sich im Blick auf das heute Erreichte ergeben, zu konfrontieren.

Dennoch wird man ihm kaum den Vorwurf machen können, die Geschehnisse unter einer unhistorischen Perspektive zu betrachten. Ganz im Gegenteil versucht er, durch kommentierende Verdeutlichung den jeweils gezeigten Vorgang in seinem historischen Umriß genau zu konturieren. Auf diese Weise wird zum Beispiel gleich in der ersten Szene die Lage der Bauern, die man auf der Bühne ihre Sensen dengeln, Räder ausbessern, buttern, holzhacken, sägen oder dreschen sieht, erläutert:

»Deutschland im 15. Jahrhundert: rund 12 Millionen Bewohner. Drei Viertel von ihnen sind Bauern, meist hörig oder leibeigen. Boden und Bauern gehören geistlichen oder weltlichen Feudalherren. Die Erbfolge zersplittert die Höfe, die Abgaben ruinieren sie. Im Jahre 1500 sind die deutschen Höfe durchschnittlich über die Hälfte ihres Wertes verschuldet.«[91]

Während nun die arbeitenden Bauern in einer langen Leidenslitanei ihre schweren Lebens- und Arbeitsbedingungen beschreiben, läuft ein ostinates »Herr, erbarme dich«, das die Szene einleitet, pausenlos weiter und stellt den geistlichen Bezugsrahmen her, dem diese Leidenslitanei eingefügt ist. In einer Reihe von Moritaten werden diese Lebensbedingungen dann in ihrer historischen Genese vorgeführt und die Konsequenz einsichtig gemacht, die das 1525-Lied daraus zieht:

»Ihr habt gesehn, wie man uns quält
Gehört, was man uns für Märchen erzählt
Wie man uns drückt und schabt und preßt
uns kaum genug Atem zum Leben mehr läßt
– Das geht so hundert Jahre, dann:
fünfzehn/fünfundzwanzig – dran dran dran!

So wie das Korn reift auch die Wut
Ich hoffe, ihr versteht sie gut
Und ratet nicht zu mehr Geduld
Wer zuviel duldet, ist selbst schuld
– Wach endlich auf, gemeiner Mann:
Fünfzehn/fünfundzwanzig – dran dran dran!

Denn gegen Adel, gegen Pfaffen
Da hilft nicht Demut, sondern Waffen
Man muß mit Herren – ihr werdet sehn –
Die Sprache reden, die sie verstehn
– Der Bauer zeigt jetzt, daß ers kann:
fünfzehn/fünfundzwanzig – dran dran dran!«[92]

»Man muß mit Herren – ihr werdet sehen – die Sprache reden, die sie verstehen.« Dieser allgemeine Satz wird nun sogleich szenisch konkretisiert: bei Weinsberg zeigen die Bauern, daß sie in ihrer harten Lebensschule gelernt haben. Als die Gräfin Helfenstein kniefällig um das Leben ihres Mannes fleht, da bleiben sie unerbittlich und jagen den Grafen durch die Spieße; Nonnenmacher, mit dem gräflichen Federhut geschmückt, zieht dem Zug der todgeweihten Adligen pfeifend voran. Die Gräfin aber, entsetzt über solche Brutalität, schreit ihnen ins Gesicht, sie seien ja Tiere. Die Bauern scheint dies allerdings nicht sonderlich zu treffen, denn ironisch greifen sie die leidenschaftliche Anklage auf. In einem Lied fordern sie von den eigenen Anhängern, sie sollten sich doch nicht wie die Tiere benehmen, sondern wie – die Herren; diese hätten vor einigen Jahren einen Bauernführer dadurch zu Tode gequält, daß sie ihn mit einem glühenden Eisenreif krönten, ihn auf einen glühenden Eisenthron setzten und seine Gefährten zwangen, das Fleisch ihres gebratenen Hauptmannes zu verspeisen.[93]

Viehisch, nicht wie Tiere, wie die Herren – in der Tat sehen diese Herren ihre Bauern nicht wie Menschen an, geschweige denn, daß sie sie als Menschen behandeln. Der Truchseß, ein »Bluthund der schlimmsten Sorte«, gibt sogleich ein anschauliches Beispiel. Als ihm die Weinsberger Bluttat berichtet wird, bestätigt er durch eine weitere Steigerung der Tier-Metaphorik die Einschätzung der Bauern: »Das wird das Vieh mir büßen! Treulose, meineidige, aufrührerische Mörder und Räuber sind's geworden. Man muß sie totschlagen wie tolle Hunde.«[94]

Tatsächlich bestätigt die Hinrichtung Nonnenmachers und Rohrbachs, daß der Truchseß weit grausamer und brutaler verfuhr als die Bauern, die nach Karsunke gerade dadurch gegenüber den radikalen Herren ins Hintertreffen gerieten, daß sie nicht *entschieden* genug auftraten. Hatte Goethe in seinem *Götz* die Bauern als mordgierige Meute dargestellt, die sich bei Weinsberg zur Kenntlichkeit entlarven, so fällt hier gerade der Vorwurf, Götz habe durch seinen Rat zur Mäßigung einen durchgreifenden und entscheidenden Erfolg der Bauern verhindert, er, der als Raubritter und Plünderer diese Mäßigung doch selbst niemals geübt habe:

»Von Götz hat jeder schon gehört
Er war treudeutsch und barsch
Berühmt ist er durch einen Satz:
›Ach leckt mich doch im Arsch!‹

Der hat auch Goethen gut gefalln
Er macht ein Schauspiel draus
Und fällt der Satz im dritten Akt
Dann klatscht das ganze Haus

Bei Goethe ist der Götz gemalt
Als Biedermann und Held
Weil es ein deutscher Dichterfürst
Natürlich mit Raubrittern hält[95]

Denn das und nur das war der Götz
Von Treue keine Spur
Doch Prügelei und Plünderei
War seine wahre Natur

Er dacht, ich leg sie all aufs Kreuz
Und mache meinen Schnitt –
Doch als es dann ans Sterben ging
Da ging der Götz nicht mit

Er gab den Bauern falsch Befehl
Und ritt dann selbst nach Haus

Denn: wenn ein großer Mann sich irrt
Dann baden die Kleinen das aus

So ist der Götz gestorben im Bett
Und Goethe hat ihn bedicht'
Doch was dann aus den Bauern wurd
das kümmerte sie beide nicht

– Denn das ist eine andre Geschicht.«[96]

»Denn das ist eine andre Geschicht.« Man muß diesen Schluß in seiner vollen Bedeutung fassen. Gemeint ist hier nicht nur »Geschicht« im Sinne der dramatischen Fabel; denn dann wäre immerhin denkbar, daß Goethe genausogut auch eine andere Geschichte hätte machen können. Gerade das, so soll unterstrichen werden, ist nicht der Fall. Weder ist es ein Zufall, daß die »andre Geschicht« nicht gedichtet worden ist, noch daß sie nicht zur Geschichte, zu unserer Geschichte wurde. Wenn Götz in Goethes Drama als Selbsthelfer in anarchischer Zeit den Bauern entgegentritt, wenn seine dargestellte Rechtlich- und Redlichkeit einen Anspruch begründen hilft, der den Bauern wegen der dargestellten Unrechtmäßigkeit ihrer anarchischen Selbsthilfe gerade aberkannt wird; wenn Florian Geyer den moralischen Anspruch, den die Bauern mit Recht erheben, gegen ihre eigenen Dumpfheiten und Niedrigkeiten nicht durchzusetzen vermag und dieser Kontrast zwischen Ritter und Volk als die ewige Aporie des großen revolutionären Helden hingestellt wird; wenn Lassalle den Kampf der Bauern schon für verloren halten kann, bevor er überhaupt begonnen hat, weil die Bauern nach dem Tod des letzten großen Ritters ohne Führer keinerlei Siegeschancen mehr haben; wenn schließlich Rinckart Müntzer sogar als den giftigen Satan der Revolution darstellt, durch dessen fürchterliche Verführungskünste Tausende von Unschuldigen in den Tod getrieben werden, dann sind alle diese Deutungen Konsequenzen einer ebenso verbreiteten wie folgenreichen Geschichtskonstruktion, über die als Leitworte gesetzt werden könnte: »Männer machen Geschichte«, und: »Das Volk hat keine Geschichte.«

In seiner *7. Geschichtsphilosophischen These*, der er nicht ohne Grund das Motto aus Brechts *Dreigroschenoper* vorangestellt hat: »Bedenkt das Dunkel und die große Kälte / in diesem Tale, das vor Jammer schallt«, hat Benjamin die Frage aufgeworfen, in wen sich der Geschichtsschreiber des Historismus eigentlich eingefühlt habe. Für die meisten dramatischen Bearbeitungen des Bauernkrieges, wiewohl sie poetische und nicht realistische Wahrheit zu präsentieren suchen, gilt die von ihm erteilte »unweigerliche« Antwort: ». . . in den Sieger. Die jeweils Herrschenden sind aber die Erben aller, die je gesiegt haben. Die Einfühlung in den Sieger kommt demnach den jeweils Herrschenden allemal zugut. Damit ist dem historischen Materialisten genug gesagt. Wer immer bis zu diesem Tage den Sieg davontrug, der marschiert mit in dem Triumphzug, der die heute Herrschenden über die dahin führt, die heute am Boden liegen.«[97]

Auch wer gegen die Darstellung und Tendenz Karsunkes Einwände meint erheben zu müssen, vielleicht etwa die holzschnittartige Behandlung des Bauernkrieges als zu undifferenziert empfindet, wird kaum bestreiten können: das Recht und die Notwendigkeit, die herkömmliche Darstellung von Geschichte gegen den Strich zu bürsten und gegenüber der Verklärung großer Einzelner, der durch eine bürgerlich-individualistische Tragikkonzeption autorisierten Selbsthelfer, auch gerade jenen riesigen Geschichtsbestand anzuleuchten, über den die herrschenden Ideen – zumal die der Dichter und Literaten – ihre dunklen Schatten gebreitet haben und den der distanzierte Betrachter nach den Worten desselben Walter Benjamin nicht ohne Grauen bedenken kann: die namenlose Fron der Zeitgenossen.[98]

IV. »Der arm gemain esel« Zur heutigen Situation der Bauernkrieg-Rezeption

Leopold von Ranke hat den Bauernkrieg als »größtes Naturereignis des deutschen Staates«[1] bezeichnet, Bezold sprach von der »größten Massenerhebung, welche die Geschichte unserer Nation bisher zu verzeichnen hat«[2], Engels stellte ihn in die Abfolge der Revolutionen und bezeichnete ihn als »die erste der drei großen Entscheidungsschlachten im Kampf des europäischen Bürgertums gegen den Feudalismus«[3]. Jede dieser Kennzeichnungen – und es ließen sich ihnen gleichartige andere an die Seite stellen – hat ihren speziellen Hintergrund, der hier nicht näher umrissen werden soll und kann. Aber alle drei stimmen darin überein, daß dieser Krieg zu den bedeutendsten, weil potentiell wie aktuell folgenschwersten Ereignissen unserer Geschichte zu rechnen ist.

1. Zur Rezeption des Bauernkrieges in der Publizistik der Bundesrepublik

Die führenden Tages- und Wochenzeitungen der Bundesrepublik Deutschland haben der Bedeutung dieses Ereignisses dadurch Rechnung getragen, daß sie zur 450. Jahrfeier des Bauernkrieges umfangreiche, meist ganzseitige Darstellungen brachten, in denen besonders die heutige Aktualität unterstrichen und hervorgehoben wurde[4]. Ich greife zwei signifikante Darstellungen heraus.

Richard Friedenthal nannte den Gedenktag in der *Frankfurter Allgemeinen Zeitung*[5] eher einen Trauertag, einen Tag des Nachdenkens darüber, weshalb wohl Zerrissenheit eine solche Konstante der deutschen Geschichte sei; zugleich warnte er davor, diese blinde, weil letztlich führerlose und ziellose Revolution heute zu einem revolutionären Orientierungspunkt zu machen; er nannte die Bauern von 1525 ein »Mahnmal«: »die ungefügen Gestalten des Bauernkrieges, den Chiliasten Müntzer eingeschlossen, sind ehrwürdig als Opfer des langen und immer sehr schleppenden Ganges der Weltgeschichte, die nicht deshalb rascher prozediert, wenn man sie in faßliche Entwicklungsepochen einteilt. Vorbilder können sie nicht gut sein. Wir sehen sie als Wahrzeichen, die für lange gültige – ich vermeide das Wort ewige – Wahrheiten stehen. Es ist sehr der Mühe wert, sie sich genauer anzusehen, ohne Hochmut und ohne Hast. Und wenn es je zu der bisher nie stattgehabten großen deutschen Revolution kommen sollte, so kann man nur wünschen und hoffen, daß sie andere, bessere Führer und andere, bessere Gedanken findet, als sie das 16. Jahrhundert jenen geopferten Bauernhaufen zur Verfügung stellen konnte. Man kann aus der Geschichte lernen, nicht aber, wenn man seine heutigen Wünsche und Denkkategorien unbedenklich auf die Menschen der Vergangenheit umlegt. Es gibt kaum etwas Empörenderes als die Leichtherzigkeit, mit der noch so blutige Ausmordungen vergangener Zeiten dann als Heizmaterial für einen Brennofen benutzt werden, in dem neue Parolen gehärtet werden, die neue Abschlachtungen und Vernichtungen der ›Gottlosen‹, wie es damals hieß, möglich machen sollen. Die Bauern von 1525 sind ein Mahnmal.«

Grundsätzlich wird man Friedenthal darin recht geben: die Aktualität des Bauernkrieges stellt sich nicht dadurch her, daß man für Gewalt, die man heute anwenden oder theoretisch begründen möchte, hier geschichtliche Legitimationshilfe gewinnt.[6] Solche direkte Aktualisierung hieße genau das verkennen, worauf es ankäme: die historische Differenz zu reflektieren, d. h. nicht zu ignorieren, daß die tatsächliche oder weitgehende, zum mindesten im Zuge der Territorialisierung drohende Entrechtung eines Standes, der sich gegen Leibeigenschaft, Rechtswillkür, Beschneidung gemeindlicher Selbstvertretung und, nicht zuletzt, gegen eine unwürdige traditionelle Rollenfixierung zur Wehr setzte, nicht mit der heutigen Situation irgendeines Teils unserer Gesellschaft unvermittelt gleichgesetzt werden kann.

Wenn aber Friedenthal auf dem Boden solcher historischen Kritik einer ihm heute opportun scheinenden »Tendenzwende« das Wort redet und, in Opposition gegen das, was er

»ideologische Debatten« nennt[7], eine stärkere Sachorientierung fordert, dann versteckt sich hinter dieser scheinbaren Objektivität nicht nur eine Unsicherheit gegenüber der Einschätzung des geschichtlichen Phänomens, es verbirgt sich dahinter auch die Tendenz, einen historischen Zusammenhang von Gewalt und Gegengewalt durch naive oder vielleicht sogar bewußte Verdrehungen einzuebnen und zu entschärfen, d. h. historische Freiheitsbewegungen von ihren Ursachen zu lösen, die Bedingungen ihrer Entfaltung nicht zur Kenntnis zu nehmen und das eigentliche Gewaltpotential zu unterschlagen. Die »noch so blutigen Ausmordungen vergangener Zeiten«, von denen der Friedenthal-Text spricht, können sich im Zusammenhang des Bauernkrieges doch wohl nur auf die – in der Tat ungeheuerlichen, in den Reihen der Bauern wütenden, brutalen und blutigen – Ausmordungen beziehen, durch die die Herrenpartei die Erhebung niederschlug. Auf sie aber würden sich doch wohl allenfalls Revolutionäre berufen, die einen Umsturz von rechts planen. Eben hier liegt die ideologische Unlogik dieses Textes, dessen angebliche Objektivität voll eingreift in das, was er zu perhorreszieren vorgibt: die ideologische Debatte.

Demgegenüber hat Franklin Kopitzsch in der *Frankfurter Rundschau*[8] die aktuelle Bedeutung des Bauernkrieges in den Zusammenhang geschichtlicher Freiheitsbewegung gestellt, deren Erfolg, wie er meint, dem unheilvollen Weg der deutschen Geschichte ein anderes Gepräge hätte geben können, den Umweg über die territoriale Kleinstaaterei vielleicht hätte vermeiden lassen und die damit verbundene Ausbildung spezifischer Gehorsams- und Untertanenideologien hätte unterbinden können.

In diesem Kontext erinnert Kopitzsch an die 1660 in Ulm erschienene Chronik Memmingens von Christoph Schorer, in der die Niederschlagung des Bauernkrieges, unter Lutherschen Kategorien, als geschichtliches Exemplum der notwendigen und zu bejahenden politischen Disziplinierung interpretiert wird: »Worbey Burger und Unterthanen zu mercken und zu lernen haben / das Aufruhr und heimliche Anschläg wider die Obrigkeit niemalen gut gethan / sonder die Anfänger derselben jederzeit dapfer bestrafet worden. Wann es schon bey der Obrigkeit nit allezeit dahergeht / wie es dem gemeinen

Mann (der manchmal nicht verstehet / was er redet oder urteilt) gefällt / so ist man doch schuldig / auch den wunderlichen Herrn / nach göttlichem Befehl zu gehorchen.«[9] Kopitzsch knüpft an dieses Zitat die These, daß die Haltung, die diese Worte spiegeln, in Deutschland immer noch lebendig sei und deshalb die nüchtern analysierende Erinnerung an die Freiheitsbewegungen der deutschen Geschichte, vom Bauernkrieg über die Aufklärung und die Achtundvierziger-Revolution bis zur Weimarer Republik und dem Widerstand gegen den Nationalsozialismus, gerade heute besondere Bedeutung besitze und zur politischen Bildung in der Demokratie beitragen könne. Er zitiert in diesem Zusammenhang die Worte, die Gustav W. Heinemann bei der Eröffnung der Erinnerungsstätte für die Freiheitsbewegungen in der deutschen Geschichte am 26. Juni 1974 in Rastatt gesagt hat: »Eine stumme Heldengalerie, ein Walhalla deutscher Freiheit ist nicht beabsichtigt. Schweigende Verehrung wird nicht erwartet. Freiheit ist im Verlauf der Geschichte auch mißbraucht oder nur als Deckmantel für selbstsüchtige Interessen bestimmter Gruppen benutzt worden; es ist zu fragen, wem und wievielen, ob nur einzelnen oder allen Freiheit zugedacht war, und es ist auch zu berücksichtigen, um welche Freiheit es sich jeweils handelt. Nichts soll eingeebnet oder festgeschrieben werden. Hier sollen weniger Antworten gegeben als Fragen gestellt werden. Dazu gehört natürlich auch diejenige nach den Ursachen des Scheiterns von so vielen Freiheitsbewegungen, nach den Kräften, die ihnen entgegenstanden, und nach deren Beweggründen. Nur so wird Geschichte als lebendige Kraft erlebt.«[10] In einem zweiten Aufsatz im *Deutschen Allgemeinen Sonntagsblatt*[11] hat Kopitzsch diesen Gedanken weitergeführt und noch einmal unterstrichen, welche Bedeutung die Erinnerung an die Freiheitsbewegungen der deutschen Geschichte für eine mündige Gesellschaft haben könnte. Auch hier hat er auf eine Ansprache Heinemanns verwiesen, auf die Rede zur 450-Jahrfeier der Reformation in Nürnberg, in der die Aufwertung des, wenn auch verfrühten, Freiheitskampfes der Bauern mit der Forderung verbunden worden war, solche nationale Erinnerung nicht einfach der Deutschen Demokratischen Republik zu überlassen.

Tatsächlich deckt Heinemanns Hinweis auf die DDR eine

Wunde auf; denn dem starken, durch die sogenannte »Erbe-Theorie« fundierten Traditionsbewußtsein, das zumal die deutschen Freiheitsbewegungen – Bauernkrieg, Revolution von 1848, Novemberrevolution von 1918 – für die eigene nationale Profilierung einsetzt, steht in der Bundesrepublik nichts Entsprechendes gegenüber. Durch die Theorie der sogenannten »frühbürgerlichen Revolution« ist es den DDR-Historikern gelungen, den Bauernkrieg im Hinblick auf ihr eigenes politisches Selbstverständnis zu aktualisieren. Demnach stellt er, wie schon am Drama Friedrich Wolfs erkennbar wurde[12], eine notwendige Stufe dar, über die hin eine Entwicklung verläuft, die schließlich im Staat der DDR ihr Ziel findet.

2. Zur Rezeption des Bauernkrieges in der Historiographie der DDR und der Bundesrepublik

Im Unterschied zu den älteren Bauernerhebungen – von der französischen Jacquerie 1358 und Wat Tylers Aufstand in England 1381 bis hin zu den Bundschuhverschwörungen zu Beginn des 16. Jahrhunderts – bestand die wesentliche Besonderheit des deutschen Bauernkrieges nach der Theorie der »frühbürgerlichen Revolution« in den durch die frühkapitalistische Entwicklung bedingten sozialökonomischen Veränderungen.[13] Die Zuspitzung der Klassenkämpfe auf dem Lande stand demnach im engsten Zusammenhang mit dem sich neu herausbildenden Widerspruch zwischen den entstehenden kapitalistischen Verhältnissen und der immer noch herrschenden Feudalordnung, wobei der Hauptklassengegensatz zwischen Bauern und Feudalherren dadurch noch verschärft wurde, daß sich beide den neuen ökonomischen Bedingungen anpassen mußten, was auf seiten der Feudalherren zur stärkeren Ausbeutung der Abhängigen und Festigung der eigenen ökonomischen Macht, auf seiten der Bauern zu daraus resultierenden sozialrevolutionären Gegenbewegungen führte.

Die Reformation, die nach der Theorie der »frühbürgerlichen Revolution« mit dem Bauernkrieg eine unablösliche Einheit bildet, mobilisierte die Gesellschaft gegen die Papstkirche und einigte sie im Kampf gegen das hierarchisch-kuriale System. Im Bauernkrieg nun, dem Höhepunkt und Abschluß der deutschen frühbürgerlichen Revolution, durchdringen sich beim sogenannten linken, radikalen, volksreformatorischen Flügel bäuerlicher Klassenkampf und reformatorische Bestrebungen auf nationaler Ebene mit dem Ziel einer Überwindung des Feudalismus, während die gemäßigte Lutherische Richtung, die weitgehend die städtebürgerlichen Interessen vertritt, eine landesfürstliche Territorialisierung begünstigt, damit aber die objektive historische Aufgabe von Bürgertum und Bauerntum verfehlt; denn diese bestand nach dieser Auffassung darin, alle jene Kräfte zu beseitigen, die den sich anbahnenden Kapitalismus hemmten, großräumige Marktverbindungen zu schaffen und durch eine zentrale monarchische Ordnung zu sichern.

Mit Steinmetz läßt sich die Genese und Entwicklung der »frühbürgerlichen Revolution« so zusammenfassen: »Reformation und Bauernkrieg werden als einheitlicher revolutionärer Prozeß gesehen, der mit dem Thesenanschlag anhebt und mit den gewaltigen Kämpfen der Bauern 1524/26 endet. Vorbereitet wird dieser Prozeß durch das Heranreifen der gesamtnationalen Krise von 1476 bis 1517, in der sich Deutschland als Knotenpunkt aller gesellschaftlichen Widersprüche und als Ursprungsland der ersten frühbürgerlichen Revolution in Europa erweist. Die erste Etappe dieses revolutionären Geschehens ist die nationale antirömische Bewegung, in der Luther alle oppositionellen Kräfte um sich scharte. Seine bürgerlich-gemäßigte Konzeption war indessen nur in der Lage, den Bruch mit dem Papsttum und die Reformation der Kirche herbeizuführen bzw. einzuleiten. Die zweite Etappe bringt die Aufspaltung der ursprünglich einheitlichen Bewegung im Kampf um die Weiterführung der Kirchenreformation und ihre Hinüberführung in die Volksreformation, die Herausbildung einer revolutionären Ideologie durch Thomas Müntzer und das Entstehen eines selbständigen revolutionären Lagers mit der Müntzerpartei als dem radikalen Flügel. Die dritte Etappe ist der Große Deutsche Bauernkrieg, der gewaltige Höhepunkt der frühbürgerlichen Revolution und die größte Massenbewegung der älteren deutschen Geschichte. Mit dem Nachspiel des Täufertums und vor allem der Täuferkommune von Münster verlöscht das revolutionäre Feuer für lange Zeit in Deutschland, während es in Westeuropa im Zeichen des

Kalvinismus neu entfacht wird und in den Niederlanden den ersten Sieg über den Feudalismus erringt.«[14]

Nun ist die marxistische Position, wie sie hier zusammenfassend dargestellt ist, keineswegs völlig einheitlich; vielmehr werden innerhalb eines mehr oder weniger grundsätzlichen Konsensus über die – letztlich auf Engels zurückgehende – These durchaus auch Einwände und Modifikationen formuliert.[15] So sieht z. B. Dietrich Lösche dreierlei als problematisch an: die Frage nach dem Reifegrad der Bourgeoisie, nach den politischen Inhalten der eigentlichen Reformation, nach den sogenannten Hauptaufgaben der frühbürgerlichen Revolution.[16]

Nach Lösches Auffassung gab es zwar beachtliche Ansätze zu kapitalistischen Produktionsverhältnissen, aber noch keine Bourgeoisie als Klasse, da deren Formierungsprozeß nur relativ langsam vorangeschritten war und sich ein großer Teil der monopolistisch organisierten Bourgeoisie, das langfristige objektive Interesse kurzfristigen opportunistischen Impulsen opfernd, eng an die um Erhaltung des Status quo ringenden Feudalgewalten angelehnt habe. Lösche sieht ferner in dem in der Reformation begonnenen Kampf gegen die Papstkirche nicht nur eine rein kirchenpolitische, sondern zugleich eine ausgesprochen staats- und machtpolitische Aktion: einen Kampf um günstigere Machtpositionen für das Bürgertum auf allen Ebenen des politischen Gefüges, wobei die vollständige Aufhebung der territorialen Zersplitterung und eine totale Beseitigung der Feudalordnung noch nicht einmal im Bereich des Denkbaren lagen, sondern allenfalls Teilerfolge zu erzielen waren. Lösche kritisiert sodann, daß in der Steinmetzschen Argumentation die Kirchenreformation nur noch als ein Teil des Kampfes um einen Nationalstaat erscheint und sie damit weitgehend ihrer Eigenständigkeit beraubt wird. Denn »offensichtlich wird hier das, was bei Engels noch als Selbstzweck erscheint, nämlich der Versuch die alte theologische Weltanschauung den veränderten ökonomischen Bedingungen und der Lebenslage der neuen Klasse anzupassen, [. . .] nur noch als Mittel zum Zweck bzw. als Teil einer politischen Aufgabenstellung betrachtet, die in dieser weitgehenden Formulierung und in ihrer Priorität ohnehin umstritten ist: es dürfte sich daher empfehlen, die eigentliche Kirchenreform und den damit verbundenen Kampf mit der Papstkirche bei der Formulierung der Aufgabenstellung der frühbürgerlichen Revolution aus dem Zusammenhang mit den sonstigen politischen Aufgaben der frühbürgerlichen Revolution zu lösen und als einen selbständigen Komplex zu betrachten.«[17]

Lösche kommt aus den skizzierten Gründen zu einer vorsichtigeren Einschätzung der Aufgaben der frühbürgerlichen Revolution: 1. Schaffung einer neuen, den Bedürfnissen des Bürgertums besser entsprechenden religiösen Weltanschauung und Kirchenverfassung als notwendiger Voraussetzung einer weiteren Emanzipation des Bürgertums; 2. stärkere Beteiligung des Bürgertums an der Staatsmacht bei möglichst weitgehender Einschränkung der Fürstenmacht und territorialer Zersplitterung als Voraussetzung für eine nationale Einheit; 3. Beseitigung der wichtigsten Hindernisse für eine weitere Entwicklung der kapitalistischen Elemente in der Basis, der Leibeigenschaft und Zunftverfassung, als Voraussetzung einer frühkapitalistischen Entwicklung.[18]

Auch Mottek hat in seiner *Wirtschaftsgeschichte Deutschlands* gegenüber dem von Steinmetz entworfenen Bild sehr viel vorsichtiger von einer allmählichen »Herausbildung von Keimformen der kapitalistischen Produktionsweise«[19] gesprochen und im selben Zusammenhang überdies betont, daß die städtische Wirtschaft im 14. und 15. Jahrhundert »durch eine wesentliche Verlangsamung des Entwicklungstempos« gekennzeichnet gewesen sei, so daß sich ganz grundsätzlich die Frage stellt, wie denn die These von der frühbürgerlichen Revolution überhaupt begründet werden kann, wenn ihre Hauptvoraussetzung, eben die wenigstens relative Entfaltung einer kapitalistischen Produktionsweise, offenbar nicht gegeben war.

Tatsächlich läßt sich feststellen, daß es eine bourgeoise Schicht oder Klasse, die sich im Gegensatz zu der noch bestehenden feudalen Lebens- und Wirtschaftsordnung sah und entsprechend ein Bewußtsein dafür ausgebildet hatte, daß der Kampf gegen die feudale Herrschaft nötig sei, in einem überhaupt irgend ins Gewicht fallenden Sinne noch nicht gab. Das Stadtbürgertum der Zeit befindet sich noch weitgehend in einer Interessenidentität mit der feudalen Welt, was sich auch in seinem Verhalten gegenüber der ländlichen Bevölkerung zeigt. Bei den Kaufleuten, zumal den mächtigsten, ist die Verquickung mit dem Feudalismus evident.

Die Schwierigkeiten, die mit diesen Zusammenhängen auftauchen – Zusammenhängen, die, wenngleich abgeschwächt, durchaus in der DDR-Historiographie benannt werden – versucht man nun durch die folgende Geschichtskonstruktion zu beheben: obschon, so wird argumentiert, das Bürgertum seine subjektiven, auf gegenwärtige Kapitalvermehrung gerichteten Ziele verfolgte und dabei die Liaison mit dem Feudalismus nicht scheute, wäre es doch das objektive Interesse dieser Klasse bzw. Schicht gewesen, den Weg zu bereiten für eine wirklich progressive Wirtschaftsentwicklung und den Kampf gegen den Feudalismus aufzunehmen. Diese These erscheint indessen nur dann sinnvoll, wenn tatsächlich solche objektiven Interessen schon bestanden haben können. Nun sind objektive Interessen nicht unabhängig von der Situation, die sie hervorbringt. Wenn, wie wir sahen, die objektive Situation jedoch noch keineswegs so weit fortgeschritten war, daß sich solche Aufgaben überhaupt stellten, dann muß es als eine fragwürdige Konstruktion gelten, aufgrund der erkennbaren späteren Entwicklungstendenzen, quasi von rückwärts her, auf die frühere Situation zurückzuschließen.

Die These von der frühbürgerlichen Revolution ist jedoch nicht nur in sich problematisch; sie ist es auch im Hinblick auf die Funktionalität, die ihr im Zusammenhang der DDR-Ideologie zugewiesen wird und die zum Ausdruck kommt in der Überschrift des Schlußkapitels der monumentalen *Illustrierten Geschichte der deutschen frühbürgerlichen Revolution* von 1974: *Erfüllung des revolutionären Vermächtnisses in der DDR.*[20] Demnach eröffnete »die Zerschlagung des faschistischen deutschen Imperialismus durch die Sowjetunion und die mit ihr in der Anti-Hitler-Koalition vereint kämpfenden Völker«[21] dem ganzen deutschen Volk die historische Chance, eine grundlegende Wende seiner Geschichte einzuleiten, die indessen nur in der DDR konsequent genutzt wurde: »In den Klassenkämpfen der frühbürgerlichen Revolution wurde auf ihrem Höhepunkt die Idee einer von Ausbeutung befreiten Gesellschaft, eines Staates des machtausübenden Volkes vertreten und von einer revolutionären Minderheit der Kampf um ihre Verwirklichung geführt. Aber es bedurfte mehrerer

Jahrhunderte, es bedurfte der Sprengung feudaler und kapitalistischer Fesseln, ehe diese Volksmacht Gestalt gewann. Mit der Errichtung der DDR, der Schaffung der Arbeiter- und Bauernmacht, erfüllte sich unter neuen gesellschaftlichen Bedingungen diese zentrale Forderung. Arbeiter, Bauern, Angehörige der Intelligenz und andere Werktätige schufen sich einen Staat, der ihren Interessen dient. Er ermöglicht die Entfaltung der Schöpferkraft des Volkes für den Aufbau der sozialistischen Gesellschaft.«[22]

Ein Blick auf die Situation um 1525 erweist eine solche emphatische Aussage als fragwürdige geschichtliche Konstruktion: weder die objektiven noch die subjektiven Bedingungen für eine bürgerliche Revolution sind zu dieser Zeit gegeben. Die Kapitalien sind noch weitgehend unproduktive Kaufmannskapitalien, der Handel und speziell die großen Handelsgesellschaften in unlösbarer geschäftlicher Verflechtung mit der Feudalherrschaft; die Ökonomie ist, was ihren kapitalistischen Reifegrad betrifft, unterentwickelt. Entsprechendes gilt für die Ausbildung einer bürgerlichen Klasse. Wenn Zschäbitz von einem »Nichtvorhandensein einer Klasse der Bourgeoisie«[23], Vogler von der »klassenmäßigen Unreife«[24] der Bourgeoisie, Epstein sogar von einer »bürgerlichen Revolution ohne Bourgeoisie«[25] spricht, dann wird auch von dieser Seite die These von der frühbürgerlichen Revolution in Frage gestellt. Von einer Verschärfung des Widerspruches zwischen Bourgeoisie und Feudalismus, die nur noch den Ausweg der Revolution zuließ, kann in dieser Zeit keine Rede sein.

Eine weitere Schwierigkeit ergibt sich aus dem Dilemma, daß die eigentlich bäuerlichen und volksreformatorischen Programme, also z. B. die *Zwölf Artikel* einerseits und Thomas Müntzers Position andererseits, weder ihrer Zielrichtung noch ihrer Begründung nach »bürgerlich« sind, daß aber ein Entwurf wie das *Heilbronner Programm*, das in seinen Zentralisierungstendenzen durchaus einem bürgerlichen Interessenstandpunkt zuzuordnen ist, kaum mit den Forderungen der Bauern vermittelt ist und eher auf einen Kompromiß mit den herrschenden Feudalgewalten zielt. Auch für die Interpretation des bäuerlichen Kampfes ergeben sich Schwierigkeiten, insofern die Beseitigung des Feudalismus keineswegs von Anfang an das erklärte und bewußte Ziel darstellt, sondern erst in einer späteren Phase als Reaktion auf die mangelnde Verhandlungs- und Kompromißbereitschaft erscheint, andererseits Positionen wie die Müntzers utopisch-chiliastisch, auf keinen Fall jedoch national, sondern allgemein christlich orientiert sind.

Wenn Revolutionen nach Klaus/Buhr zu verstehen sind als »jene qualitativen gesellschaftlichen Umgestaltungen, die erstens die für eine gegebene geschichtliche Entwicklung wesentliche soziale Struktur und die wesentlichen Klassenverhältnisse umgestalten, die zweitens die Herrschaft einer Klasse beseitigen [. . .], zum mindesten eine Klasse, die entscheidende Machtpositionen besitzt, aus diesen ausscheidet und sie einer anderen Klasse übergibt, und die drittens eine progressive Umgestaltung sozialer Strukturen und Klassenverhältnisse darstellt, also eine neue, revolutionäre Klasse, die eine höhere gesellschaftliche Ordnung schafft oder zu schaffen berufen ist, an die Macht bringt«[26], dann wird das erstformulierte Ziel von den Akteuren des Bauernkriegs offenbar durchaus ins Auge gefaßt, wenn auch mit anderer Blickrichtung als einer bürgerlichen; für das zweite und dritte dagegen sind weder die gesellschaftlichen Voraussetzungen vorhanden noch die Zielprojektionen entwickelt.[27]

Lösche konstatiert einerseits, daß die frühbürgerliche Revolution »an den Maßstäben eines an ›klassischen‹ Vorbildern entwickelten Revolutionsbegriffes gemessen [. . .] doch so viel Schwächen« zeige, besonders »hinsichtlich der Haltung des Bürgertums, daß eine derartige Einschätzung Bedenken erregen«[28] müsse, hebt jedoch andererseits diese Schwächen durch eine Theorie des »unterschiedlichen Reifegrades« der historischen bürgerlichen Revolutionen wieder auf[29]. Durch solche Zweigleisigkeit der Argumentation bestätigt er allerdings nicht nur die eklatanten Widersprüche der Theorie, sondern vor allem auch die Unumstößlichkeit seiner einmal gefaßten, politisch begründeten Position. Die Frage, ob die historischen Verhältnisse um 1525 die Klassifizierung des Bauernkrieges als einer frühbürgerlichen Revolution zulassen, wird nicht mehr ernsthaft gestellt; sie wird von der Notwendigkeit, ihn im Rahmen einer solchen Deutung in die allgemeine Erbetheorie einzubauen, überspielt. Priorität hat auf jeden Fall das Interesse, den Bauernkrieg als erste Stufe eines bürgerlichen Revolutionsprozesses anzusetzen, der im Staat der DDR seine Erfüllung gefunden hat und damit, als Revolutionsprozeß, paradoxerweise zum endgültigen Stillstand gekommen sein darf.

Peter Blickle hat zu Recht festgestellt, daß der Revolutionstheorie, soweit sie am Modell der frühbürgerlichen Revolution orientiert und weiterentwickelt wurde, noch auf weite Strecken (was in der DDR auch niemand ernstlich bestreite) »der empirisch nachprüfbare Aufweis« fehle[30]; andererseits hat er jedoch das Verdienst der DDR-Forschung hervorgehoben: die Entschiedenheit und theoretische Konsequenz, mit der hier, im Unterschied zur westlichen Forschung, der Bauernkrieg auf einen einheitlichen Begriff gebracht ist.[31]

Ein solcher Konstruktionsbegriff, der den gesamten Komplex »Reformation« und »Bauernkrieg« in einen geschlossenen, theoretisch fundierten Gesamtzusammenhang bringt, wird indes, wenn ich recht sehe, von der westdeutschen Historiographie im allgemeinen auch gar nicht favorisiert. Im Gegenteil, hier hält man sich, um parteiliche Fixierungen auf einen Gegenstand und weitergehende Identifikationen zu vermeiden, stärker an die differenzierte Detailforschung, die nicht zu Spekulationen zu greifen braucht und nur das in das Gesamtbild einzusetzen erlaubt, was in einem spezifisch wissenschaftlichen, d. h. letztlich noch positivistisch-historischen Sinne als objektiv gesichert gilt. Monokausalität oder Monofinalität, worauf die Theorie der frühbürgerlichen Revolution hinausläuft, gilt als unwissenschaftlich und unseriös. Gerade darin, daß es den Bauernkrieg in eine Vielzahl von dissoziierten lokalen Aktionen auflöst, die mehr oder weniger vereinzelt untersucht werden, vertritt das bereits öfter zitierte Bauernkrieg-Buch von Günther Franz die hier charakterisierte Historiker-Tradition.

Eine Folge solcher Partikularisierung aber ist es, daß das historische Ereignis seinen Umriß verliert, als Einheit nicht zu fassen und nicht zu interpretieren ist und, je diffuser das Bild wird, um so weniger zur Traditionsbildung geeignet scheint. Hier dürfte einer der Gründe dafür liegen, daß die Publizistik der Bundesrepublik anläßlich der 450-Jahrfeier des Bauernkrieges Schwierigkeiten hatte, die geschichtliche Bedeutsamkeit dieses Ereignisses herauszuarbeiten und einer breiteren

Öffentlichkeit deutlich zu machen, weshalb dieses historischen Faktums heute noch gedacht und die Erinnerung daran wachgehalten bzw. überhaupt erst hergestellt werden sollte.

Gegenüber der Stagnation der Forschung, »die seit 40 Jahren die Franzschen Thesen memoriert [...] in der Überzeugung, daß hier unter Abkehr von der traditionellen Geistesgeschichte und unter Nutzbarmachung eines wenig beachteten Quellenmaterials [...] ein gewissermaßen abgeschlossenes Bild vom Bauernkrieg gezeichnet wurde«[32], hat nun Blickle wieder die Aufmerksamkeit auf den »inneren Zusammenhalt«[33] gelenkt und dadurch, daß er den Bauernkrieg in den größeren Rahmen einer »Revolution des gemeinen Mannes« stellte, wieder stärker die Bedeutung unterstrichen, die diesem geschichtlichen Ereignis im Zusammenhang der deutschen Freiheitsbewegungen zukommt. Freilich, Blickle hat auch gezeigt, daß es selbst weitsichtigeren, politisch erfahreneren Leuten als es die Bauern auf Grund ihrer Sozialisation sein konnten, schwergefallen wäre, wirklich brauchbare, konstruktive Gegenmodelle zur territorialstaatlichen Herrschaftsordnung zu entwickeln.[34] Das Problem der Bauern zeige sich ja gerade daran, daß sie bauten (und bauen mußten) auf Wortführer, die letztlich das nicht einzulösen bereit waren, was die Bauern auf Grund ihrer eigenen Interessenlage fordern mußten, wenn sie ihren Kampf nicht sinnlos machen wollten; denn der Rat zur Mäßigung, zum Kompromiß mit der Adelsherrschaft entzog ihren Forderungen von vornherein den Boden. Das gab ihrem Kampf das Unsichere, Unentschiedene, Zögernde: »Die kampflose Preisgabe überlegener strategischer Positionen der Bodenseer und Allgäuer bei Weingarten, der demütigende Auszug von 20 000 unbewaffneten Bauern mit weißem Kreuzlein aus der Stadt Zabern sind weniger Zeichen von Feigheit – wäre sie charakteristisch für die Bauern gewesen, wäre es zum Aufstand nie gekommen – als von Unsicherheit, wofür hier eigentlich gekämpft werden sollte. Verantwortlich für die Unsicherheit waren, wenn man Verantwortliche dingfest machen will, die Reformatoren und das Bürgertum, weil sie der Revolution das Schwert verweigerten, und einen Kompromiß ansteuerten, wo es keinen Kompromiß geben konnte.«[35] Das Dilemma der Bauern wird durch solch ein Zitat deutlich bezeichnet: auf sich selbst vermochten sie sich nicht zu stellen, da ihnen, wie in den früheren Kapiteln gezeigt wurde, dazu die notwendigen Voraussetzungen fehlten, das heißt: Selbstvertrauen, Übersicht, konstruktive Vernunft, Selbsteinschätzung. Die aber, die sich ihnen als Führer anboten und allein in der Lage gewesen wären, die Situation der Bauern auf ihren Begriff zu bringen und daraus langfristige, konstruktive politische Forderungen zu entfalten, zuckten vor den radikalen Konsequenzen zurück oder lenkten, wie Müntzer, den Kampf in eine zwar radikale, dafür aber aussichtslose utopische Richtung.

In einem nun scheint mir Blickle, mag er auch selbst in diesem Falle in vielen Details durchaus recht haben, etwas hinter die bei Franz erreichte Position zurückzugehen. Günther Franz machte neben den kurzfristig wirksamen Folgen der Bevölkerungsverluste und wirtschaftlichen Belastungen den Sieg des Landesfürstentums, die Stärkung der Territorialgewalt auf Kosten des Reiches wie des mediaten Adels und der Klöster als wichtige Folge des verlorenen Bauernkrieges aus. So schreibt er: »Die Reformation war für den Bauern mehr als eine religiöse Bewegung. Sie war für ihn der Ansatzpunkt, um an dem geistigen und politischen Leben den Anteil als gleichberechtigter Stand zu gewinnen, auf den er seiner wirtschaftlichen Lage, seiner Stellung in der Volksordnung nach Anspruch zu haben glaubte. Die Niederlage bedeutete einen Verzicht auf dieses Ziel. Mit ihr schied der Bauern für fast drei Jahrhunderte aus dem Leben unseres Volkes aus.«[36]

Nun hat, wie Peter Blickle in seinem Buch gezeigt hat, die neuere landesgeschichtliche Forschung den kontinuierlichen Prozeß der Perfektabilität des Territorialstaates von seinen hochmittelalterlichen Anfängen bis zum Absolutismus nachgewiesen, ohne in 1525 eine entscheidende Zäsur zu sehen. Das gebe Anlaß, so meint Blickle, die These von der politischen Entmündigung der Bauern zu überprüfen.[37]

Was allerdings Blickle selbst, im Schlußteil seines Buches, über den Speyerer Reichstag von 1526 ausführt, läßt kaum eine Revision als nötig erscheinen.[38] Denn wenn auch der Ausschuß des Reichstages, der maßgeblich von den eher reformfreundlichen Reichsständen gebildet wurde, einige der bäuerlichen Beschwerden aufgriff, diskutierte und Empfehlungen zur Milderung an den Reichstag weitergab, so war doch, wie Blickle selbst zugibt, »dürftig genug, was von diesen Vorschlägen schließlich in den Reichstagsabschied übernommen wurde«.[39] Dem Reichstag ging es vornehmlich darum, Maßnahmen zur Unterdrückung künftiger Aufstände zu verabschieden, nicht aber um eine Beseitigung der Ursachen. Blickle verweist, um seine These zu stützen, auf einige positive Vertragsabschlüsse zwischen Bauern und Feudalgewalten aus der Zeit nach 1525, muß allerdings auch hier zugeben, daß sie lediglich zeigen, »daß nicht überall die Zustände von 1524 restauriert wurden«.[40]

Immerhin, so läßt sich gegen Blickle einwenden, wurde das Diktat des Schwäbischen Bundes, der eine stehende Truppe unterhielt, um eine neue Zusammenrottung von Bauern sofort wirkungsvoll auseinanderzutreiben, erst 1545 aufgehoben; immerhin wurden die Bauern fast überall entwaffnet, wurden ihnen Zusammenkünfte streng untersagt; immerhin ging man nach 1525 mit erbarmungsloser Härte gegen die als Anstifter geltenden Geistlichen vor; immerhin überwachte man peinlich genau die Prediger und die Predigt; immerhin verfolgte man, wie wir aus Indizien erschließen können, die Verfasser von aufrührerischen Liedern, und immerhin sahen sich Luther und andere Reformatoren genötigt, durch eine konsequente Legendenbildung die Nachwirkung Müntzers und anderer Bauernführer systematisch zu bekämpfen und die weitere Entwicklung der Reformation entschiedener unter die Obhut, damit aber auch unter die Aufsicht des Landesfürsten zu stellen.

Nun sollte der Literarhistoriker, auch wenn er im Grenzgebiet von Literaturwissenschaft und Geschichte arbeitet, sich nicht anheischig machen, Probleme der Geschichtswissenschaft lösen zu wollen. Wie kompliziert die Verhältnisse trotz zahlreicher neuerer Forschungen immer noch sind, wie viele Lücken in unserem Bild vom Bauernkrieg immer noch zu schließen und wie schwierig die noch offenen Probleme zu beurteilen sind, hat Franklin Kopitzsch erst kürzlich in einer eindrucksvollen Übersicht gezeigt.[41] Der Literarhistoriker kann allerdings, und hier liegt eine seiner legitimen Aufgaben, von seinem Arbeitsgebiet her eine Grenzerweiterung vornehmen, die möglicherweise auch dem Historiker zugute kommen könnte: indem er den Blick auf historische Bestände lenkt, die für den Historiker nicht am Wege liegen und, weil sie nicht im eigentlichen Sinne rein historische Daten sind, aus der Erkundung der Fachhistoriker meist ausgeschlossen werden; ich meine, man muß den geschichtlichen Prozeß heute umfassender sehen und davon ausgehen, daß die ideologischen Prozesse, die Bewußtseinsvorgänge, wie sie in der Literatur ihren Ausdruck finden, in die Erkundung eines historischen Phänomens notwendigerweise mit hineingehören und deren Deutung als sinnvoller Beitrag literaturwissenschaftlicher Untersuchungen in die interdisziplinäre Arbeit eingebracht werden kann, wobei die wichtige Frage nach ihrer Autonomie, relativen Autonomie oder grundsätzlichen Abgeleitetheit noch zu klären wäre.

Ich will versuchen, dies abschließend noch ein wenig auszuführen, indem ich drei Werke heranziehe, die in die Ausgangsphase des Bauernkrieges gehören.

3. ›der arm gemain esel‹

1. Am Ende des Bauernkrieges, frühestens im Juni 1525, verfaßt der Nürnberger Dichter und Schuhmacher Hans Sachs einen Flugblattspruch *der arm gemain esel*, ein Gedicht, das in allegorischer Form die Situation des Bauern beschreibt.[42] Dieser ist dargestellt als Esel, der, nachdem er die »Geystliche gleysnerey« abgeschüttelt hat, auf seinem Rücken den »Finantzischen wucher« und die »Tirannische gewalt« trägt. Bedrängt von seinen beiden Peinigern, stimmt der Esel eine laute Klage an:

> Wer hat ye grösser clag erhort?:
> Der tyrann mich erschrocklich sport,
> Dringt, zwingt, schetzt, raupt, brent, darzu mordt;
> Der wuchrer drengt, schindt auf alle orth;
> Idoch tröstet mich gottes wort,
> Gott wer mich rechen hie und dort.[43]

Die »Menschliche Vernunft«, die Ratgeberin des Esels, nimmt die Klage der »Geystlichen gleysnerey«, die hinter dem Esel auf dem Boden liegt, zum Anlaß, den Esel aufzufordern, auch noch den »Tirannen« und den »Wucher« abzuschütteln:

Darumb schlag auff! Mach eß nit lanck,
Ob du sie stürtzest mit eim ranck,
Dann würd gering dein schwerer ganck.[44]

Aber die beiden Reiter weisen die Worte der »Vernunft« zurück, da sie sich sicher im Sattel wissen und ohnehin davon ausgehen, daß es die Aufgabe des Esels sei, Weizen und Korn zu bauen und Disteln zu fressen. Freiheit, wie die »Vernunft« es dem Esel suggeriert, gebe es für ihn nicht. Der Esel antwortet mit einem heftigen Lamento und ruft die »Gerechtigkeyt« zu Hilfe:

Keyn ärmer thier auff erdt man find:
Ich muß arbeytten in regen, wind
Und gewinnen, was all welt verschlint,
Des haberstros man mir kaum gynt.
Es sitzen auff mir zwei böse kind:
Das foder schlecht mich umb den grint,
Seyn scharpffe sporen ich entpfint;
Der hinder mich lebendig schint,
Das bluet täglich von mir rint.
Ach, Gerechtigkeyt, hilff mir geschwint,
Ehe ich in dem jamer erplind,
Schlag umb mich und werd unbesint.[45]

Aber die »Gerechtigkeit« kann ihm nicht zu Hilfe kommen, sie sitzt, wie es Peter Flöther auf einem Einblattdruck dargestellt hat[46], selbst als Gefangene von »Wucher« und »Tiranney« im Block. Sie kann den klagenden Esel nur an Gott selbst verweisen, der, unter Hinweis auf die alten angestammten Traditionsmuster, den Esel vor der »Vernunft« warnt, die Gewalt als gottgesandte Strafe bezeichnet und ihn zum geduldigen Ausharren ermahnt:

Esel, dich hat Vernunft verplent,
Das du dem Gwalt wilt widerstent,
Den got zu straff deiner sünd hat gesent.
Darumb so sey nit wider-spent,
Drag dein selb creutz in dem ellend
Und bleyb geduldig biß ins end:

Wer uberwind, der wirt gekrönt.
Halt du gott still, biß ehr dir wend
Wucher, tyranisch regiment;
Laß im die rach in seiner hend;
Die rach ist sein, die schrifft bekent.[47]

Unter Berufung auf biblische Beispiele vertröstet Gott den Esel auf die Zukunft:

Also noch heüt zu diser stund
Erreth gott sein volck auß dem schlund
Der tyrannen, wie grausams thunt,
Auch von des wuchers schwinden fund
Macht gott sein armes volck gesundt,
Als auch der Gleyssnerey geschwund,
Bald sie gott rüret durch sein mund;
Gott helt getreülich seinen bund.[48]

Balzer hat mit Recht darauf hingewiesen, daß sich dieser Spruch in »sämtlichen Aussagen an der Position Luthers«[49] orientiere: Wucher und Tyrannei werden zwar verurteilt, aber ebenso die Auflehnung gegen die legitime, ja göttlich legitimierte Gewalt; scharf wird unterschieden zwischen diesseitiger und jenseitiger Freiheit; der Unterdrückung hier auf Erden wird die himmlische Erlösung folgen; niemand anders als Gott selbst kann die Leiden des »Esels« auf Erden beenden; keiner darf, seiner eigenen Vernunft folgend, sein Leiden selbst zu beenden suchen.

Die Allegorie bezeichnet die Lage des Bauerntums am Ende des Bauernkrieges aus der Sicht des lutherischen Parteigängers, der einerseits die Klagen des Esels als nicht unberechtigt anerkennen muß, anderseits jedoch die Prinzipien der traditionellen Ständelehre und die hierarchischen Ordnungsschemata gegen ihn ins Feld führt. Damit ist der Bauer wieder lokalisiert; wo er, wie wir im ersten Kapitel sahen[50], seit Jahrhunderten bereits lokalisiert war, ist er wieder festgelegt auf seine alten Aufgaben, seine alte unterprivilegierte Rolle, und zwar ohne eigentliches Argument, ganz autoritativ, unter Berufung auf die herkömmlichen ständischen Schemata und unter offener Zurückweisung der menschlichen Vernunft, die sich im Falle der Bauern offenbar zu weit vorgewagt hatte.

Bezieht man Sachsens Gedicht auf die zeitgeschichtliche Situation Nürnbergs um die Mitte des Jahres 1525, so erkennt man, wie genau sie sich, trotz oder vielleicht auch wegen der allegorischen Form, hier abbildet. Durch eine geschickte »Schaukelpolitik«[51] hatte der Rat der lutherisch-evangelischen Stadt es verstanden, sich weder auf die Seite der Bauern noch auf die der Herren zu schlagen; als aber der Sieg des Truchseß sich abzeichnete, zeigte man den Bauern die kalte Schulter. Genau diese politische Klärung spiegelt sich in dem Gedicht, auch und gerade in seiner allegorischen Form.

Sachs weist den »gemeinen Mann« in der Gestalt des »Esels« wieder scharf in die Schranken, die ihm von der Tradition gesetzt sind. Er tut es auf der Basis der gemäßigten, von seiner städtischen Obrigkeit vertretenen evangelischen Lehre. Aber es bleibt ihm bei diesem Einlenken in das politisch Opportune offenbar ein Unbehagen, das sich aus dem Widerspruch zu seinen früheren Äußerungen ergibt. Wie Balzer gezeigt hat, beruhte der »Erfolg der von Hans Sachs betriebenen Propaganda nicht zuletzt auf seiner Fähigkeit [. . .], sich der jeweiligen politischen Situation anzupassen«.[52] Ohne hier ins einzelne zu gehen, wird man sagen dürfen, daß der Tenor eines Großteils der Sachsschen Dialoge vor 1525 darin aufklärerisch ist, daß Sachs sich, mit welcher Zielrichtung auch immer, an die Vernunft seiner Leser richtete, gerade auch an die Vernunft des »gemeinen Mannes«, was sich schon in der einfachen, auf Argumentation gestellten Prosaform zeigte. Wenn nun Sachs hier, in dem Gedicht vom »arm gemain esel«, nicht nur zur gebundenen Sprache, sondern darüber hinaus zur allegorischen Form greift, dann offenbar, um diesen Widerspruch soweit wie möglich zu verdecken und abzumildern. Gerade die allegorische Form gab ihm die reichsten Möglichkeiten, sich nach allen Seiten hin abzusichern. Wie raffiniert Sachs dabei vorging, erweist sich nicht zuletzt daran, daß es ihm durch diese poetische Verschlüsselung gelingt, in politisch heikler Situation selbst noch die Klagen des Esels über die Unerträglichkeit seiner Lage zu formulieren, ohne selbst eine feste politische Position einzunehmen und sich selbst Gefährdungen auszusetzen.

2. Nach der Niederwerfung der Bauern schreibt der Philologe und Humanist Joachim Camerarius ein Gedicht[53], in dem er den Hirten Menalcas erzählen läßt, sein adliger Herr habe ihm verboten, in der Nähe seiner Burg zu weiden. Thyrsis, sein Freund, fragt resignativ-verzweifelt zurück[54]: »Wird man uns nicht auch noch verbieten, die Luft zu atmen? Wofür sollen wir Unglücklichen überhaupt noch leben?« Menalcas bittet den Freund, seinen Unmut nicht so laut zu äußern, da die Sieger überall ihre Ohren hätten und das Gerücht die Worte oftmals entstelle. Freilich, Menalcas bekennt sich zu der Auffassung, daß die Aufstände frevelhaft gewesen, die harten Maßnahmen der Herren daher verständlich seien; aber Thyrsis will das nicht gelten lassen. Was sollten die Bauern denn tun, so ist sein Einwand, da doch viele Herren geflüchtet waren und manche sich sogar den Aufständischen angeschlossen hätten? Menalcas muß ihm recht geben und verweist auf das Schicksal des unschuldig eingekerkerten Mörus, der zwischen den Parteien zu vermitteln suchte und dem die Herren Sicherheit von Leib und Leben gegeben hatten. Aber so sei es nun einmal: die Gnade, die in der Not versprochen werde, habe, wenn der Schrecken vorbei sei, gerade die gleiche Wirkung wie trockenes Holz beim Eindämmen von Feuer ... Die Winde raffen dann das gegebene Versprechen hinweg.

Camerarius, der gebildete Freund Melanchthons, hat das Bauernkrieg-Geschehen, wie schon die Namen der Hirten signalisieren, nicht nur in die lateinische Sprachform, sondern darüber hinaus in die poetische Kunstform der Ekloge transponiert, wie sie von Theokrit entwickelt, von Vergil zu ihrer dichterischen Vollendung gebracht wurde; aber er hat, wie Ellinger feststellt, in eben dieser Kunstform offenbar »wirkliche Zustände der Zeit, wirkliche Empfindungen des Volkes festgehalten, [...] und unzweifelhaft ehrt es den Dichter, daß er, ohne sich mit den Aufständischen und ihren Tendenzen etwa zu identifizieren, doch die Partei der Bedrückten, Geknechteten nimmt und der Stimme des armen, grausam in seinen Hoffnungen getäuschten Volkes Gehör verschafft.«[55]

3. 1526 verfaßt der Kölner Schulmeister Hermann Schottenius ein Schuldrama über den Bauernkrieg mit dem Titel *Ludus Martius*[56], das, wie er in der Einleitung schreibt, die ihm

zur Ausbildung anvertrauten Knaben im lateinischen Stil üben soll.[57] Frei nach Ovids *Metamorphosen* wird der Krieg auf die Verhältnisse des Eisernen Zeitalters zurückgeführt. Keiner achte mehr die Gesetze, alle streben nur nach Reichtum und Herrschaft. Diese Verhältnisse macht sich die Abgesandte der Hölle, die Furie Bellona, zunutze, indem sie die Bauern, gegen die auf Mäßigung drängende allegorische Gestalt des Friedens, zum Aufruhr antreibt: sie sollen Waffen nehmen und nicht länger wie die Esel leben. Weitläufige Verhandlungen zwischen der Bauern- und der Herren-Partei schließen sich an, die jedoch zu keinerlei Ergebnis führen und in einen Krieg münden, in dem die Bauern als maßlose, beutelüsterne, mordgierige Gesellen vorgeführt werden. Sie werden von den Fürsten hart und brutal zurechtgewiesen, mit Recht, wie der Autor wohl meint. Allerdings endet der Krieg, abweichend von dem historischen Verlauf des Bauernkrieges, mit einer Versöhnung. Die Bauern bitten die Fürsten um Gnade. Diese weisen die Bauern auf ihre Verfehlungen und deren Folgen hin: »Fürst: Die Freiheit habt ihr zu erlangen gesucht, aber erlangen werdet ihr eine um so größere Knechtschaft. Eure Waffen werdet ihr uns geben, in unsere Burgen werdet ihr sie bringen, viel Geld werdet ihr uns als Wiedergutmachung erstatten [. . .] und werdet uns wieder untergeben sein, unter unserem Joch leben und den dritten Teil eurer Güter abgeben.«[58] Mit einem Eid bekräftigen die Bauern, daß sie und alle ihre Nachkommen von nun an unter den von den Herren gesetzten Bedingungen leben und arbeiten werden.

Blicken wir zurück: die drei verschiedenen, hier aus einer größeren Anzahl möglicher Exempla herausgegriffenen literarischen Beispiele – der Spruch des Schuhmacherpoeten, die Ekloge des reformatorisch gesinnten Humanisten, das Schuldrama des altgläubigen Kölner Schulmeisters – bestätigen, daß das Ende des Bauernkrieges als eine Restauration der alten Zustände, womöglich unter erschwerten, schlimmeren Bedingungen, empfunden wird. Diese Restauration trifft vor allem den Bauern, der, nach dem unglücklichen Ausgang seines gewaltsamen Aufbruchs, jetzt wieder in die alte Botmäßigkeit zurückgezwungen wird, dem die Bedingungen seiner Arbeit und seines Lebens diktiert werden, dem keinerlei selbständige

Stimme im politischen Zusammenhang zukommt, mit einem Wort: der wieder der alte »arm gemain esel« ist, der er früher war und der für andere erwirtschaften muß, was ihm selbst am wenigsten zugute kommt.

Man muß diese resignativen Klänge, diese restaurativen Konsequenzen, diese Erneuerung der alten Bauern-Misere, wie sie in der Literatur ihren Ausdruck findet, vergleichen mit dem gewaltigen literarischen Aufbruch unmittelbar nach der Reformation, der nicht zuletzt im Zeichen des »gemeinen Mannes« stand, um zu begreifen, daß der Bauernkrieg in der Tat einen Einschnitt bedeutete, daß hier in der Tat Prozesse jäh abgeschnitten wurden, die auf eine stärkere Beteiligung des »gemeinen mannes« am öffentlich-politischen Leben hätten hinauslaufen müssen und die wenigstens, selbst wenn die historische Entwicklung in Deutschland unausweichlich auf den Territorialstaat zielte, den Verlauf der deutschen Geschichte im Sinne einer früheren Demokratisierung hätten modifizieren oder gar korrigieren können.

Peter Blickle hat sein Bauernkrieg-Buch mit dem Satz beschlossen: »Die Revolution von 1525 verliert nichts von ihrer Tragik, wenn man ihr säkulare negative Folgen abspricht. Tragisch bleibt, daß ihr säkulare positive Folgen versagt bleiben, es sei denn, man spräche dem Menschen das Recht ab, sich in seiner Zeit selbst zu verwirklichen.«[59] Wie ich meine, bestehen durchaus Gründe, ihr auch die säkularen negativen Folgen zuzusprechen; wie ich meine, vermag gerade die in der Literatur erkennbare Bewußtseinskrise, die der Bauernkrieg auslöste, diese säkularen negativen Folgen zu signalisieren und zu antizipieren; negative Folgen im übrigen, die, wie wir im Kapitel über die Rezeptionsgeschichte sahen, bis in die Neuzeit hinein fortgewirkt haben. Lukács sprach von »nicht gutzumachenden katastrophalen Folgen« und bestimmte sie dahin, daß das »in Deutschland ausschlaggebend gewordene Luthertum die Unterwerfung unter den Kleinstaatabsolutismus religiös verklärte und einen geistigen Hintergrund, eine moralische Unterlage für die wirtschaftliche, soziale und kulturelle Rückständigkeit Deutschlands abgab«.[60] In dieses Bild von der Rückständigkeit Deutschlands gehört als eine wesentliche Seite, daß der »gemeine Mann«, vornehmlich der Bauer, auf lange Zeit nicht den Platz im offentlichen-politischen

Leben gewann, der ihm aufgrund seiner wirtschaftlich-sozialen Rolle zukam.

Aber selbst wenn heutige oder zukünftige Forschung an den so bestimmten säkularen negativen Folgen Abstriche zu machen hätte oder sie ganz zurückwiese, die Bedeutsamkeit des geschichtlichen Ereignisses »Bauernkrieg« für die deutschen Freiheitsbewegungen bliebe ungeschmälert; bliebe selbst dann ungeschmälert, wenn lediglich mit Blickle zu konstatieren wäre, daß diese Revolution nicht die säkularen positiven Folgen gezeitigt hat, die sie unter günstigeren Bedingungen hätte gewinnen können; denn selbst dann bliebe ein Wort Alexander von Humboldts zu bedenken, das er im Gespräch gegenüber Fröbel geäußert hat: »Der große Fehler in der deutschen Geschichte ist, daß die Bewegung des Bauernkrieges nicht durchgedrungen ist.«[61]

Anmerkungen

Zur Einleitung:

1 Vgl. die Abbildungen in der *Ill. Geschichte*, S. 33; 96.
2 Vgl. jetzt die Sammlung *Feudalismus*, hrsg. von H. Wunder. (Nymphenburger Texte zur Wissenschaft 17) München 1974 (mit ausführlicher Bibliographie).
3 Ich behalte den Terminus »Bauernkrieg« bei, obwohl ich mit Blickle, S. 156 ff., der Auffassung bin, daß es richtiger wäre, von der »Revolution« bzw. vom »Krieg« oder der »Empörung« des »gemeinen Mannes« zu sprechen.
4 Zum Petrarca-Meister vgl. Pianzola, S. 62 ff. Walter Scheidig, *Die Holzschnitte des Petrarca-Meisters*, Berlin 1955. – H. Zschelletzschky, *Künstlerschicksale und Künstlerschaffen zur Bauernkriegszeit*, in: Heitz u. a., S. 331 f. – R. Hiepe, *Die Kunst im Großen Deutschen Bauernkrieg*, in: *tendenzen* Nr. 97, 15. Jahrgang 1974, S. 4 ff.
5 Vgl. Pianzola, S. 92 f. – Dürer, S. 222 f. – *Ill. Geschichte*, S. 310 f. – E. Ullmann, *Dürers Darstellung des Bauern*, in: Heitz u. a. S. 388 f.
6 Zitiert nach *Ill. Geschichte*, S. 310.
7 Vgl. die Abbildungen in: *Ill. Geschichte*, S. 310.
8 Text zitiert nach *Ill. Geschichte*, S. 310.
9 Zitiert nach *Ill. Geschichte*, S. 311.
10 Vgl. *Ill. Geschichte*, S. 311 f. – Pianzola, passim.

Zu Kapitel I:

1 Vgl. unten S. 28 f.
2 Der Titel und der zitierte Text nach dem Druck der Sammlung Gustav Freytag (Universitätsbibliothek Frankfurt/M. Hohenemser Nr. 3980).
3 Zu den »Gravamina« vgl. Schnabel, in: Spriewald u. a., S. 49 ff. – *Ill. Geschichte*, S. 35 ff., 93 ff. – Fuchs, in: Gebhardt II, S. 54 ff.
4 Fuchs, in: Gebhardt II, S. 29.
5 Fuchs, in: Gebhardt II, S. 29.
6 Hinzu kommt die Entwicklung auf militärischem Sektor, die den unbeweglichen schwergepanzerten, den neuen Feuerwaffen gegenüber jedoch nicht mehr geschützten Ritter überflüssig machte. Vgl. Bensing/Hoyer, S. 22.
7 Zur *Reformatio Sigismundi* vgl. v. Dohna, passim. Zu den Reformschriften allgemein vgl. Waas, S. 48 ff.
8 Zum »oberrheinischen Revolutionär« vgl. die Ausgabe: *Das Buch der hundert Kapitel und 40 Statuten des sogenannten Oberrheinischen Revolutionärs.* Edition und textliche Bearbeitung von Annelore Franke. Historische Analyse von Gerhard Zschäbitz, Berlin 1967. – Die Schrift ist nicht im Druck erschienen und nur in einer einzigen Handschrift erhalten. Dennoch ist mit Franz, *Bauernkrieg*, S. 70, anzunehmen, »daß der Verfasser einen Weg gefunden haben wird, die Bauern im Schwarzwald mit seinen Gedanken vertraut zu machen«. Zu den revolutionären Traditionen vor dem Bauernkrieg jetzt *Illustrierte Geschichte*, S. 53 ff., sowie Waas, S. 48 ff.
9 Zu den städtischen Krisen vgl. jetzt die *Ill. Geschichte*, S. 61 ff. 87 ff.

10 Vgl. z. B. die Ereignisse und das Ergebnis des »tollen Jahres« in Erfurt 1509/10. *Ill. Gesch.*, S. 87 f.

11 Treue, in: Gebhardt II, S. 451.

12 Vgl. Blickle, S. 57.

13 Vgl. Blickle, S. 65. Auf den wichtigen Unterschied zwischen den »gemessenen« (= Zahl der Frontage und Dienstleistungen pro Jahr und Hof waren festgelegt) und den »ungemessenen« (= bei Bedarf von den Herren in Anspruch genommenen) Fronen hat Blickle, S. 64, besonders abgehoben.

14 Vgl. Blickle, S. 66.

15 Vgl. Blickle, S. 72.

16 Blickle, S. 73.

17 Blickle, S. 75.

18 Vgl. Blickle, S. 80.

19 Vgl. Blickle, S. 80.

20 Zu den Bauernaufständen des 15. Jahrhunderts vgl. Franz, *Bauernkrieg*, S. 1 ff., sowie die Materialien in: Franz, *Aktenband*, S. 1 ff., und Franz, *Quellen*, S. 9 ff.

21 Zu den Verhältnissen in Kempten vgl. Franz, *Bauernkrieg*, S. 10 ff. (dem ich bei meiner Darstellung hier im wesentlichen folge), sowie Lamprecht, S. 257 f.

22 Zum Pfeifer von Niklashausen vgl. Lamprecht, S. 258 ff., Franz, *Bauernkrieg*, S. 45 ff.

23 Vgl. Angermeier, S. 331.

24 Vgl. Franz, *Bauernkrieg*, S. 49.

25 Zum Bundschuh vgl. Franz, Bauernkrieg, S. 53 ff.; *Illustrierte Geschichte*, S. 57 ff., 96 f., 101 f.

26 Zu den Losungsworten vgl. Entner-Lenk, S. 152 f., Steinitz, S. 22 f. (Bedeutung des Gereimten im politischen Zusammenhang); Radbruch, S. 68.

27 Zitiert nach Waas, S. 52. – howe = Hacke.

28 Zur mittelalterlichen Ständeordnung vgl. Franz, *Geschichte*, S. 32 ff.

29 Zum Dreiteilungsschema vgl. Franz, *Bauernstand*, S. 124 f., Franz, *Geschichte*, S. 36 f., sowie J. Le Goff, S. 426 ff. und Tellenbach, S. 5 ff.

30 Vgl. Le Goff, S. 429: »Offensichtlich ist das Schema der Dreiteilung ein Symbol für die Harmonie der Gesellschaft. Es wird [. . .] als Instrument zur Entschärfung des Klassenkampfes gebraucht, als Mittel, das Volk hinters Licht zu führen. Aber es zielt nicht nur, wie sehr richtig bemerkt wurde, darauf ab, die Arbeitenden, die wirtschaftende Klasse, die Erzeuger, in unterwürfiger Abhängigkeit von den beiden anderen Klassen zu halten. Es will auch – und dieser Punkt ist bis jetzt noch nicht genügend beachtet worden – die Krieger den Priestern unterstellen, die Krieger zu Beschützern der Kirche und der Religion abstempeln.«

31 Le Goff, S. 431.

32 Zur Herleitung der bäurischen Subordination aus der biblischen Verfluchung Chams vgl. Franz, *Bauernstand*, S. 144 ff.; Martini, S. 22 ff.; Franz, *Geschichte*, S. 37 f.

33 Die Bibelstelle findet sich I. *Mose* 9, 18-27. Der Fluch lautet nach der Lutherschen Übersetzung: »Gelobt sei der Herr, der Gott Sems; und Kanaan [= die Nachfahren Chams] sei sein Knecht. Gott breite Japhet aus und lasse ihn wohnen in den Hütten des Sem; und Kanaan sei sein Knecht.«

34 Dazu vgl. Schnabel, in: Spriewald u. a., S. 214 f. Lenk, in: Heitz u. a., S. 287 f. – Der Gleichheitsgrundsatz, darauf macht Walter Ullmann (*Individuum und Gesellschaft im Mittelalter*, Göttingen 1974, S. 17 ff.) nachdrücklich aufmerksam, gilt für

das Mittelalter nicht. Gemäß dem Wort des Johann Chrysostomos (Wende vom 4. zum 5. Jh.): »Es ist die göttliche Weisheit und nicht nur bloßer Zufall, daß es so etwas wie die Herrschaft gibt, daß die einen befehlen und die anderen gehorchen sollen« (*Patrologia graeca* LX, S. 615), herrschte hier die grundsätzliche Ungleichheit vor dem Gesetz. Diese Ungleichheit ließ sich nicht logisch begründen, sondern nur dadurch, daß man die natürliche Ordnung unter dogmatische Überlegungen stellte; so rekurriert Gregor der Große auf die verborgene Fügung Gottes, der zufolge »wegen der unterschiedlichen Verdienste« der einzelnen die einen über die anderen gestellt seien (vgl. Gregor I, *Patrologia latina* 76, S. 203). Vgl. Ullmann, S. 17 f. sowie Tellenbach, S. 1 ff., der mit Recht darauf aufmerksam macht, daß anderseits sub specie aeternitatis, vor Gott, »wirklich kein Ansehen der Person galt« (S. 15).

35 Le Goff, S. 428 f.

36 Die Übersetzung des ursprünglich lateinischen Textes (Burkhard von Worms, 1008-12) bei Franz, *Bauernstand*, S. 123 f.

37 Zur Wertschätzung der Bauern, die alle Welt ernähren, vornehmlich in der Franziskanerpredigt des ausgehenden 13. Jh., vgl. Franz, *Quellen*, S. 412 ff., 465 f., 549 ff., sowie Franz, *Geschichte*, S. 37 f., Uhrig, S. 90 ff.

38 Dazu vgl. Franz, *Quellen*, S. 412 ff. Zur franziskanischen, ethisch-religiösen Fürsprache für den »gemeinen Mann« in der Ständepredigt vgl. Martini, S. 111 ff.

39 Vgl. Lambrecht, S. 235 f., Radbruch, S. 24 ff., Uhrig, S. 80.

40 Vgl. Le Goff, S. 494 ff., der zahlreiche Beispiele gibt für die Unterdrückung und Verunglimpfung des Bauern und deren Folgen.

41 Vgl. dazu Steinitz-Strobach, S. 53 f.

42 Vgl. unten S. 76 f.

43 Zur Wertschätzung des Bauern in und seit der Mystik vgl. Martini, S. 220 f. Vgl. Franz, *Quellen*, S. 464 ff., Uhrig, S. 91 ff., Martini, S. 23 f., der die Linie bis zur antiken Idyllik und Symbolik zurückzieht.

44 Vgl. dazu unten S. 79 ff.

45 Luther, *WA* 11, S. 249.

46 »Alle Bücher und Schriften über Luther und seine Lehre sind zur Belehrung und zum Unterricht des lange irregeführten Christenvolks geschrieben«, zitiert nach dem *Spiegel der Blinden*, Uhrig, S. 112. Zur Diskussion vergleiche Könneker, S. 42 f., Spriewald, S. 687 ff., Entner-Lenk, S. 149 ff.

47 Zu den Flugschriften vgl. Rupprich, II, S. 110 ff., Roloff, S. 380 ff., Spriewald, S. 695 f.

48 Zum »gemeinen Mann« in den Flugschriften vgl. Könneker, S. 26 ff., Böckmann, S. 194 ff. Zum Begriff ›gemeiner Mann‹ jetzt allgemein Blickle, S. 177 ff.

49 Abgedruckt bei Clemen, *Flugschrr.* IV, S. 1 ff. – Zum »Karsthans« vgl. jetzt die ausführliche Interpretation von Könneker, S. 100-109, sowie Spriewald, S. 690 f., Scheible, S. 119 ff.

50 Zum »Neu-Karsthans« vgl. Böckmann, S. 205.

51 Gedruckt bei Clemen, *Flugschrr.* I, S. 313 ff.

52 Gedruckt bei Schade II, S. 119 ff.

53 Gedruckt bei Clemen, *Flugschrr.* III, S. 185 ff.

54 Johann Eberlin von Günzburg. *Ausgewählte Schriften*, Band 1, hrsg. v. L. Enders (Neudrucke Nr. 139/41) Halle 1896, S. 65. – Vgl. Schnabel, in: Spriewald u. a., S. 105, sowie allgemein zu Eberlin jetzt Könneker, S. 109 ff.

55 Der des Lesens kundige bzw. mit Bibeln und Büchern vertraute Bauer begegnet in zahlreichen Schriften der Zeit. Vgl. Uhrig, S. 118 f.

56 Clemen, *Flugschrr.* I, S. 21 ff.
57 Laube u. a., S. 530, 24 ff.
58 Uhrig, S. 116 ff.
59 *Ain hüpsch gesprech büchlein von einem pfaffen und einem weber* (Sammlung Gustav Freitag, Universitäts-Bibl. Frankfurt/Main, Hohenemser 3974). Vgl. Uhrig, S. 174.
60 Vgl. oben S. 15 f.
61 *Ein schöner dialogus von Martino Luther und der geschickten bottschaft auß der Helle* (Sammlung Gustav Freitag Nr. 3942). Vgl. Uhrig, S. 174.
62 Sein *Sermon von der Abgötterei* trägt als Verfasserangabe den Zusatz: »Durch den Pauern – der weder schreiben noch lesen kan.« Vgl. Streubel, Hans-Gerhard: *Zur rednerischen Wirksamkeit des sog. Bauern von Wöhrd,* in: *Wiss. Zs. der Univ. Jena* 21, 1972, S. 769-76.
63 Vgl. Niemann, S. 14. Über die humanistische Herkunft und Tradition, besonders über die Bedeutung Huttens für die Dialog-Literatur vgl. ebd., S. 18 ff.
64 Vgl. dazu Schnabel, in: Spriewald u. a., S. 105.
65 Niemann, S. 9. Vgl. die Zusammenstellung ebd., S. 84 ff.
66 Spriewald, S. 696.
67 Entner-Lenk, S. 154.
68 Zur Wirkung der Prediger, speziell zur Predigt im Interesse der sozial Unterdrückten, vgl. Schlenck, S. 30 ff., 40 f.; Moeller, *Reichsstadt,* S. 22 ff.
69 Blickle, S. 158 ff.
70 Schlenck, S. 30 f.
71 Nürnberg, S. 155.
72 Naujoks, S. 60 ff.
73 Vgl. etwa *Illustrierte Geschichte,* S. 213 (Thomas Müntzer).
74 *Ein christlich anred und ermahnung sich vor den Luthrischen schreiern Cantzel schendern zu verhütten* 1524 (Staatsbibliothek München 4° HOM 1923).
75 *Von dem evangelischen anstoß* 1523 (Staatsbibl. München 4° Polem. H 59).
76 *Vom gehorsam der weltlichen oberkeit* 1523 (Staatsbibl. München 4° Polem 1724).
77 *Historia Alberi crantz von den alten hussen* 1523 (Staatsbibl. München 4° H eccl. 441).
78 Zur Geschichte des Bauernkrieges vgl. Fuchs, in: Gebhard II, S. 64-72; Holborn, S. 159-65; *Illustrierte Geschichte,* S. 206 ff., sowie die Darstellungen von Bensing/Hoyer, Waas, Franz, Blickle, u. a.
79 Engels, S. 110.

Zu Kapitel II:

1 Vgl. zum folgenden Blickle, S. 158 f., der zeigt, daß es in Memmingen zwischen dem Prediger Schappeler und dem Rat zu ähnlichen Schwierigkeiten kommt; wie auch in Mühlhausen zwischen dem Prediger Pfeiffer und der Obrigkeit (vgl. Franz, *Quellen,* S. 475); vgl. weiter Naujoks, S. 64 (Beispiel Althamers in Schwäbisch-Hall); *Ill. Geschichte,* S. 237 (Predigt Teuschleins in Rothenburg).
2 = rechtmäßiges.
3 = erweise.
4 = ketzerisch.
5 = Euer Chur Fürstlicher Gnaden.

6 Im Neuhochdeutschen fehlt hier die Negation nach negativem Prädikat des Hauptsatzes.

7 = Wenn es darum gehen wird ...

8 = wenden.

9 Müntzer, S. 396, 3 ff.

10 Vgl. dazu unten S. 99 ff.

11 Brief vom 28. Juli 1542. Franz, *Quellen*, S. 485 – *zuge* = ziehe.

12 Ebd., S. 487.

13 = Euer Fürstliche Gnaden.

13a = zuvorzukommen.

14 Luther, *WA* 18, S. 212 f. – freuele = frevelhafte.

15 Müntzer, S. 261, 14 ff.

16 = Gemeinde in ihrer Gesamtheit.

17 = gerichtet.

18 = wenn.

19 = Müntzer, S. 328, 18 ff.

20 Dazu Iserloh, S. 293 ff.

21 Vgl. *Ill. Geschichte*, S. 235.

22 Zum folgenden vgl. *Ill. Gesch.*, S. 231 ff. und 244 f.; Waas, S. 42 f., macht darauf aufmerksam, daß der Schwäbische Bund mit 1892 Reisigen und 11 285 Fußknechten die faktisch größte Militärmacht des Reiches darstellte.

23 = Brauch.

24 Franz, *Quellen*, S. 143.

25 = Meinung.

26 Franz, *Quellen*, S. 143.

27 Vgl. dazu Waas, S. 238 (Württemberger Verhältnisse). Solche Zusammenkünfte wurden beobachtet und den Obrigkeiten gemeldet. Vgl. etwa Franz, *Aktenband* Nr. 24, S. 245; Nr. 27, S. 162 u. ö.

28 = anfangs.

29 Franz, *Quellen*, S. 143 ff. – Zum Text: = der sich vor der Herrschaft jemals in der Rede erprobt hatte, der da wußte, die Sache entsprechend vorzutragen. Vgl. Sabean, S. 117 f.

31 Vgl. dazu Franz, *Quellen*, S. 226 – *Ill. Gesch.*, S. 209 – Blickle, S. 38.

32 = nicht bald einwilligen wollen, sich ihnen zu fügen.

33 = ausdrücklichen.

34 Franz, *Quellen*, S. 144.

35 = quaken.

36 Franz, *Quellen*, S. 145.

37 Bezeichnenderweise sagt er, wenn er von der Verhandlungssituation spricht, an der er teilnimmt »wir«, wenn er von den Forderungen spricht, dagegen »sie« (d. h. die Bauern).

38 = Ried, sumpfige Schilfgegend.

39 = Haufen.

40 = Lärm.

41 = unvorhergesehen.

42 = leichtsinnig.

43 = Denn es sah ja so aus.

44 Franz, *Quellen*, S. 145 f.

45 Vgl. Franz, *Bauernkrieg*, S. 118.

46 = Gott wird kaum vom Himmel herabsteigen und uns einen Gerichtstag halten.

47 = meine Einfalt macht es mir schwer, in Eile Richter oder Gutachter zu nennen.

48 = Kirchspiele.

49 = Gebet.

50 Franz, *Quellen*, S. 145.

51 Vgl. zu den geschichtlichen Ereignissen Franz, *Bauernkrieg*, S. 117 f.

52 Vgl. Franz, *Quellen*, S. 192, 196, 231 u. ö.

53 Franz, *Bauernkrieg*, S. 118. Zum Inhalt der Beschwerden vgl. ebd., S. 118 ff.

54 = teuer.

55 = nicht könnten noch dürften genießen oder gebrauchen.

56 = wegen ihres Eigentums in den Turm und in den Block geworfen.

57 = das Recht nicht begehren dürfen.

58 = gewöhnlich.

59 = Kragen.

60 = gelegt.

61 = dreifach unrecht. – Franz, *Quellen*, S. 119.

62 *Ermahnung an Churfursten/fursten/Hern und Stende teutscher nation: der brüderlichen versamlung im land zu Francken/begangen übels zu straffen/ und gemeynen frieden hinfüder zu fürdern und handhaben. Freitag nach unsers Hern himelfart. 1525.* (British Museum 3906.b.28).

63 *Ermahnung zum Frieden auf die Zwölf Artikel der Bauernschaft in Schwaben.* Luther, *WA* 18, S. 293, 10 ff.

64 Franz, *Bauernkrieg*, S. 165.

65 Franz, *Quellen*, S. 91.

66 Franz, *Aktenbd.*, S. 163.

67 Vgl. dazu *Ill. Geschichte*, S. 242.

68 Vgl. etwa Franz, *Quellen*, S. 192, 196, 231.

69 Zum folgenden vgl. *Ill. Geschichte*, S. 261; Waas, S. 187 ff.

70 Zum folgenden vgl. Franz, *Bauernkrieg*, S. 121 ff.

71 = ein Kürschner.

72 = deshalb angegangen.

73 Lotzer flieht nach dem Bauernkrieg in die Schweiz, wo er und andere »ustrettne Panthiten« (= geflohene Akteure des Bauernkrieges) mit dem Verfasser der Chronik, Johann Keßler, zusammentreffen.

74 = Heer.

75 Franz, *Quellen*, S. 147.

76 Vgl. Schlenck, S. 39 und 46 ff.

77 Dazu Franz, *Bauernkrieg*, S. 122.

78 Zu Schappeler vgl. Blickle, S. 157.

79 Vgl. Blickle, S. 147 ff., und *Ill. Geschichte*, S. 234 ff.

79a = hat seine Mahnung eingangs bekräftigt, er werde allein dem nachkommen und nicht weiter gehen, als was Gottes Wort (als rechtmäßig) erweise.

80 Franz, *Quellen*, S. 148.

81 Franz, *Quellen*, S. 196; vgl. auch den Entwurf ebd., S. 191.

82 Vgl. zum folgenden Steinitz, S. 14-16, bzw. Steinitz-Strobach, S. 57-62.

83 Steinitz-Strobach, S. 60.

84 Ebd., S. 60.

85 Abgedruckt bei Steinitz, S. 14 ff. (dort auch eine vollständige Übersetzung). Das Lied hat 10 Strophen.

86 = Bestimmung.

87 Vgl. Str. 3 und 8.

88 Dazu jetzt *Ill. Geschichte*, S. 232 ff.; Blickle, S. 31 ff.

89 Ob sie nur die Baltringer Beschwerden zusammenfassen, ist letztlich nicht zu entscheiden. Auf jeden Fall sind sie repräsentativ für den oberschwäbischen Raum (vgl. Blickle, S. 34).

90 Vgl. Blickle, S. 89.

91 Vgl. Schnabel, S. 374.

92 *Ill. Geschichte*, S. 232. Vgl. jetzt Blickle, S. 89 f.

93 Luther berichtet in seiner Schrift *Wider Hans Worst* seine Thesen seien »schir in vierzehn tagen durch ganz Teutschland gelauffen« (Schnabel, S. 869). Vgl. auch Winkler, S. 37 f.

94 Vgl. Kapp, S. 408; Schmidt, WW, S. 390 ff.; Winkler, S. 40. Zum Begriff »Flugblatt/Flugschrift« vgl. jetzt Scheible, S. 108; *Reallexikon*, I, S. 464, sowie Roloff, S. 380 ff.

95 Ein Zeitgenosse des Cochläus berichtet, daß die Anzahl der Exemplare pro Auflage bei 1000-1500 Stück lag.

96 Entner/Lenk, S. 154. Vgl. auch Winkler, S. 42,

97 Engelsing, S. 26.

98 Kapp, S. 408.

99 Schnabel, S. 102.

100 Zitiert nach Kapp, S. 433.

101 Z. B. wird die Druckerei in Allstedt geschlossen, in der Th. Müntzer drucken ließ. Vgl. *Ill. Geschichte*, S. 215 f.

102 Vgl. Kapp, S. 434 f.; Schnabel, in: Spriewald u. a., S. 103 ff.; Schnabel, S. 869 f.

103 Kapp, S. 433 f.

104 Schnabel, in: Spriewald u. a., S. 103.

105 Vgl. Franz, *Lienhard*, S. 266.

106 Kapp, S. 440.

107 Vgl. Klaus, Bernhard, *Soziale Herkunft und theologische Bildung lutherischer Pfarrer der reformatorischen Frühzeit*, in: *ZGK* 80, 1969, S. 22 ff.

108 Franz, *Quellen*, S. 86. – Vor den »nicht rechtmäßigen« Predigern wird schon seit der frühen Reformationszeit gewarnt. Wir finden solche Warnungen etwa bei Heinrich Satrapitanus Pictor wie Urbanus Regius, bei Luther wie Melanchthon. Es handelt sich zumeist um Stellungnahmen gegen Predigten, die nicht im Sinne der Obrigkeit zu Frieden und Ordnung mahnen, sondern durch die Unterstützung sozialer Forderungen Aufruhr verursachen. Dazu vgl. Schlenck, S. 18 (Beispiel Schappelers); Franz, *Aktenbd.*, S. 195 (Meister und Rat der Stadt Straßburg an den Landvogt im Unterelsaß); Franz, *Quellen*, S. 181 (Melanchthon zu den *Zwölf Artikeln*); *Ill. Geschichte*, S. 213 (Beispiel Müntzers und Pfeiffers in Allstedt); ebd., S. 237 (Beispiel Teuschleins in Rothenburg).

108a = fürchteten sich nicht darum.

108b = »mit falschen lügen« ist wohl auf »daß sie das volk betriegen« zu beziehen.

108c = lügen.

109 Franz, *Quellen*, S. 71. Vgl. oben S. 51 f.

110 Kroeschell, II, S. 257.

111 Zitiert nach Kroeschell, ebd.

112 Franz, *Quellen*, S. 147. – span = Streit, Zerwürfnis.

113 Vgl. dazu die Arbeit von Franz, *Bauernkrieg*, S. 120-134. – Günther,

S. 427 ff., Blickle, S. 135 ff.; Irmgard Schmidt, passim; *Ill. Gesch.*, S. 224 ff.

114 *Ill. Geschichte*, S. 225.

115 Ebd., S. 225.

116 Vgl. dazu Sabean, S. 116 f., Blickle, S. 135 ff.

117 Vgl. unten S. 100 f.

118 Dazu vor allem Blickle, S. 134 ff.

119 Irmgard Schmidt, S. 42 f.

120 Kroeschell, II, S. 254.

121 = die hier besorgt ihre Stimme erheben, damit sie nach Gottes Wort leben dürfen.

122 Franz, *Quellen*, S. 174.

123 Franz, *Quellen*, S. 178 ff.

124 Vgl. Franz, *Quellen*, S. 149 f.

125 Franz, *Quellen*, S. 179, sowie Laube u. a., S. 223.

126 Luther, *WA* 8, S. 291 – Laube u. a., S. 203 ff.

127 Laube u. a., S. 293 ff.

128 Laube u. a., S. 242 ff.

129 Laube u. a., S. 316 ff. – Clemen, *Flugschrr.* II, S. 414 ff.

130 Vgl. die Arbeiten von Althaus, Doerries, Greschat, Hinrichs, Lehmann, Müller, Müller-Streisand, Schrey, Wolf.

131 Luther, *WA* 10, 3, 398, 20 f.

132 Luther, *WA* 12, S. 317.

133 Luther, *WA* 2, S. 202.

134 Luther, *WA* 10, 1, S. 63 f.

135 Thomas Zweifel, *Chronik*, hrsg. v. Franz Ludwig Baumann, Tübingen 1870, S. 13. Hier zitiert nach Waas, S. 72 f.

136 Luther, *WA* 6, S. 456, 26-28.

137 Luther, *WA* 11, S. 270, 32-34.

138 Luther, *WA* 11, S. 265, 12-16.

139 Luther, *WA* 11, S. 267, 30 ff.

140 Luther, *WA* 10, 2, S. 28, 15-17.

141 Luther, *WA* 8, S. 687, 5 f.

142 Luther, *WA* 10, 2, S. 111, 21-24.

143 Luther, *WA* 10, 2, S. 140, 1-4.

144 Luther, *WA* 18, S. 204, 19 ff.

145 Luther, *WA* 8, S. 676, 14-18 und S. 680, 18-21.

146 Vgl. dazu Kapp, S. 405 ff.

147 Vgl. Fabiunke, S. 51, wo dieser Gesichtspunkt allerdings etwas zuviel Gewicht zu bekommen scheint.

148 Vgl. Franz *Quellen*, S. 252 und 151. – Waas, S. 71 ff. und 202. – J. Müller, S. 675.

149 Luther, *WA*, Briefe Bd. 3, S. 480.

150 Luther, *WA* 18, S. 303.

151 Dieser Gesichtspunkt findet sich in zahllosen Schriften auch anderer Autoren, meist Prediger, wie Lachmann, Brenz, Urbanus Regius, Osiander u. a., die in ihrem städtischen Bereich und darüber hinaus diese pazifizierende Lehre verbreiten.

152 Luther, *WA* 18, S. 326 f.

153 Die von Melanchthon (Franz, *Quellen*, S. 185) noch verschärft wird: »Ja es wer von nötten, das ein solch wild, ungezogen Volck als Teutschen sind, noch weniger Freiheit hette, dann es hat [. . .] unsere Herrschaften gestatten dem Volk allen mutwillen, nehmen mer Gelt von ihm, daneben halten sie es in keiner zucht,

daraus volgt grosser unrat.«

154 Vgl. Holborn, S. 164.

155 Ähnlich argumentiert der ehemalige kaiserliche und bayerische Rat Hieronymus von Endorf in seiner Schrift *Scheidung zwischen der aufrürerischen Bauernschaft und ihren Herrn.* Vgl. Laube u. a., S. 347 ff.

156 Holborn, S. 164.

157 Vgl. Fabiunke, S. 55; Erikson, S. 260 f. »Die Bauern zitieren sozusagen Martin Luther zurück.«

158 Vgl. zur Hinhaltetaktik der Fürsten Sabean, S. 14 ff., Holborn, S. 160, *Ill. Gesch.*, S. 235 f.

159 Vgl. Maron, S. 222 Anm. 229a, sowie H. v. Schubert, *Revolution und Reformation im 16. Jahrhundert*, 1927, Anm. 66.

160 Abgedruckt bei Franz, *Quellen*, S. 235 f.; Laube u. a., S. 110 ff.

161 Zum *Artikelbrief* allgemein etwa Franz, *Bauernkrieg*, S. 135 f.; *Ill. Geschichte*, S. 242 ff.

162 Vgl. Griewank, S. 87.

163 Vgl. Waas, S. 205.

164 Luther, *WA* 18, S. 332 f.

165 Franz, *Quellen*, S. 216. – Vgl. Waas, S. 167; und *Ill. Geschichte*, S. 248.

166 Luther, *WA* 18, S. 218, 17 ff.

167 Vgl. *Akten zur Geschichte des Bauernkriegs in Mitteldeutschland II.* Unter Mitarbeit von G. Franz, hrsg. von W. P. Fuchs. Jena 1942, S. XXXV. – Waas, S. 207 ff.

168 Erikson, S. 260.

169 Luther, *WA* 18, S. 358.

170 Luther, *WA* 18, S. 358.

171 = schauet hier.

172 Luther, *WA* 18, S. 361. – Die lutherische Orthodoxie, und nicht nur sie, hat diese Schrift dennoch verteidigt. So schreibt Althaus, S. 38 f.: »So war es eine gewaltige tapfere Mannestat, daß Luther, als alles um ihn herum klare Augen und den rechten Gewissensmut verlor, mit seiner mächtigen Stimme zu Besinnung und Pflicht rief.« Ähnlich der Historiker Gerhard Ritter (*Luther. Gestalt und Tat.* 4München 1947, S. 184 f.). Dagegen hat schon früh die sozialistische Tradition Front gemacht. Vgl. etwa Kautsky, S. 22 (»Mischung von religiöser Leidenschaft und Rücksichtslosigkeit mit charakterlosem Opportunismus«).

173 Franz, *Bauernkrieg*, S. 269. – Vgl. zur Schlacht bei Zabern, die mindestens so blutig war, die *Ill. Geschichte*, S. 280.

174 Kaczerowsky, S. 173 f.

175 Franz, *Quellen*, S. 252.

176 = in Mißkredit.

176a = Doctor Martinus hat durchaus recht und alle Aufrührer sind zu strafen, sonst würde es übel zugehen.

177 Franz, *Quellen*, S. 583 f.

178 Luther, *WA*, Briefe 3, S. 511.

178a = Blut.

179 Luther, *WA* 18, S. 386, 5 ff.

180 Marcuse, S. 65.

181 Luther, *WA* 4, 1, S. 479 (zitiert nach Marcuse, S. 66 f.).

182 Vgl. Marcuse, S. 67 f.

183 Luther, *WA* 4, 1, S. 372.

184 Laube u. a., S. 203.

185 Luther, *WA*, Briefe 3, S. 515, 22 ff. (an Rühel, 30. Mai 1525).

185a Zum Widerstandsrecht im Mittelalter vgl.: *Widerstandsrecht*, hrsg. v. A. Kaufmann und L. E. Backmann (*Wege der Forschung* CLXXIII), Darmstadt 1972, bes. S. 87 ff., 114 ff., sowie Fritz Kern, *Gottesgnadentum und Widerstandsrecht im frühen Mittelalter*, ²Köln 1954.

186 Abgedruckt bei Laube u. a., S. 112 ff., sowie bei Buszello, S. 152 ff. – Zur Schrift vgl. die Arbeiten von Buszello, Hesselbarth, Smirin sowie *Ill. Geschichte*, S. 248 ff.

187 Laube u. a., S. 128.

188 Ebd., S. 128.

189 Ebd., S. 117. – rößlen = durch Einlegen in die Röste mürbe machen; prüch = Hose.

190 Ebd., S. 129.

191 Ebd., S. 130.

192 Vgl. Iserloh, S. 292 f.

193 Vgl. Nipperdey, S. 60 f.

194 Vgl. dazu Seibt, S. 163 f.

195 Vgl. Maron, S. 221 f.

196 Müntzer, S. 275, 22 ff. – Dazu *Ill. Geschichte*, S. 216. Vgl. noch Müntzer, S. 294, 1, 463, 19.

197 Griewank, S. 89.

198 Vgl. Maron, S. 222. – H. O. Spillmann, *Untersuchungen zum Wortschatz in Thomas Müntzers Deutschen Schriften* (*Quellen und Forschungen zur Sprach- und Kulturgeschichte N.F.* 41) 1971, S. 75 ff., hat gezeigt, daß die Begriffe »arm«, »elend«, »dürftig« überwiegend in geistlicher Bedeutung verwendet, dagegen fast nie nur auf materielle Armut und soziales Elend bezogen werden.

199 Vgl. zum Grundsätzlichen Schlenck, S. 30 ff.; Seibt, S. 161 f.; Griewank, S. 90 ff.

200 Müntzer, S. 463, 12; S. 471, 21.

200a = nötigen, zwingen.

200b die lenge = auf die Dauer. Müntzer, S. 329, 18-29.

201 Griewank, S. 90 f.

202 Bloch, S. 67.

203 = lahm werden (sc. das Schwert).

204 Müntzer, S. 455, 14 ff.

205 Vgl. Franz, *Quellen*, S. 59, 207, 211, 252 f., 258 f., 400 f. – *Aktenband*, Nr. 197 und 198 (S. 385 f.). Waas, S. 236, 243; *Ill. Geschichte*, S. 306 ff.

206 Franz, *Quellen*, S. 208.

207 *Ill. Geschichte*, S. 286.

208 Bergsten, S. 30.

209 Clemen, *Flugschrr.*, S. 428.

210 Baumann, S. 557 ff.

211 Barge, S. 363 ff. – Gerh. Fuchs, S. 545 ff.

212 Franz, *Aktenband*, S. 335.

213 *Ayn trostlicher Sendbrief und christliche Ermannung zum Evangelio an ain erbarn Rat und ganze gemein Bopfingen. 1526.* (Staatsbibliothek München H Ref. 729).

214 Franz, *Quellen*, S. 587.

215 Franz, *Quellen*, S. 588.

216 Vgl. Franz, *Quellen*, S. 182.

217 Franz, *Quellen*, S. 182.

218 Franz, *Quellen*, S. 208 f.

219 Titel nach dem Druck der Gustav-Freytag-Bibliothek der Universitätsbibliothek Frankfurt/M. (Hohenemser Nr. 4342).

220 Vgl. die direkten Anreden in Str. 1, 3, 11, 29, 30.

221 = bezeugt.

222 = sollt.

223 Vgl. die z. T. sehr langen historischen Lieder, die bei Liliencron III, S. 440-513, abgedruckt sind. Auf diese Ausgabe beziehen sich auch die folgenden Zahlenangaben (Nr. + Strophenzahl).

224 = wäre gekommen ... mit einem Heer.

225 = der Kampf gereut.

226 = grauen.

226a Vgl. Liliencron Nr. 376, Str. 10 ff. und 377, v. 76 ff.

227 = Wagnis, Einsatz.

228 = achte auf, kümmere sich um einen Acker.

229 = so wie die Fürsten von Gott verordnet sind.

230 = entgegenkommen.

231 = denn ihn dürstete nach Gerechtigkeit.

232 Liliencron III, S. 507.

233 Luther, *WA*, Briefe 3, S. 505, 21 ff.

234 Luther, *WA* T 3, S. 75, 20 ff.

Zu Kapitel III:

1 Vgl. zum folgenden Steinmetz, *Müntzerbild*, S. 15 ff.

2 Steinmetz, *Müntzerbild*, S. 17 f., zitiert Bernhard Wallde, der am 19. 6. 1525 präzise die hier aufkommenden Befürchtungen benennt: Es sei »hoech von nöten straeff vorzuwenden, dan Munzcers geist regirt noch gewaldig. Wo dem nicht gesteuert, ist zu besorgen, das die letzten ding so irrig werden als die ersten.«

3 Dazu vor allem Steinmetz, *Müntzerbild*, S. 15 ff.

4 Mit welchen groben Mitteln Luther hier arbeitete, erhellt auch aus einer Predigt vom 23. Februar 1528, in der er allen Ernstes behauptet, Müntzer habe die Bauern dazu gebracht, daß sie einen, der in der Heiligen Schrift las, verlachten und sich nicht mehr um die Schrift, um die Sakramente und um die Taufe kümmerten. Vgl. Steinmetz, *Müntzerbild*, S. 28.

5 Der Text ist abgedruckt bei Laube u. a., S. 531-43.

6 Vgl. vor allem Steinmetz, *Müntzerbild*, S. 37 ff., und Steinmetz, *Philipp Melanchthon über Thomas Müntzer und Nikolaus Storch*, in: *Philipp Melanchthon. Humanist, Reformator, Praeceptor Germaniae* (Philipp Melanchthon 1497-1560 Bd. 1) Berlin 1963, S. 138-153, sowie Walter Zöllner, *Melanchthons Stellung zum Bauernkrieg*, ebd. S. 174-189.

7 Die Schrift Agricolas ist abgedruckt bei Laube u. a., S. 517-30: *Ein nutzlicher dialogus oder gesprechsbuchlein zwischen einem müntzerischen schwermer und einem evangelischen frumen bauern*; sowie bei Kaczerowsky, S. 199-214.

8 Schon vor dem Bauernkrieg häufen sich die Anklagen gegen Luther, er mache »die unverstendig gemein« aufrührerisch. Vgl. etwa Thomas Murner, *Deutsche Schriften*, hrsg. von Franz Schultz u. a. Bd. 7. Berlin/Leipzig 1928, S. 63 u. ö. Vgl. auch Emsers Schrift *Wie Luther in seinen Büchern zum Aufruhr getrieben hat*,

abgedruckt bei Laube u. a., S. 356-75. Vgl. die weiteren Belege bei Uhrig, S. 188 ff. Vgl. oben S. 93 f.

9 Steinmetz, *Müntzerbild*, S. 102, Uhrig, S. 184 ff. Zum folgenden vgl. den Abschnitt über Cochläus bei Steinmetz, ebd. S. 102-107.

10 Der Text ist abgedruckt bei Laube u. a., S. 376-412 (mit der ersten kurzen Geschichte des Bauernkriegs, geordnet nach Schauplätzen).

11 Der Text ist gedruckt bei Laube u. a., S. 441-484.

12 Gemeint ist der Mühlhäuser Prediger, mit dem sich Thomas Müntzer verband, als er 1524 nach Mühlhausen kam.

13 Hans Hergot ist vermutlich der Verfasser der utopischen Schrift *Von der neuen Wandlung eines christlichen Lebens*, deretwegen er 1527 in Leipzig hingerichtet wurde. Die Schrift ist abgedruckt bei Laube u. a., S. 547-57.

14 Zitiert nach Steinmetz, *Müntzerbild*, S. 109.

15 Zum täuferischen Müntzerbild vgl. Steinmetz, *Müntzerbild*, S. 204 ff.

16 Vgl. Leopold von Ranke, *Geschichte der romanischen und germanischen Völker von 1494-1514*, in: L. v. R., *Sämtliche Werke* 33. Band ²1897, S. VII.

17 Vgl. dazu unten S. 126 f.

18 Vgl. dazu besonders jetzt Karl-Georg Faber, *Theorie der Geschichtswissenschaft*, München ²1972, S. 41 ff.

19 Zur Kritik an der Regelverletzung vgl. etwa die Äußerungen von Bodmer, Wieland, Lessing, Claudius (zitiert bei Neuhaus, S. 125 ff.), in denen der *Götz* bezeichnet wird als »schönes Ungeheuer«, als »theatralisches Unwesen«, als »schönes, interessantes Monstrum«.

20 Vgl. ebd. etwa die emphatischen Ausbrüche von Bürger oder Lenz.

21 Goethe, *Hbg. Ausg.* 9, S. 413.

22 Ebd. S. 570.

23 Vgl. *Hbg. Ausg.* 4, S. 157 ff.

24 Goethe, *Hbg. Ausg.* 4, S. 157 f.

25 Goethe, *Hbg. Ausg.* 4, S. 159.

26 Goethe, *Hbg. Ausg.* 4, S. 156.

27 *Urkundenbuch der Stadt Heilbronn*, Bd. 4, bearbeitet von M. v. Rauch, Stuttgart 1922, S. 28 ff. (hier zitiert nach der *Illustrierten Geschichte*, S. 239 f.).

28 Franz, *Bauernkrieg*, S. 191 f. – Vgl. auch Engels, S. 100.

29 Franz, *Bauernkrieg*, ebd.

30 Zu Ranke vgl. jetzt den Aufsatz von Rudolf Vierhaus, *Ranke und die Anfänge der deutschen Geschichtswissenschaft*, in: *Geschichtswissenschaft in Deutschland*, hrsg. von B. Faulenbach, München 1974, S. 17-34.

31 Ranke, S. 199 f. Ähnliche Urteile finden sich an vielen anderen Stellen, vgl. etwa S. 198, 213 f., 218, 226 f.

32 Schmalz = das Fett des Leichnams.

33 Franz, *Quellen*, S. 436 f. – »bis zuletzt lebte er noch«.

34 Nicolaus Thoman, *Weißenhorner Historie*, in: *Quellen zur Geschichte des Bauernkrieges in Oberschwaben*, hrsg. von F. L. Baumann, Tübingen 1876, S. 127 (hier zitiert nach *Illustrierte Geschichte*, S. 309).

35 Vgl. Gerstenberg, S. 260 f., der auf einen Kupferstich aus Johann Ludwig Gottfrieds *Historische Chronica* von 1630-34 hinweist, der vermutlich die Darstellung der Szene wesentlich bestimmt hat.

36 Goethe, *Hbg. Ausg.* 4, S. 510 (Goethe, *Jubiläumsausgabe* 10, S. 228 f.).

37 Vgl. Bühler, S. 7.

38 Bühler, S. 25.

39 Vgl. Bühler, S. 20, der auf die Stühlinger Beschwerden verweist, sowie auf die zeitgenössische Fürstenberger Forstordnung. Vgl. Blickle, S. 62 ff. sowie S. 116 ff.

40 Vgl. dazu Franz, *Götz von Berlichingen,* S. 98.

41 Ulmschneider, S. 93 f.

42 Goethe, *Hbg. Ausg.* 4, S. 148.

43 Goethe, *Hbg. Ausg.* 4, S. 84.

44 Vgl. dazu Wolfgang Kaysers Anmerkungen zum 4. Bd. der *Hbg. Goethe-Ausg.*, S. 485: »Daß Goethe eine solche Haltung unbegrenzter individueller Freiheit und auf das Redliche gerichteter Betätigung mit dem ständischen Begriff des Ritters verschmolz, war eine Auswirkung der neuen Einsichten J. Mösers, mit dem ihn Herder in Straßburg bekannt gemacht hatte. In seinem Aufsatz ›Von dem Faustrechte‹ (erschienen April 1770, später im ersten Band der patriotischen Phantasien wiedergedruckt) heißt es: ›Die Zeiten des Faustrechts in Deutschland scheinen mir allemal diejenigen gewesen zu sein, worin unsere Nation das größte Gefühl der Ehre, die mehrste körperliche Tugend und eigene Nationalgröße gezeigt hat.‹ Er nennt das Faustrecht ›ein Kunstwerk des höchsten Stils‹ und stellt es hoch über die nivellierende Rechtsverfassung und Kriegsführung der eigenen Zeit, die ›alle individuelle Manigfaltigkeit und Vollkommenheit [...] unterdrücken‹ muß.«

45 Goethe, *Hbg. Ausg.* 9, S. 572.

46 Wertheim, S. 111.

47 Goethe, *Jub. Ausg.* 10, S. 130 f.

48 Goethe, *Jub. Ausg.* 10, S. 219.

49 Goethe, *Jub. Ausg.* 10, S. 219 f. – Vgl. oben S. 123.

50 Goethe, *Hbg. Ausg.* 4, S. 156.

51 Goethe, *Hbg. Ausg.* 4, S. 175.

52 Goethe, *Hbg. Ausg.* 4, S. 141 ff. – Vgl. die entsprechende Szene der Urfassung (*Jub. Ausg.*, S. 205 f.) wo zum großen Teil ein ganz anderer Text erscheint. Hier wird nicht auf das hierarchische Gefälle und die Leutseligkeit des Fürsten abgehoben, sondern im Gegenteil werden die Herren aufgefordert, aus dem Zustand ihrer allgemeinen Verblendung herauszutreten:

Gottfried: »Vielleicht das Gott denen grosen die Augen über ihre Glückseligkeit auftuht. Ich hoff, denn ihre Verblendung ist so unnatürlich, daß zu ihrer Erleuchtung kein Wunder nötig scheint. Wenn sie das Übermas von Wonne fühlen in Ihren Untertahnen glücklich zu seyn. Wenn sie menschliche Herzen genug haben werden, um zu schmecken, welche Seeligkeit es ist ein groser Mensch zu seyn.

Wenn ihr wohlgebautes geseegnetes Land ihnen ein Paradies gegen ihre steife gezwungene einsiedlerische Gärten scheint. Wenn die volle Wange, der fröhliche Blick jedes Bauren, seyne zahlreiche Familie, die Fettigkeit ihres ruhenden Landes besiegelt, und gegen diesen Anblick, alle Schauspiele, alle Bilder Säle ihnen kalt werden. Dann wird der Nachbar dem Nachbar Ruhe gönnen, weil er selbst glücklich ist. Dann wird keiner seine Gränzen zu erweitern suchen. Er wird lieber die Sonne in seinem Kraise bleiben, als ein Komet durch viele andere seinen schröcklichen, unsteten Zug führen.«

53 Friedrich Sengles Wort von der »inneren historischen Wahrheit« des *Götz* (S. 38) ist von hier aus gesehen sicherlich der Korrektur bedürftig.

54 Ursula Wertheim macht darauf aufmerksam, daß »Selbsthelfer« bzw. »Selbsthilfe« in einem juristisch fixierten Begriff wurzele, und verweist auf ein Mandat des Königs von Sachsen vom 25. 2. 1739, wonach »alle Empörungen derer Unterthanen [...] und alle Selbst-Hülfe [...] ernstlich untersagt sey« (S. 118[23]).

55 Hauptmann, S. 79.

56 Hauptmann, S. 104 f.

57 Mayer, S. 48 f.

58 Hauptmann, S. 102. Vgl. auch Hauptmann, S. 100 ff.

59 Franz, *Aktenband*, S. 366. *voder nachez* = letzte Nacht. – *ist eigentlich war* = ist wirklich wahr.

59a Vgl. K. Hildebrandt, *Gerhart Hauptmann und die Geschichte* (Silesia Folge 4) München 1968, S. 104-9, bes. S. 107, der das Dilemma Geyers beschreibt, einerseits den eigenen Prinzipien nicht untreu werden, anderseits nur dadurch den Bauernkrieg zum Sieg führen zu können.

60 Mayer, S. 49 f.

61 Lassalle, S. 149.

62 Lassalle, S. 162.

63 Lassalle, S. 176.

64 Lassalle, S. 177.

65 *Sickingen-Debatte*, S. 37 f.

66 *Sickingen-Debatte*, S. 20.

67 *Sickingen-Debatte*, S. 38 f. Gegen Lassalles These, die Bauern seien so reaktionär, wenn nicht reaktionärer als Sickingen gewesen (vgl. *Sickingen-Debatte*, S. 78 ff.), hat schon Franz Mehring (*Sickingen-Debatte*, S. 134 f.) mit Recht eingewendet: »Vom ökonomischen Standpunkt aus betrachtet, waren die Ritter eine für die nationale Produktion gänzlich überflüssig gewordene und nur noch an ihrem Marke parasitisch saugende Klasse, während die Bauern die eigentlich produktive Klasse der Nation waren und als solche in ihren zwölf Artikeln Forderungen aufstellten, deren Erfüllung die nationale Produktivkraft gestärkt haben würde. Diese Forderungen waren also nicht reaktionär, sondern allerdings revolutionär, wenn auch nicht revolutionär im Sinne Lassalles, der die Revolution bekanntlich als die Ersetzung eines alten durch ein neues Prinzip definierte. Gegen das ritterliche Programm, das eine historisch überwundene Kulturstufe wiederherstellen wollte, war selbst der deutsche Fürstendespotismus des 16. Jahrhunderts ein historischer Fortschritt, aber er war es keineswegs gegenüber dem bäuerlichen Programm, das sich sehr wohl mit dem Programm der Städte vereinigen ließ und in dieser Vereinigung die Errichtung einer nationalen Zentralgewalt ermöglichte, die den ganzen von Deutschland mit so viel Blut und Tränen bezahlten Notbehelf der partikularistischen Fürstenwirtschaft überflüssig gemacht hätte.«

68 *Sickingen-Debatte*, S. 51 f.

69 Vgl. *Sickingen-Debatte*, S. 53-88.

70 *Sickingen-Debatte*, S. 225.

71 Hinderer hat in seinem Nachwort zur *Sickingen-Debatte* mit Recht darauf hingewiesen, daß schon die politische Intention, die Lassalle mit seinem Drama verband, gegen Demetz spricht: es werde von Demetz zwar eine Lanze für die Autonomie der Darstellungsästhetik gebrochen, »aber beispielsweise nicht das immerhin bedenkenswerte Problem erklärt, warum dann das Drama von Lassalle überhaupt als ein Agitationsstück geplant war« (*Sickingen-Debatte*, S. 388).

72 *Sickingen-Debatte*, S. 67 f.

73 Vgl. *Sickingen-Debatte*, S. 68 f.

74 Lassalle hat seine Position in dem großen Rechtfertigungsschreiben an Marx und Engels vom 27. Mai 1859 sehr präzise umrissen: »und ich will dir auch zugeben, obwohl man gar manches dagegen sagen könnte, daß das historisch-bestimmte Individuum Sickingen sich als Klassenindividuum betragen und diese Richtung eingenommen hätte. Aber absolut notwendig ist dies von einem Individuum nicht.

Ein Individuum kann sich immerhin, zumal wenn es ideologische Bildung hat, [. . .] ganz über seine Klasse hinausheben. So war St. Justes ein Marquis, St. Simon ein Père von Frankreich und der näherliegende Ziska auch ein Ritter und Adliger.« (*Sickingen-Debatte*, S. 64 f.) Dagegen hat schon Mehring (*Sickingen-Debatte*, S. 129) eingewendet: »Dabei übersieht Lassalle die wirkliche Schranke, die dem individuellen Entschließen und Handeln gesetzt ist. Gewiß geht seine Beweisführung, daß Sickingen sich sehr wohl mit den Städten und den Bauern hätte vertragen können, von dem an sich richtigen Satz aus, daß einzelne Individuen sich über die Schranken ihrer Klasse zu erheben vermögen. Allein den Fällen Ziska, St. Justes, St. Simon, die er anzieht und denen sich in unserem Jahrhundert die Fälle Marx, Engels, Lassalle anreihen, entsprach in der deutschen Reformationszeit der Fall Florian Geyer, nicht jedoch der Fall Sickingen. Sickingens historische Stellung beruht ganz und gar darin, der klassische Vertreter des niederen Adels im Beginn des 16. Jahrhunderts zu sein. Wollte man als möglich annehmen, daß er für seine Person noch bei längerem Leben sich an die Spitze der aufständischen Bauern gestellt hätte, so hätte er aufgehört, das Haupt der Ritter zu sein, so wäre er ein ganz anderer Sickingen geworden, als den wir historisch kennen.«

75 *Sickingen-Debatte*, S. 70.

76 Hier mag auch die Einschätzung Lassalles mitgespielt haben, daß die Unterschichten von sich aus dahin tendieren, sich unter die Autorität eines Einzelnen zu beugen. Sehr bezeichnend ist in diesem Zusammenhang der Brief, mit dem Lassalle am 8. Juni 1863 die Statuten des neugegründeten »Allgemeinen Deutschen Arbeitervereins« an Bismarck übersandte. In ihm heißt es: »Aber es wird Ihnen aus diesem Miniaturgemälde deutlich die Überzeugung hervorgehen wie wahr es ist, daß sich der Arbeiterstand instinktmäßig zur Diktatur geneigt fühlt, wenn er erst mit Recht überzeugt sein kann, daß dieselbe in seinem Sinne ausgeübt wird, und wie sehr er daher, wie ich Ihnen schon neulich sagte geneigt sein würde, trotz aller republikanischen Gesinnungen – oder vielmehr gerade auf Grund derselben – in der Krone den natürlichen Träger sozialer Diktatur, im Gegensatz zu dem Egoismus der bürgerlichen Gesellschaft, zu sehen, wenn die Krone ihrerseits sich jemals zu dem – freilich sehr unwahrscheinlichen – Schritt entschließen könnte, eine wahrhaft revolutionäre und nationale Richtung einzuschlagen und sich aus einem Königtum der bevorrechtigten Stände in ein soziales und revolutionäres Volkskönigstum umzuwandeln« (zitiert nach Fritz J. Raddatz, *Marx und Lassalle*, in: *Merkur* XXIX, Heft 4, 1975, S. 25).

77 Vgl. zu Rinckhart das entsprechende Kapitel bei Steinmetz, *Müntzerbild*, S. 260-68 (mit Textbeispielen).

78 Vgl. dazu Engels, *Bauernkrieg*, besonders S. 12.

79 Zu Zimmermann vgl. die Arbeit von Haußherr.

80 Engels, *Bauernkrieg*, S. 123. Zu Engel vgl. Bensing und Vogler.

81 Zu Wolf vgl. Kändler, S. 312 ff. (besonders zu Wolfs früherem Bauernkriegsdrama *Der arme Konrad*); vgl. bei Kändler, S. 134 ff., die interessanten Hinweise auf Berta Lasks Müntzer-Drama von 1925, das aus Anlaß der vierhundertjährigen Wiederkehr des großen deutschen Bauernkrieges auf dem Roten Müntzertag in Eisleben uraufgeführt wurde.

82 Wolf, S. 399 f.

83 Wolf, S. 401.

84 Jehser, S. 117; allgemein dazu jetzt *Ill. Geschichte*, besonders das Kapitel *Historisches Vermächtnis der revolutionären Klassenkämpfe von Reformation und Bauernkrieg*, S. 384-403.

85 Engels, S. 122.
86 Wolf, S. 399.
87 Es hätte nahegelegen, an dieser Stelle auch auf Fortes, vor allem rezeptionsgeschichtlich wichtiges Schauspiel *Luther und Müntzer* einzugehen. Jedoch fügt es sich nicht in den Rahmen der von mir gewählten Fragestellung ein und vermag andererseits auch nicht, wie Karsunkes *Bauernoper,* unter dem hier akzentuierten Gesichtspunkt als positives Gegenmodell zu fungieren.
88 Karsunke, S. 6.
89 Karsunke, S. 6 ff.
90 Karsunke, S. 8.
91 Karsunke, S. 8. f.
92 Karsunke, S. 23 f.
93 Vgl. dazu Karsunke, S. 50 f.; besungen wird das Ende des ungarischen Bauernführers Dorsa, der 11 Jahre vor dem Bauernkrieg auf die beschriebene bestialische Weise umgebracht wurde.
94 Karsunke, S. 52.
95 In der Vorlage steht, wohl verdruckt, »hät« statt »hält«, was vom Reim (Held) gefordert wird.
96 Karsunke, S. 68 f.
97 Benjamin, S. 497.
98 Benjamin, S. 497 f.

Zu Kapitel IV:

1 Ranke, S. 212.
2 F. von Bezold, *Geschichte der deutschen Reformation* (*Allgemeine Geschichte in Einzeldarstellungen* III,1) Berlin 1890, S. 449.
3 Marx/Engels, *Werke,* Bd. 19, S. 533.
4 Vgl. etwa: *Frankfurter Allgemeine Zeitung* vom 10. Mai 1975. – *Frankfurter Rundschau* vom 17. Mai 1975. – *Tagesspiegel* vom 18. Mai 1975. – *Stuttgarter Zeitung* vom 24. Mai 1975. – *Deutsches Allgemeines Sonntagsblatt* vom 25. Mai 1975. – *Rheinischer Merkur* vom 13. Juni 1975 sowie die Rezension des Müntzer-Buches von Elliger im *Spiegel* vom 23. 6. 75.
5 Vgl. Anm. 4.
6 Theoretisch dazu R. Kosellek, *Wozu noch Historie?* in: *HZ* 212, 1973, S. 11 ff.
7 Vgl. *FAZ* vom 10. Mai 1975.
8 Vgl. *Frankfurter Rundschau* vom 17. Mai 1975.
9 Zitiert nach Kopitzsch, ebd.
10 Zitiert nach Kopitzsch, ebd.
11 Vgl. *Deutsches Allgemeines Sonntagsblatt* vom 25. Mai 1975.
12 Vgl. oben S. 154 ff.
13 Dies und das folgende weitgehend nach der Darstellung der *Illustrierten Geschichte,* S. 384 f.
14 Steinmetz, *Reformation,* S. 132.
15 Vgl. die Arbeiten von Tschaikowskaja, Töpfer, Lösche, Vogler, Zschäbitz u. a.
16 Lösche, in: Wohlfeil, S. 172 ff.
17 Lösche, ebd. S. 181.
18 Vgl. Lösche, ebd. S. 182 f.
19 Mottek, S. 186 ff.
20 *Illustrierte Geschichte,* S. 400.

21 *Illustr. Geschichte*, S. 400.
22 *Illustr. Geschichte*, S. 402.
23 Zschäbitz, *Charakter*, S. 137.
24 Vogler, *Marx und Engels*, S. 201.
25 Nach Nipperdey, S. 93.
26 Klaus/Buhr, *Philosophisches Wörterbuch*, Berlin 1971, Bd. II, S. 950.
27 Lösche, in: Wohlfeil, S. 171.
28 Lösche, ebd. S.171.
29 Ebd. S. 171.
30 Blickle, S. 18.
31 Blickle, S. 18 f.
32 Blickle, S. 19.
33 Blickle, S. 19.
34 Vgl. Blickle, S. 191 ff.
35 Blickle, S. 195.
36 Franz, *Bauernkrieg*, S. 299.
37 Vgl. Blickle, S. 19.
38 Vgl. Blickle, S. 217 ff.
39 Blickle, S. 233.
40 Blickle, S. 234.
41 Kopitzsch, in: Wohlfeil, *Bauernkrieg*, S. 177 ff.
42 Hans Sachs, *Werke*, hrsg. v. A. v. Keller u. E. Goetze, Bd. 23, S. 12-15.
43 Ebd., S. 12. – sport = die Sporen gibt.
44 Ebd., S. 12 f. – gering = leicht. – ranck = schnelle, drehende Bewegung.
45 Ebd., S. 13 f. – verschlint = verschlingt. » das foder = das vordere (sc. Kind). – der letzte Vers setzt den Nebensatz fort, der mit »ehe« beginnt.
46 Vgl. die Abbildg. in: *Ill. Geschichte*, S. 250.
47 Ebd., S. 14. – verplent = verblendet. – widerspent = widerspenstig.
48 Ebd., S. 15. – grausams = grausam sie (= die Tyrannen). –
49 Balzer, S. 171.
50 Vgl. oben vor allem S. 25 ff.
51 Balzer, S. 170.
52 Balzer, S. 133.
53 Joachimi Camerarii Libellus continens eclogas et alia quaedam poemata diversis temporibus composita. Leipzig 1558. – Herr Prof. Dr. Paul Raabe, der Direktor der Herzog-August-Bibliothek Wolffenbüttel, stellte mir freundlicherweise eine Fotokopie der Ekloge nach der Ausgabe von 1568 zur Verfügung. Signatur: 128 Poet. (5).
54 Vgl. G. Ellinger, *Die neulateinische Lyrik Deutschlands*, Berlin/Leipzig 1929, Bd. II, S. 44 ff.; Rupprich, II, S. 126 f.
55 Ellinger, S. 54 f.
56 *Hermanni Schottenii Hessi Ludus Martius* (exhibitus et editus Coloniae a. 1526) ab Edvardo Schroeder . . . denuo editus. Marburg 1926.
57 Vgl. W. Creizenach, *Geschichte des neueren Dramas*, Bd. II, Halle 1901, S. 35 f.
58 *Ludus Martius*, S. 20.
59 Blickle, S. 242.
60 Georg Lukács, *Die Zerstörung der Vernunft*, Bd. II, Darmstadt/Neuwied 1973, S. 39.
61 Alexander von Humboldt zu Fröbel, zitiert nach: *Ill. Geschichte*, S. 303.

Bibliographie

I. Quellen und Texte

Vorbemerkung: Ungedruckte Schriften sind in das folgende Verzeichnis nicht aufgenommen worden; sie werden ad hoc jeweils in den Anmerkungen unter Angabe ihres Bibliotheksortes zitiert. Die in den Sammlungen enthaltenen Flugschriften werden hier nicht einzeln aufgeführt; von ihrem Titel her wird in den Anmerkungen jeweils auf die unten verzeichneten Sammlungen verwiesen.

I. Quellen

Clemen, *Luther – Luthers Werke in Auswahl.* Unter Mitwirkung von A. Leitzmann herausgegeben von Otto Clemen, 8 Bde., Berlin 1950.

Clemen, *Flugschr. – Flugschriften aus den ersten Jahren der Reformation,* 4 Bde., Halle 1907-1911.

Forte – Forte, Dieter, *Martin Luther und Thomas Müntzer oder die Einführung der Buchhaltung,* Berlin 1971.

Franz, *Aktenbd.* – Franz, Günther, *Der deutsche Bauernkrieg. Aktenband.* München/Berlin 1935. Nachdruck Darmstadt [2]1968.

Franz, *Bauernstand – Quellen zur Geschichte des deutschen Bauernstandes im Mittelalter.* Gesammelt und herausgegeben von Günther Franz (Ausgewählte Quellen zur Geschichte der Neuzeit. Bd. XXXI) Darmstadt 1967.

Franz, *Quellen – Quellen zur Geschichte des Bauernkrieges.* Gesammelt und herausgegeben von Günther Franz (Ausgewählte Quellen zur Deutschen Geschichte der Neuzeit Bd. II) Darmstadt 1963.

Goethe, *Jub. Ausg. – Goethes Sämtliche Werke.* Jubiläumsausgabe. Zehnter Band. Götz von Berlichingen. Stuttgart und Berlin o. J.

Goethe, *Hbg. Ausg. – Goethes Werke.* Hamburger Ausgabe Bd. IV. [4]1960.

Götz von Berlichingen – *Lebensbeschreibung Herrn Goezens von Berlichingen, zugenannt mit der eisernen Hand,* hrsg. von Albert Leitzmann, Halle 1916.

Götze – Götze, Alfred, *Die zwölf Artikel der Bauern 1525.* Kritisch herausgegeben, in: *Historische Vierteljahresschrift* 5, 1902, S. 1-33.

Hauptmann – Hauptmann, Gerhart, *Gesammelte Werke in sechs Bänden.* Zweiter Band. Berlin o. J.

Hubmaier – Hubmaier, Balthasar, *Schriften,* hrsg. von J. Westin und T. Bergsten. Heidelberg 1962.

Junghans – Junghans, Helmar (Hrsg.), *Die Reformation in Augenzeugenberichten,* München 1973.

Karsunke – Karsunke, Yaak, *Die Bauernoper. Szenen aus dem Schwäbischen Bauernkrieg von 1525* (Manuskriptdruck), Frankfurt 1973.

Kaczerowsky – *Flugschriften des Bauernkrieges.* Herausgegeben von Klaus Kaczerowsky (Rowohlts Klassiker der Literatur und Wissenschaft. Deutsche Literatur Bd. 33), Hamburg 1970.

Lassalle – Lassalle, Ferdinand, *Franz von Sickingen. Eine historische Tragödie,* (Reclam-Univ.-Bibl. 4716/17), Stuttgart 1974.

Laube, u. a. – *Flugschriften der Bauernkriegszeit.* Unter Leitung von Adolf Laube,

Hans Werner Seiffert bearbeitet von: Christel Laufer, Dieter Lösche, Sigrid Looß, Annerose Schneider, Walter Zöllner, Berlin 1975.
Lenk, *Dokum.* – Lenk, Werner (Hrsg.), *Dokumente aus dem deutschen Bauernkrieg*, Frankfurt/M. 1974.
Lenk, *Ref.* – *Die Reformation im zeitgenössischen Dialog.* Bearbeitet und eingeleitet von W. Lenk (Deutsche Bibliothek), Berlin 1968.
Liliencron – *Die historischen Volkslieder der Deutschen vom 13. bis 16. Jahrhundert, gesammelt und erläutert von R. v. Liliencron.* Dritter Band, Leipzig 1867.
Luther, *WA* – *Martin Luthers Werke.* Kritische Gesamtausgabe. Weimar 1883 ff.
Müntzer – Thomas Müntzer, *Schriften und Briefe.* Kritische Gesamtausgabe. Unter Mitarbeit von Paul Kirn herausgegeben von Günther Franz (Quellen und Forschungen zur Reformationsgeschichte Bd. XXXIII), Gütersloh 1968.
Müntzer, Wehr – *Thomas Müntzer Schriften und Briefe.* Eingeleitet und kommentiert von Gerhard Wehr, Frankfurt 1973.
Schade – Schade, Oskar, *Satiren und Pasquille aus der Reformationszeit.* 3 Bde. ²Hannover 1863 (Neudruck Hildesheim 1966).
Steinitz – Steinitz, Wolfgang, *Deutsche Volkslieder demokratischen Charakters aus sechs Jahrhunderten* (Deutsche Akademie der Wissenschaften zu Berlin. Veröffentlichungen des Instituts für deutsche Volkskunde Bd. 4/1) Bd. 1, Berlin 1954.
Steinitz-Strobach – Steinitz, Wolfgang, *Deutsche Volkslieder demokratischen Charakters aus sechs Jahrhunderten.* Hrsg. von H. Strobach. Berlin 1972.
Wolf – Wolf, Friedrich, *Dramen. Gesammelte Werke* Bd. 6. Hrsg. von E. Wolf und W. Pollatschek, Berlin 1960.

II. Sekundärliteratur

Abel, Wilhelm, *Geschichte der deutschen Landwirtschaft vom frühen Mittelalter bis zum 19. Jahrhundert* (Deutsche Agrargeschichte. Hrsg. von G. Franz. Bd. II), Stuttgart 1962.
Abel, Wilhelm, *Agrarkrisen und Agrarkonjunktur*, Hamburg/Berlin ²1966.
Albrecht Dürer, 1471/1971. München 1971.
Althaus, Paul, *Luthers Haltung im Bauernkrieg* (Libelli II), Darmstadt 1969.
Angermeier, Heinz, *Die Vorstellung des gemeinen Mannes von Staat und Reich im deutschen Bauernkrieg*, in: *VSWG* 53, 1966, S. 329-43.
Bader, Karl Siegfried, *Dorfgemeinschaft und Dorfgemeinde* (Studien zur Rechtsgeschichte des mittelalterlichen Dorfes Teil 2), Weimar 1962.
Balzer, Bernd, *Bürgerliche Reformationspropaganda*, Stuttgart 1973.
Barge, Hermann, *Andreas Bodenstein von Karlstadt*, 2 Bde., Leipzig 1905.
Barge, Hermann, *Luther und der Frühkapitalismus* (Schriften des Vereins für Reformationsgeschichte Nr. 168), Gütersloh 1951.
Bebel, August, *Der deutsche Bauernkrieg mit Berücksichtigung der hauptsächlichen sozialen Bewegungen des Mittelalters*, Braunschweig 1876.
Benjamin, Walter, *Schriften.* Hrsg. von Th. W. Adorno und Gretel Adorno unter Mitwirkung von F. Podzus. Bd. 1, Frankfurt 1955.
Bensing, Manfred, *Friedrich Engels' Schrift über den deutschen Bauernkrieg – ihre aktuelle Bedeutung 1850 und ihre Rolle bei der Herausbildung der marxistischen Geschichtswissenschaft*, in: *Friedrich Engels' Kampf und Vermächtnis.* Hrsg. vom Institut für Gesellschaftswissenschaften beim ZK der SED. Berlin 1961, S. 158-208.
Bensing, Manfred, *Thomas Müntzer.* Leipzig 1965.

Bensing, Manfred – Hoyer, Siegfried, *Der deutsche Bauernkrieg 1524-1526*, Berlin [2]1970.
Bergsten, Torsten, *Balthasar Hubmaier* (Acta Universitatis Upsaliensis 3), Kassel 1961.
Berthold, Brigitte – Engel, Evamaria – Laube, Adolf, *Die Stellung des Bürgertums in der deutschen Feudalgesellschaft bis zur Mitte des 16. Jahrhunderts*, in: *ZfG* 21, 1973, S. 196-217.
Berthold, Werner – Lozek, Gerhard – Meier, Helmut – Schmidt, Walter (Hrsg.), *Kritik der bürgerlichen Geschichtswissenschaft*, Handbuch, Köln 1970.
Blaschke, Karlheinz, *Sachsen im Zeitalter der Reformation* (Schriften des Vereins für Reformationsgeschichte 185), Gütersloh 1970.
Bloch, Ernst, *Thomas Müntzer als Theologe der Revolution*, Frankfurt 1969.
Böckmann, Paul, *Der gemeine Mann in den Flugschriften der Reformation*, in: *DVJS* 22, 1944, S. 186-230.
Boeckh, J. G. (u. a.), *Geschichte der deutschen Literatur von 1480-1600* (Geschichte der deutschen Literatur von den Anfängen bis zur Gegenwart Bd. 4), Berlin 1961.
Brecht, Martin, *Der theologische Hintergrund der zwölf Artikel der Bauernschaft in Schwaben von 1525*, demnächst in: *ZKG*.
Brunner, Otto, *Land und Herrschaft. Grundlagen der territorialen Verfassungsgeschichte Österreichs im Mittelalter*, Darmstadt [6]1970.
Bühler, Anton, *Wald und Jagd zu Anfang des 16. Jahrhunderts und die Entstehung des Bauernkriegs*, Tübingen 1911.
Buszello, Horst, *Der deutsche Bauernkrieg von 1525 als politische Bewegung* (Studien zur europäischen Geschichte Bd. VIII), Berlin 1969.
Clemen, Otto, *Die lutherische Reformation und der Buchdruck* (Schriften des Vereins für Reformationsgeschichte Bd. 167), Leipzig 1939.
Cohn, Norman, *Das Ringen um das tausendjährige Reich*, Bern/München 1961.
Die Kunst im großen deutschen Bauernkrieg, in: *tendenzen* 97, 15. Jahrgang, 1974.
Dobb, Maurice, *Entwicklung des Kapitalismus. Vom Spätfeudalismus bis zur Gegenwart*, Köln/Berlin 1970.
Doerries, H., *Luther nach dem Bauernkrieg*, in: *Ecclesia und Res publica. Festgabe für K. D. Schmidt*, Göttingen 1961.
Dohna, Lothar Graf zu, *Reformatio Sigismundi* (Veröffentlichungen des Max-Planck-Instituts für Geschichte 4), Göttingen 1960.
Dunken, G., *Revolutionäre deutsche Publizistik vor Ausbruch des Bauernkriegs*, in: *Wiss. Annalen* 4, 1955, S. 219-231.
Ebert, Klaus, *Theologie und Politisches Handeln*. Diss. – Frankfurt 1971.
Elert, Werner, *Morphologie des Luthertums*. Zweiter Band: *Soziallehren und Sozialwirkungen des Luthertums*, München [2]1953.
Elliger, Walter, *Zum Thema Luther und Thomas Müntzer*, in: *Luther Jb.* 34, 1967, S. 90-116.
Elliger, Walter, *Thomas Müntzer. Leben und Werk*, Göttingen 1975.
Engels, Friedrich, *Der deutsche Bauernkrieg*, Berlin [9]1970.
Engelsing, Rolf, *Analphabetentum und Lektüre*, Stuttgart 1973.
Engelsing, Rolf, *Der Bürger als Leser*, 1974.
Entner, Heinz – Lenk, Walter, *Literatur und Revolution im 16. Jahrhundert*, in: *WB* 16, 1970, S. 139-162.
Epperlein, Siegfried, *Bauernbedrückung und Bauernwiderstand im hohen Mittelalter* (Forschungen zur mittelalterlichen Geschichte Bd. 6), Berlin 1960.

Erikson, Erik, H., *Der junge Mann Luther. Eine psychoanalytische und historische Studie,* München 1958.
Fabiunke, Günter, *Martin Luther als Nationalökonom* (Schriften des Instituts für Wirtschaftswissenschaften Nr. 15), Berlin 1963.
Fraenger, Wilhelm, *Jörg Ratgeb. Ein Maler und Märtyrer aus dem Bauernkrieg,* Dresden 1972.
Franz, Günther, *Die Entstehung der ›zwölf Artikel‹ der deutschen Bauernschaft,* in: *ArchRG* 36, 1939, S. 195-213.
Franz, Günther, *Geschichte des deutschen Bauernstandes vom frühen Mittelalter bis zum 19. Jahrhundert* (Deutsche Agrargeschichte Bd. 4), Stuttgart 1970.
Franz, Günther, *Götz von Berlichingen,* in: *Neue Deutsche Biographie* Bd. 2, 1971, S. 98.
Franz, Günther, *Der deutsche Bauernkrieg,* Darmstadt [9]1972.
Franz, Günther, *Die Führer im Bauernkrieg,* in: G. F. (Hrsg.), *Bäuerliche Führungsschichten in der Neuzeit* (Führungsschichten der Neuzeit Bd. 9), Büdingen 1974, S. 1-15.
Friesen, Abraham, *The Marxist interpretation of the Reformation,* in: *ArchRG* 64, 1973, S. 34-55.
Friesen, Abraham, *Reformation and Utopia. The Marxist interpretation of the Reformation and its Antecendents,* Mainz 1974.
Friedrich, Wolfgang, *Der Buchführer Johann Hergot und die utopische Schrift ›Von der Neuen Wandlung‹,* in: *Beiträge zur Geschichte des Buchwesens* Bd. II. Hrsg. von K. H. Kalhöfer und H. Rötzsch, Leipzig 1966, S. 7-31.
Fuchs, Gerhard, *Karlstadts radikal-reformatorisches Wirken und seine Stellung zwischen Müntzer und Luther,* in: *Wiss. Zs. der Martin-Luther-Univ. Halle-Wittenberg,* Ges.-Sprachw. Reihe Jg. 3, H. 3, 1954, S. 523-552.
Fuchs, Walter-Peter, *Der Bauernkrieg von 1525 als Massenphänomen,* in: *Massenwahn in Geschichte und Gegenwart,* hrsg. v. W. Bitter, Stuttgart 1965, S. 198-207.
Gebhardt, Bruno, *Handbuch der deutschen Geschichte,* Bd. 1: *Frühzeit und Mittelalter,* Stuttgart [8]1965. – Bd. 2: *Von der Reformation bis zum Ende des Absolutismus,* Stuttgart [9]1970.
Gerstenberg, Ekkehard, *Recht und Unrecht in Goethes »Götz von Berlichingen«,* in: *Goethe. N. F. des Jbs. der Goethe-Gesellschaft* 16, 1954, S. 258-271.
Le Goff, Jaques, *Kultur des europäischen Mittelalters,* München/Zürich 1970.
Gräf, Hans Gerhard, *Goethe über seine Dichtungen* Bd. II, 3, Frankfurt 1906, S. 20-123 (über *Götz von Berlichingen*).
Greschat, M., *Luthers Haltung im Bauernkrieg,* in: *ArchRG* 56, 1965, S. 31-47.
Griewank, Karl, *Der neuzeitliche Revolutionsbegriff,* Frankfurt 1973.
Günther, Gerhard, *›Altes Recht‹, ›Göttliches Recht‹ und ›Römisches Recht‹ in der Zeit der Reformation und des Bauernkriegs,* in: *Wiss. Zs. der Karl-Marx-Univ. Leipzig* 14, 1965, S. 427-433.
Habermas, Jürgen, *Strukturwandel der Öffentlichkeit,* Neuwied/Berlin [4]1969.
Handbuch der deutschen Wirtschafts- und Sozialgeschichte. Herausgegeben von H. Aubin und W. Zorn, Bd. 1, Stuttgart 1971.
Hassinger, Erich, *Das Werden des neuzeitlichen Europas 1300-1600,* Braunschweig 1959.
Hauser, Arnold, *Sozialgeschichte der Kunst und Literatur,* 2 Bde., München 1953.
Haußherr, Hans, *W. Zimmermann als Geschichtsschreiber des Bauernkriegs,* in: *Zs. f. Württ. Landesgesch.* 10, 1951, S. 166-181.

Heitz, Gerhard – Laube, Adolf – Steinmetz, Max – Vogler, Günther (Hrsg.), *Der Bauer im Klassenkampf*, Berlin 1975.
Hesselbarth, Hellmut, *Eine Flugschrift aus dem großen deutschen Bauernkrieg*, in: *ZfG* 1, 1953, S. 527-551.
Hildebrandt, Klaus, *Gerhart Hauptmann und die Geschichte* (Silesia Folge 4), München 1968.
Hinderer, Walter (Hrsg.), *Sickingen-Debatte*, Darmstadt/Neuwied 1974.
Hinrichs, Carl, *Luther und Müntzer* (Arbeiten zur Kirchengeschichte 29), Berlin 1952.
Hirsch, Rudolf, *Printing, Selling and Reading. 1450-1550*, Wiesbaden ²1974.
Höffner, Joseph, *Bauer und Kirche im Mittelalter* (Görres-Gesellschaft. Veröffentlichungen der Sektion für Rechts- und Staatswissenschaft 78), Paderborn 1939.
Holborn, Hajo, *Machtpolitik und lutherische Sozialethik*, in: *ArchRG* 57, 1966, S. 23-32.
Holborn, Hajo, *Deutsche Geschichte in der Neuzeit*, Band 1: *Das Zeitalter der Reformation und des Absolutismus* (bis 1790), München/Wien 1970.
Hügli, Hildegard, *Der deutsche Bauer im Mittelalter* (Sprache und Dichtung H. 42), Bern 1929.
Illustrierte Geschichte der deutschen frühbürgerlichen Revolution. Autorenkollektiv: Adolf Laube, Max Steinmetz, Georg Vogler (Leiter), Berlin 1974.
Iserloh, Erwin, *Revolution bei Thomas Müntzer*, in: *HJb* 92, 1972, S. 282-299.
Jehser, Werner, *Friedrich Wolf. Leben und Werk* (Schriftsteller der Gegenwart 17), Berlin 1965.
Kändler, Klaus, *Drama und Klassenkampf*, Berlin/Weimar 1970.
Kapp, Friedrich, *Geschichte des Deutschen Buchhandels.* Erster Band. Leipzig 1886.
Kautsky, Karl, *Vorläufer des neueren Sozialismus.* Zweiter Band: *Der Kommunismus in der deutschen Reformation*, Stuttgart ³1913.
Kellenbenz, Hermann, *Die unternehmerische Betätigung der verschiedenen Stände während des Übergangs zur Neuzeit*, in: *VSWG* 44, 1957, S. 1-25.
Kelter, Ernst, *Die wirtschaftlichen Ursachen des Bauernkriegs*, in: *Schmollers Jb.* 65, 1941, S. 1-42.
Kirn, Paul, *Friedrich der Weise*, Leipzig 1926.
Könneker, Barbara, *Die deutsche Literatur der Reformationszeit*, München 1975.
Kofler, Leo, *Zur Geschichte der bürgerlichen Gesellschaft*, Neuwied/Berlin 1966.
Klatte, Ursula – Schulze, Horst, *Luther 1971. Kritik und Antikritik von Heinemann bis Forte* (Radikale Mitte Bd. 4) ³1972.
Klöss, H., *Publizistische Elemente im frühen Flugblatt*, Diss. – Leipzig 1943.
Kroeschell, Karl, *Deutsche Rechtsgeschichte 2 (1250-1650)*, Reinbek bei Hamburg 1973.
Kuczinski, Arnold, *Verzeichnis einer Sammlung von 3000 Flugschriften Luthers und seiner Zeitgenossen*, Leipzig 1870, Nachdruck 1960.
Lamprecht, Karl, *Zum Verständnis der wirtschaftlichen und sozialen Wandlungen in Deutschland vom 14. bis 16. Jahrhundert*, in: *ZSWG* 1, 1893, S. 191-263.
Lau, Franz, *Der Bauernkrieg und das angebliche Ende der Reformation als Volksbewegung*, in: *Luther-Jb.* 26, 1959, S. 109-134.
Lehmann, Hartmut, *Luther und der Bauernkrieg*, in: *GWU* 20, 1969, S. 129-139.
Ley, Herrmann, *Geschichte der Aufklärung und des Atheismus*, Bd. 2/2. Berlin 1971.
List, Günther, *Chiliastische Utopie und radikale Reformation* (Humanistische Bi-

bliothek. Abhandlungen und Texte. Reihe 1, Bd. 14), München 1973.
Lösche, Dietrich, *Probleme der frühbürgerlichen Revolution in Deutschland*, in: *Jb. f. Geschichte* 2, 1967, S. 9-28. – Jetzt auch in: Wohlfeil, S. 163-186.
Lütge, Friedrich, *Deutsche Sozial- und Wirtschaftsgeschichte*, Berlin/Heidelberg/New York [3]1966.
Marcuse, Herbert, *Ethik und Revolution*, in: H. M., *Kultur und Gesellschaft 2* (edition suhrkamp 135), Frankfurt 1965, S. 130-146.
Marcuse, Herbert, *Studie über Autorität und Familie*, in: H. M., *Ideen zu einer kritischen Theorie der Gesellschaft* (edition suhrkamp 300), Frankfurt [3]1969, S. 55-156.
Maron, Gottfried, *Thomas Müntzer als Theologe des Gerichts*, in: *ZKG* 83, 1972, S. 193-225.
Martini, Fritz, *Das Bauerntum im deutschen Schrifttum* (DVJS Buchreihe Bd. 27), Halle 1944.
Mayer, Hans, *Gerhart Hauptmann* (Friedrichs Dramatiker des Welttheaters 23) 1967.
Moeller, Bernd, *Reichsstadt und Reformation*, Gütersloh 1962.
Moeller, Bernd, *Probleme der Reformationsgeschichtsforschung*, in: *ZKG* 76, 1965, S. 246-257.
Möller, Heinrich, *Die Bauern in der deutschen Literatur des 16. Jahrhunderts*, Diss. – Berlin 1902.
Mottek, Hans, *Wirtschaftsgeschichte Deutschlands. Ein Grundriß*, Bd. 1: *Von den Anfängen bis zur Französischen Revolution*, Berlin 1968.
Müller, Georg, *Luther und die deutsche Angst vor der Revolution*, in: *Zeitwende* 34, 1963, S. 667-678.
Müller-Streisand, Rosemarie, *Luthers Weg von der Reformation zur Restauration*, Halle 1964.
Naujoks, Eberhard, *Obrigkeitsgedanke, Zunftverfassung und Reformation* (Veröffentlichungen der Kommission für geschichtliche Landeskunde in Baden-Württemberg Reihe B, 3. Band) 1958.
Neuhaus, Volker (Hrsg.), *Erläuterungen und Dokumente. Johann Wolfgang Goethe, Götz von Berlichingen*, Stuttgart 1973.
Niemann, Gottfried, *Die Dialogliteratur der Reformationszeit* (Probefahrten 5), Leipzig 1905.
Nipperdey, Thomas, *Reformation, Revolution, Utopie. Studien zum 16. Jahrhundert*, Göttingen 1975.
Nürnberg – Geschichte einer europäischen Stadt. Unter Mitwirkung zahlreicher Fachgelehrter herausgegeben von Gerhard Pfeiffer. München 1971.
Philipp Melanchthon. Humanist, Reformator, Praeceptor Germaniae, Berlin 1963.
Pianzola, Maurice, *Bauern und Künstler. Die Künstler der Renaissance und der Bauernkrieg von 1525*, Berlin 1961.
Pölnitz, Götz Freiherr v., *Anton Fugger*, Bd. 1, Tübingen 1958.
Press, Volker, *Der Bauernkrieg als Problem der deutschen Geschichte*, in: *Nassauische Annalen* 86, 1975, S. 158-177.
Radbruch, Renate Maria – Radbruch, Gustav, *Der deutsche Bauernstand zwischen Mittelalter und Neuzeit*, Göttingen [2]1961.
v. Ranke, Leopold, *Deutsche Geschichte im Zeitalter der Reformation*, 6 Bde., Berlin 1839-47, Neudruck München 1940 (= Rankes Meisterwerke Bd. 1-5).
Ritter, Gerhard, *Die Neugestaltung Europas im 16. Jahrhundert*, Breslau 1902.
Roloff, Hans-Gert, *Reformationsliteratur*, in: *Reallexikon der deutschen Literatur-*

geschichte, hrsg. von W. Kohlschmidt und W. Mohr, Bd. 3, S. 365-403.

Romano, Ruggiero und Tenentis, Alberto, *Die Grundlegung der modernen Welt* (Fischer Weltgeschichte 12) 1967.

Rupprich, Hans, *Die deutsche Literatur vom späten Mittelalter bis zum Barock.* Zweiter Teil: *Das Zeitalter der Reformation 1520-1570* (Geschichte der deutschen Literatur von H. de Boor und R. Newald 4,2), München 1973.

Sabean, David W., *Landbesitz und Gesellschaft am Vorabend des Bauernkriegs* (Quellen und Forschungen zur Agrargeschichte Bd. 26), Stuttgart 1972.

Scheible, Heinz, *Reform, Reformation, Revolution,* in: *ArchRG* 65, 1974, S. 108-134.

Schilfert, Gerhard, *Die Revolutionen beim Übergang vom Feudalismus zum Kapitalismus,* in: *ZfG* 17, 1969, S. 171-193.

Schilfert, Gerhard, *Revolutionen beim Übergang vom Mittelalter zur Neuzeit,* in: *ZfG* 16, 1968, S. 1212-1218.

Schlenck, Wolfgang, *Die Reichsstadt Memmingen und die Reformation* (Memminger Geschichtsblätter 1968), Memmingen 1969.

Schmidt, Josef, *Die Drucksprache als Massenmedium und die deutsche Literatur im 16. Jahrhundert,* in: *W W* 18, 1968, S. 389-395.

Schnabel, Hildegard, *Zur historischen Beurteilung der Flugschriftenhändler in der Zeit der frühen Reformation und des Bauernkrieges,* in: *Wiss. Zs. der Humboldt-Univ. zu Berlin* 14, 1965, S. 869-881.

Schottenloher, Karl, *Buchdrucker und Buchführer im Kampf der Schwärmer und Wiedertäufer 1524-1568,* in: *Buch und Papier. Fschr. f. H. H. Bockwitz,* Leipzig 1949, S. 90 ff.

Schottenloher, Karl, *Der Buchdrucker als neuer Berufsstand des 15. u. 16. Jahrhunderts,* Mainz 1953.

Schrey, Heinz-Horst, *Reich Gottes und Welt. Die Lehre Luthers von den zwei Reichen* (WdF Bd. CVII), Darmstadt 1969.

Schulze, Winfried, *Reformation oder frühbürgerliche Revolution?,* in: *Jb. f. d. Geschichte Mittel- und Ostdeutschlands* 22, 1973, S. 253-269.

v. Schubert, Irmgard, *Wirtschaftsethische Entscheidungen Luthers,* in: *ArchRG* 21, 1924, S. 49-77.

Seibt, Ferdinand, *Utopica. Modelle totaler Sozialplanung,* Düsseldorf 1972.

Sengle, Friedrich, *Das historische Drama in Deutschland. Geschichte eines literarischen Mythos,* Stuttgart ²1969.

Skalweit, Stephan, *Reich und Reformation,* Frankfurt/Berlin 1967.

Skrczypcz, Henryk, *Stadt und Schriftlichkeit,* Diss.-Berlin 1956.

Smirin, M. M., *Die Volksreformation des Thomas Müntzer und der große Bauernkrieg,* Berlin 1956.

Smirin, M. M., *Eine anonyme politische Flugschrift aus der Zeit des Großen Bauernkrieges,* in: *Beitr. zum neuen Geschichtsbild,* hrsg. F. Klein und J. Streisand, Berlin 1956, S. 71–87.

Spriewald, Ingeborg, *Reformation und deutsche Literatur,* in: *WB* H. 4, 1967, S. 687-698.

Spriewald, Ingeborg – Schnabel, Hildegard – Lenk, Werner – Entner, Heinz, *Grundpositionen der deutschen Literatur im 16. Jahrhundert,* Berlin/Weimar 1972.

Steck, K. G., *Luther und die Schwärmer,* Zürich 1955.

Steinmetz, Max, *Deutschland von 1476-1648* (Lehrbuch der deutschen Geschichte), Berlin 1967.

Steinmetz, Max, *Reformation und Bauernkrieg,* in: *Kritik der bürgerlichen Geschichtsschreibung. Handbuch.* Hrsg. v. W. Berthold u. a. Köln 1970, S. 132-143.

Steinmetz, Max, *Das Müntzerbild von Martin Luther bis Friedrich Engels* (Leipziger Übersetzungen und Abhandlungen zum Mittelalter, Reihe B, Bd. 4), Berlin 1971.

Streubel, H. G., *Untersuchungen zur Wirksamkeit der Redner in der Bauernbewegung vom Vorabend (1476) der Reformation bis zum Beginn des Bauernkriegs,* Diss.-Jena 1970.

Stupperich, Robert, *Die Reformation in Deutschland,* München 1972.

Tellenbach, Gerd, *Irdischer Stand und Heilserwartung im Denken des Mittelalters,* in: *Festschrift für Hermann Heimpel,* 1972, S. 1-16.

Töpfer, Bernhard, *Zur Frage nach dem Beginn der Neuzeit,* in: *ZfG* 16, 1968, S. 773-779.

Troeltsch, Ernst, *Die Bedeutung des Protestantismus für die Entstehung der modernen Welt* (Historische Bibliothek 24), München/Berlin 1911.

Tschaikowskaja, O. G., *Über den Charakter der Reformation und des Bauernkriegs in Deutschland,* in: *Sowjetwissenschaft. Gesellschaftswissenschaftliche Beiträge* 1957, S. 721-738.

Uhrig, Kurt, *Der Bauer in der Publizistik der Reformation bis zum Ausgang des Bauernkrieges,* in: *ArchRG* 33, 1936, S. 70-125. 165-225.

Ullmann, Walter, *Individuum und Gesellschaft im Mittelalter,* Göttingen 1974.

Ulmschneider, Helgard, *Götz von Berlichingen. Ein adliges Leben der deutschen Renaissance,* Sigmaringen 1974.

Vahle, Hermann, *Der deutsche Bauernkrieg als politische Bewegung im Urteil der Geschichtsschreibung,* in: *GWU* 23, 1972, S. 257-277.

Vogler, Günter, *Über den Sinn des Kampfes der Bauern im deutschen Bauernkrieg 1524-1526,* in: *Jb. f. Wissenschaftsgeschichte* 1, 1967, S. 352-380.

Vogler, Günter, *Marx, Engels und die Konzeption der frühbürgerlichen Revolution in Deutschland,* in: *ZfG* 17, 1969, S. 704-717.

Waas, Adolf, *Die Bauern im Kampf um Gerechtigkeit. 1300-1525,* München 1964

Weber, Max, *Die protestantische Ethik und der Geist des Kapitalismus,* Tübingen 1934 (= Sonderdruck aus M. W., *Gesammelte Aufsätze zur Religionssoziologie I,* S. 1-206).

Wehr, Gerhard, *Thomas Müntzer,* Hamburg 1972.

Wertheim, Ursula, *Die Helfenstein-Szene in Goethes »Ur-Götz« und ihre Beziehung zum Volksliede,* in: *WB* 1, 1955, S. 109-146.

Winkler, Hannelore, *Zum soziologischen Aspekt von Flugschriften aus der Zeit der Reformation und des Bauernkriegs,* in: *Beitr.* (Halle) 94, 1974, S. 37-51.

Wohlfeil, Rainer (Hrsg.), *Reformation oder frühbürgerliche Revolution,* München 1972 (zitiert= Wohlfeil).

Wohlfeil, Rainer (Hrsg.), *Der Bauernkrieg 1524-1526,* München 1975 (zitiert= Wohlfeil, *Bauernkrieg*).

Wolf, Gunther (Hrsg.), *Luther und die Obrigkeit* (WdF Bd. LXXXV), Darmstadt 1972.

Wolf, Herbert, *Humanistische Einflüsse in der frühprotestantischen Literatur,* in: *WW* 20, 1970, S. 145-160.

Zeeden, Ernst Walter, *Martin Luther und die Reformation im Urteil des deutschen Luthertums,* 2 Bde., Freiburg 1950/1952.

Zimmermann, Wilhelm, *Allgemeine Geschichte des großen Bauernkriegs. Nach*

handschriftlichen und gedruckten Quellen, 3 Bde., Stuttgart 1841-43.
Zinsli, Paul, *Volkstum und Bildung in der deutschen Literatur des Reformationsjahrhunderts,* Zürich 1964.
Zschäbitz, Gerhard, *›Von der newen wandlung eines Christlichen Lebens‹ – eine oft mißdeutete Schrift aus der Zeit nach dem Großen Deutschen Bauernkrieg,* in: *ZfG* 1960, S. 908-918.
Zschäbitz, Gerhard, *Über den Charakter und die historischen Aufgaben von Reformation und Bauernkrieg,* in: Wohlfeil, S. 124-143.

Abkürzungsverzeichnis

ArchRG	Archiv für Reformationsgeschichte
Beitr.	Beiträge zur Geschichte der deutschen Sprache und Literatur
Beitrr.	Beiträge
DVJS	Deutsche Vierteljahresschrift für Literaturwissenschaft und Geistesgeschichte
H.	Heft
HZ	Historische Zeitschrift
GWU	Geschichte in Wissenschaft und Unterricht
HJb.	Historisches Jahrbuch
Jb.	Jahrbuch
Jg.	Jahrgang
NF	Neue Folge
VSWG	Vierteljahresschrift für Sozial- und Wirtschaftsgeschichte
WB	Weimarer Beiträge
WdF	Wege der Forschung
WW	Wirkendes Wort
Zs.	Zeitschrift
ZfG	Zeitschrift für Geschichtswissenschaft
ZKG	Zeitschrift für Kirchengeschichte
ZSWG	Zeitschrift für Sozial- und Wirtschaftsgeschichte

421 Günter Eich, Katharina
422 Alejo Carpentier, Das Reich von dieser Welt
423 Albert Camus, Jonas
424 Jesse Thoor, Gedichte
425 T. S. Eliot, Das wüste Land
426 Carlo Emilio Gadda, Die Erkenntnis des Schmerzes
427 Michel Leiris, Mannesalter
428 Hermann Lenz, Der Kutscher und der Wappenmaler
429 Mircea Eliade, Das Mädchen Maitreyi
430 Ramón del Valle-Inclán, Tyrann Banderas
431 Raymond Queneau, Zazie in der Metro
433 William Butler Yeats, Die geheime Rose
434 Juan Rulfo, Pedro Páramo
435 André Breton, L'Amour fou
436 Marie Luise Kaschnitz, Gedichte
437 Jerzy Szaniawski, Der weiße Rabe
438 Ludwig Hohl, Nuancen und Details
439 Mario Vargas Llosa, Die kleinen Hunde
440 Thomas Bernhard, Der Präsident
441 Hermann Hesse – Thomas Mann, Briefwechsel
442 Hugo Ball, Flametti
443 Adolfo Bioy-Casares, Morels Erfindung
444 Hermann Hesse, Wanderung
445 Ödön von Horváth, Don Juan kommt aus dem Krieg
446 Flann O'Brien, Der dritte Polizist
447 Giuseppe Tomasi di Lampedusa, Der Leopard
448 Robert Musil, Törleß
449 Elias Canetti, Der Überlebende
451 Alfred Döblin, Berlin Alexanderplatz
452 Gertrude Stein, Paris Frankreich
453 Johannes R. Becher, Gedichte
454 Federico García Lorca, Bluthochzeit/Yerma
456 Boris Pasternak, Kontra-Oktave
458 Anna Seghers, Die schönsten Sagen vom Räuber Woynok
464 Franz Kafka, Der Heizer
465 Wolfgang Hildesheimer, Masante
466 Evelyn Waugh, Wiedersehen mit Brideshead
467 Gershom Scholem, Walter Benjamin
468 Rainer Maria Rilke, Duineser Elegien
470 Alain, Die Pflicht glücklich zu sein
471 Wolfgang Schadewaldt, Der Gott von Delphi und die Humanitätsidee

694 Schule und Staat im 18. u. 19. Jahrhundert. Herausgegeben von K. Hartmann, F. Nyssen, H. Waldeyer
695 Gesellschaft, Beiträge zur Marxschen Theorie 1
696 Hans Magnus Enzensberger, Palaver
697 Psychoanalyse der weiblichen Sexualität. Herausgegeben von Janine Chasseguet-Smirgel
699 Wolfgang Lempert, Berufliche Bildung als Beitrag zur gesellschaftlichen Demokratisierung
700 Peter Weiss, Gesang vom Lusitanischen Popanz
701 Sozialistische Realismuskonzeptionen.
702 Claudio Napoleoni. Ricardo und Marx. Herausgegeben von Cristina Pennavaja
703 Claus Rolshausen, Wissenschaft und gesellschaftliche Reproduktion
704 Joachim Hirsch, Staatsapparat und Reproduktion des Kapitels
705 Neues Hörspiel O-Ton. Der Konsument als Produzent. Herausgegeben von Klaus Schöning
707 Franz Xaver Kroetz, Oberösterreich, Dolomitenstadt Lienz, Maria Magdalena, Münchner Kindl
708 Was ist Psychiatrie? Herausgegeben von Franco Basaglia
709 Kirche und Klassenbindung. Herausgegeben von Yorick Spiegel
710 Rosa Luxemburg oder Die Bestimmung des Sozialismus. Herausgegeben von Claudio Pozzoli
711 Rudolf Rocker, Aus den Memoiren eines deutschen Anarchisten
712 Hartwig Berger, Untersuchungsmethode und soziale Wirklichkeit
713 Werkbuch über Tankred Dorst. Herausgegeben von Horst Laube
715 Karsten Prüß, Kernforschungspolitik in der Bundesrepublik Deutschland
718 Perspektiven der kommunalen Kulturpolitik. Herausgegeben von Hilmar Hoffmann
719 Peter M. Michels, Bericht über den polit. Widerstand in den USA
720 Lelio Basso, Gesellschaftsformation u. Staatsform
722 Jürgen Becker, Umgebungen
724 Otwin Massing, Politische Soziologie
726 Ernst Bloch, Ästhetik des Vor-Scheins 1
727 Peter Bürger, Theorie der Avantgarde
728 Beulah Parker, Meine Sprache bin ich
729 Probleme der marxistischen Rechtstheorie. Herausgegeben von H. Rottleuthner
730 Jean-Lux Dallemagne, Die Grenzen der Wirtschaftspolitik
731 Gesellschaft, Beiträge zur Marxschen Theorie 2
732 Ernst Bloch, Ästhetik des Vor-Scheins 2
733 Alexander Kluge, Gelegenheitsarbeit einer Sklavin
734 Henri Lefebvre, Metaphilosophie. Prolegomena
735 Paul Mattick, Spontaneität und Organisation

736 Noam Chomsky, Aus Staatsraison
737 Louis Althusser, Für Marx
738 Spazier/Bopp, Grenzübergänge. Psychotherapie
739 Gesellschaft, Beiträge zur Marxschen Theorie 3
740 Bertolt Brecht, Das Verhör des Lukullus. Hörspiel
741 Klaus Busch, Die multinationalen Konzerne
742 Methodologische Probleme einer normativ-kritischen Gesellschaftstheorie. Herausgegeben von Jürgen Mittelstraß
744 Gero Lenhardt, Berufliche Weiterbildung und Arbeitsteilung in der Industrieproduktion
745 Brede/Kohaupt/Kujath, Ökonomische und politische Determinanten der Wohnungsversorgung
746 Der Arzt, sein Patient und die Gesellschaft. Herausgegeben von Dorothea Ritter-Röhr
747 Gunnar Heinsohn, Rolf Knieper, Theorie des Familienrechts
749 Rudolf zur Lippe, Bürgerliche Subjektivität
756 Hannelore/Heinz Schlaffer, Studien zum ästhetischen Historismus
758 Brecht-Jahrbuch 1974. Herausgegeben von J. Fuegi, R. Grimm, J. Hermand
759 Der Weg ins Freie. Fünf Lebensläufe überliefert von H. M. Enzensberger
760 Lodewijk de Boer, The Family
761 Claus Offe, Berufsbildungsreform
762 Petr Kropotkin, Ideale und Wirklichkeit in der russischen Literatur
764 Gesellschaft, Beiträge zur Marxschen Theorie 4
769 Jahoda/Lazarsfeld/Zeisel, Die Arbeitslosen von Marienthal
770 Herbert Marcuse, Zeit-Messungen
771 Brecht im Gespräch. Herausgegeben von Werner Hecht
772 Th. W. Adorno, Gesellschaftstheorie u. Kulturkritik
773 Kurt Eisner, Sozialismus als Aktion
775 Horn, Luhmann, Narr, Rammstedt, Röttgers, Gewaltverhältnisse und die Ohnmacht der Kritik
776 Reichert/Senn, Materialien zu Joyce »Ein Porträt des Künstlers«
777 Caspar David Friedrich und die deutsche Nachwelt. Herausgegeben von Werner Hofman
782 Helmut Brackert, Bauernkrieg und Literatur
787 Gesellschaft, Beiträge zur Marxschen Theorie 5
790 Gustav W. Heinemann, Präsidiale Reden
791 Beate Klöckner, Anna oder leben heißt streben
792 Rainer Malkowski, Was für ein Morgen
793 Von deutscher Republik. Hrsg. von Jost Hermand
802 Johannes Gröll, Erziehung im gesellschaftlichen Reproduktionsprozeß
809 G. Heinsohn / B. M. C. Knieper, Spielpädagogik
815 Giselher Rüpke, Schwangerschaftsabbruch und Grundgesetz
817 Bertolt Brecht, Drei Lehrstücke: Badener Lehrstück, Rundköpfe, Ausnahme und Regel

Alphabetisches Verzeichnis der edition suhrkamp